教育部职业教育专业技能课立项教材

旅游服务与管理

导游基础知识

DAOYOU JICHU ZHISHI

主　编／卢凤萍　臧其猛

副主编／张　骏　葛益娟　刘文慧
　　　　张佩芹　张萍萍　张继峰

中国人民大学出版社

·北京·

前言

Preface

旅游是不同国家、不同文化交流互鉴的重要渠道，是发展经济、增进就业的有效手段，也是提高人民生活水平的重要产业。旅游是人民生活水平提高的一个重要指标。当前，旅游已成为新时期人民群众美好生活和精神文化需求的重要内容。旅游是促进社会和谐的重要领域，是文化建设的重要载体，是文化交流的重要纽带。旅游集物质消费与精神享受于一体，旅游与文化密不可分。旅游是修身养性之道，中华民族自古就把旅游和读书结合在一起，崇尚“读万卷书，行万里路”。旅游业发展与精神文明建设密切相关，相辅相成、互相促进。

在文旅融合的新背景下，旅游业本着“以文促旅，以旅彰文”的思路，注重围绕文化和旅游融合发展这一重要工作，促进文化建设和旅游发展。我们要用文化提升旅游项目和旅游产业的品质内涵，用旅游传播文明，弘扬社会主义先进文化。既要传承中华优秀传统文化和革命文化，也要面向当代、面向大众，发展和传播社会主义先进文化。我国是四大文明古国之一，历史悠久，地域辽阔，民族众多，旅游资源十分丰富。另外，现代经济高速发展，社会安定团结，人民生活富足，也为我国旅游业的发展开辟了广阔空间。

随着旅游业的发展，旅游教育也蒸蒸日上。为适应旅游业的快速发展，提高旅游从业人员的文化素质，培养技能过硬的旅游专业人才，成为旅游教育工作者的重要任务。因此，许多职业院校开设了一系列相关的旅游专业课程。“导游基础知识”是旅游管理专业的核心课程之一，也是导游人员考试的必考科目。导游人员素质的高低，对区域旅游业的可持续发展有着直接的影响，而导游人员素质的提升，离不开相关基础知识的学习与积累。

为了适应旅游业的发展，满足新型旅游服务、管理人才的学习需要，编者结合旅游服务一线工作的实际需求及相关专业素质教育的要求，根据多年导游基础知识课程教学经验编写了本教材。本教材全面、生动地介绍了我国自然及人文旅游资源的概况，可为学习者今后成为高素质导游人才、从事旅游工作打下坚实的基础。在体例结构方面，本教材吸收了国内同类教材的优点，在内容和形式上进行了一定的创新，力求做到实用性、科学性和规范性的结合。在体例方面，“案例导入”密切联系实际，“知识拓展”突出创新思维，“学习目标”的提示和适量的“课堂练习”可有效强化对知识点的掌握。本教材采用“案例分享”“拓展实践”“在线思考”等多种形式巩固各章知识，并根据旅游业最新的发展情况，增加了“新兴业态类旅游资源知识”这一创新性的项目，对快速发展的邮轮旅游、房车旅游等做了系统介绍，使教材更具有时代性和实用性。

本教材共有七个项目：中国传统文化概述、自然旅游资源知识、宗教旅游资源知识、综合建筑类旅游资源知识、艺术作品类旅游资源知识、休闲养生类旅游资源知识、新兴业态类旅游资源知识。本教材可作为职业学校旅游服务与管理、酒店服务与管理专业的教材，也可作为广大旅游从业人员的工作辅助及参加导游资格考试人员的学习资料，还可作为对旅游感兴趣的其他人员的参考读物。

总体而言，本教材具有如下特点：定位明确、特色突出、版式活泼、图文并茂，做到了科学性、知识性、趣味性、可读性和实用性的有机结合；内容富有特色，既选编必需、够用的理论内容，又融入丰富的案例；突出行业特色，体现理论思想和应用技术；以丰富、多样的版块设置，展现创新教材体系，引领课程改革。

本教材的编写得到了南京旅游职业学院领导和同事的大力支持与帮助。在编撰本教材的过程中，我们还查阅、参考了大量同行的资料和案例，在此谨向相关作者表示诚挚的敬意和感谢！本教材难免会有不足之处，恳请读者提出宝贵意见。

编者

目录

项目一 中国传统文化概述

项目简介

历史悠久的中华民族以壮阔宏大、精深神奇的文化著称于世。本项目介绍了中国历史的发展、中国古代艺术和科学技术的发展；中国历史文化常识；儒家的产生、发展及主要思想；道家的产生及演变；先秦法家代表人物及其思想；中国的民俗文化；等等。

能力目标

1. 全面了解中国悠久而丰富的历史文化，拓展知识，理清脉络，进一步认识中国文化的基本特征。

2. 在理解中国文化的基础上，思考中国文化的继承和创新问题。

3. 提高人文素质，增强民族自信心、自尊心、自豪感，培养高尚的爱国情操。

项目分解

任务一　中国发展简史
任务二　历史文化常识
任务三　传统哲学思想
任务四　民俗礼仪文化

任务一　中国发展简史

学习目标

1. 了解中国历史发展过程中的重大事件和重要历史人物。

2. 掌握王朝更替的顺序、重大历史事件的年代。
3. 掌握中国古代在科技方面取得的世界领先水平的成就。

学习内容

1. 先秦时期历史概况。
2. 秦汉时期历史概况。
3. 魏晋南北朝时期历史概况。
4. 隋唐时期历史概况。
5. 五代辽宋夏金元时期历史概况。
6. 明清时期历史概况。
7. 近现代时期历史概况。

案例导入

一问三不知的导游员

小王是某旅行社新招聘的导游员，他把所在城市游览景点的导游词背得滚瓜烂熟，对自己的工作充满信心。一天，他带领游客去游览岳王庙。来到碑廊区，小王指着墙上的“尽忠报国”四个字，说这是明代书法家洪珠所写。团中一位青年人不解地问小王：“为什么前面正殿墙上写的是‘精忠报国’，而这儿却写成‘尽忠报国’呢?”小王考虑了一会儿，支支吾吾道：“这两个字没什么区别，反正它们都是赞扬岳飞的。”该游客还想说些什么，小王却喊道：“走了，走了，我们去看看岳飞墓。”一时场面很是尴尬。

（资料来源：http：//jpk. hbtvc. com/ldyy2010/ku/307. htm.）

导游员仅仅为游客引导路线是远远不够的，还应是游客的“老师”，就是要能给游客解惑。可见，对导游员来说，掌握一定的历史文化知识是非常必要的。

一、先秦时期历史概况

先秦（距今约 180 万年前—公元前 221 年）包括原始社会、夏、商、西周和春秋、战国等时期，涉及原始社会的出现、发展及解体，国家的形成（夏）以及封建社会的确立（战国）等。

（一）原始社会时期

北京人所使用的石器

1. 石器时代

人类社会历史开始之前，我国大地上就已经生存着作为人类远祖的多种古猿。在距今 300 多万年或 100 万年前后，人基本上形成了，被称为直立人，或者称猿人。我国境内遍布猿人的遗迹，已发现许多猿人的化石，主要有元谋人、蓝田人、北京人等。北京人所使用的石器从早期到晚期变化比较明显，打制技术逐渐提高，打制出来的石片质量不断提高，趋向长、薄。

在距今20万—30万年前，人类进入了第二个发展阶段，即早期智人阶段，也称为古人阶段。大约距今5万年前，古人进化为新人，新人又称为晚期智人。在这个时期，人类体质形态的原始特征基本消失，逐渐分化成各色人种，现代人开始形成。

我国已发现新石器时期的遗址6 000多处，遍布全国。新石器早期，我国的先民已进入了农业定居阶段，早期的聚落已经初步形成，聚落中男女分工也开始出现，聚落成员的贫富分化不是十分明显，但已经出现了私有财产现象，具有原始文字性质的契刻符号也已出现。新石器早期处于母系社会向父系社会的转变时期。

新石器时期，随着生产力的不断发展，人类的文化水平已达到一个新的高度，人们开始了农业定居生活。当外婚制形成以后，氏族也就产生了。氏族公社是原始社会发展的重要时期，可分为母系和父系两个互相衔接的阶段，仰韶文化和河姆渡文化是母系氏族社会的代表。

人面鱼纹彩陶盆

河姆渡干栏式房屋

2. 古史传说的部族首领时期

远古时期，中华大地上活跃着许多部族，这些部族的领袖往往被神化成半人半神的英雄。例如，我国古代有“三皇”“五帝”的传说。关于“三皇”“五帝”的名称各说不一，《白虎通德论》认为三皇为伏羲、神农、燧人，或为伏羲、神农、祝融。关于五帝，《史记·五帝本纪》记载的是黄帝轩辕氏、颛顼高阳氏、帝喾高辛氏、帝尧陶唐氏、帝舜重华氏，也有人认为五帝是黄帝、炎帝、太皞、少皞、颛顼。

（二）夏朝时期

大禹治水

相传尧时，天下洪水泛滥。大禹利用治理洪水的功绩得到酋长的身份，建立自己的威信，逐渐地控制了部落的一切大权。按照中国古代的禅让制度，禹年老退位时应把权力交给伯益，但是大禹为部族领袖时势力膨胀，其他邦国的君主、酋长皆不能与之抗衡，为其子启的继位打下了雄厚的军事和经济基础。禹的传子宣告了禅让制度的终结，夏王朝产生了。

夏朝的最后一个王为桀，他非常残暴，激起了夏民极大的愤慨。在夏王朝内外矛盾日益尖锐的情况下，商汤乘机伐夏，灭了夏桀，建立了商王朝。夏王朝经历 14 世、17 王，延续约 471 年而告结束。

（三）商朝时期

武王伐纣

殷商民族是源于东方的民族。《诗经·商颂·玄鸟》载："天命玄鸟，降而生商。"自始祖契至成汤建国，商朝有八次迁徙，至其后裔盘庚迁殷，国都才安定下来。殷即今河南安阳殷墟。盘庚迁殷以后，商王朝又称为殷或殷商。自此居殷直至灭国的 273 年之中，殷王朝基本未再徙都。殷商时期是商王朝的鼎盛时期，留下了灿烂的殷墟文化。

殷纣王名受，庙号帝辛，是帝乙的儿子、商朝最后一位君王。他继位后，荒淫残暴，信任奸佞，排斥、残害忠良，穷兵黩武，最后淫暴亡国。自成汤灭夏建立商朝至纣亡国，商朝共经历 17 世、31 王，延续了 600 多年。

商代甲骨文的发现是我国史学研究的划时代的大事件，这种龟甲文字首先在河南省安阳小屯被发现。甲骨上的文字多记载占卜方面的内容，故又称甲骨"卜辞"。

（四）西周时期

周部族是我国西部黄土高原上兴起的一个古老部族，因其所居地为周原，故号为"周"。西周时期的土地制度主要是井田制。西周的手工业作坊的一个突出特点为加强工商食官制，即由官府经营管理手工业。在周王朝后期，王室和国人间的矛盾加剧。"国人"是指住在都邑里的平民，住在农村公社的农民称"野人"。最终，国人因忍受不了厉王的剥削，发动了武装暴动。厉王出逃后，由周公和召公共同主持日常的行政，号称"共和"。公元前 771 年，犬戎攻破镐京，第二年，周平王被迫向东迁都至洛邑，也就是今天的洛阳，周王朝得以延续，历史上称之为东周。

国人暴动

（五）春秋、战国时期

公元前 770 年至公元前 476 年为"春秋"时期，它得名于鲁国的史书《春秋》。公元前 476 年至公元前 221 年则为"战国"时期，其名称一说是源于以七大诸侯国为首的各诸侯国连年征战，另一说是来源于《战国策》这部叙述秦统一前约 182 年间各国间的军事和外交的著作。

公元前 679 年，齐桓公大会诸侯，建立了霸权，春秋历史从此进入了霸权争夺的时期。历史上把先后在黄河流域争霸的齐桓公、宋襄公、晋文公、秦穆公、楚庄王称为"春秋五霸”，晋、楚平分霸权，使黄河流域的争霸基本上告一段落。“春秋五霸”的另一说是齐桓公、晋文公、楚庄王、吴王阖闾和越王勾践。吴、越的争霸是春秋时期争霸的尾声。

公元前403年，晋国分成韩、赵、魏三国，与齐、秦、楚和燕一并被称作“战国七雄”。战国时期社会变化更大，变法运动在各国普遍展开。鲁国首先实行“初税亩”制度，使私田所有权建立，标志着奴隶制开始瓦解。在初期，还有魏国的李悝变法、楚国的吴起变法、秦国的商鞅变法。其中商鞅变法最为彻底，在历史上的影响也较大。

（六）先秦时期经济科技文化

铁器在农业和手工业上的使用和推广，是春秋战国时期社会生产力发展的新标志。铁制农具的应用，使在农业上广泛地使用牲畜成为必要。战国时期，牛耕得到普遍推广。铁制农具和牛耕促进了深耕细作，对发展农业生产力起着重要的作用。另外，水利工程的兴修在春秋战国时期的各国也广泛地展开，其中著名的有吴王夫差开掘的邗沟、秦国李冰在今四川修建的都江堰、韩国的水利家郑国修建的郑国渠等。手工业中，冶铁、煮盐、漆器工艺和青铜制造业也占有重要地位。春秋后期开始用木炭做冶炼燃料，用皮囊鼓风，楚国的宛和赵国的邯郸是著名的冶铁中心。齐、燕的海盐，魏的池盐都很有名。漆器、丝织品非常精美。春秋战国时的商业虽不像农业那样占有支配地位，但也很兴盛。战国时的商品以农副产品为主。齐国的临淄、赵国的邯郸、魏国的大梁、楚国的郢等都是繁荣的商业城市。

由于春秋战国时期社会长期动荡，贵族垄断学术文化的局面逐渐被打破，私人讲学得到发展。春秋晚期，孔子开始确立私人讲学的模式。

孔丘，鲁国人，是儒家学派的创始人，是我国古代著名的思想家和教育家。有文献记载他整理编订了《诗经》和《尚书》等古代文化典籍，其中《诗经》是我国最早的诗歌总集。他还编写了现存最早的编年史——《春秋》。孔子死后，他的弟子们将他的言论编成了《论语》。孔子被后人尊称为圣人。战国时儒家的代表孟轲著《孟子》，被称为亚圣。儒家另一代表荀况著《荀子》。道家学派的创始人是战国时的楚国人李耳，著有《老子》（又称《道德经》），战国的庄周著有《庄子》一书。战国时期还有墨家的代表墨翟，著《墨子》；法家的代表韩非，著《韩非子》；兵家的代表孙武和孙膑，分别著有《孙子兵法》和《孙膑兵法》。当时，盛行的学派还有阴阳家、刑名家、纵横家、农家等。战国时期在历史上被称为“百家争鸣”的时代。另外，楚辞则代表了战国中期末叶文艺方面的新成就。它运用了楚国的方言、声调，创造性地写出富有地方性、民间性风格的长篇韵文和诗歌。屈原是以楚辞著称的诗人，其代表作有《离骚》《天问》等。

春秋战国时期在科学技术和艺术上也获得了很多成就。在天文历法方面，测定了冬至、夏至日期；《春秋》中有关于哈雷彗星的最早记录；战国时已定出部分节气；甘德和石申的《甘石星经》是世界上最早的天文学著作。医学方面出现了名医扁鹊（原名秦越人），创“四诊法”。建筑技术方面出现了著名的能工巧匠公输般（鲁班），被后代木匠尊为祖师爷。在艺术方面，青铜器装饰出现画像，代表作品是战国时期的嵌错赏功宴乐铜壶。湖北随州出土的全套编钟及其他乐器，则表明当时的音乐艺术达到了较高水平。

二、秦汉时期历史概况

秦汉（公元前221年—公元220年）是春秋战国诸侯混战局面结束之后的“大一统”时期。这一时期是封建社会形成和初步发展的历史时期，也是社会政治从天下大乱到天下大治、社会经济从停滞倒退状态到恢复发展再到鼎盛的时期。

（一）秦朝时期

秦始皇

公元前221年，秦王嬴政灭东方六国，建立了秦王朝，定都咸阳，在中国历史上第一次实现了全国统一，自称始皇帝。为了巩固统治，秦始皇采取了一系列措施：改“王”为“皇帝”，确立皇权至上，规定了皇帝的权力及皇帝自称的专门术语，设立“三公九卿制”的中央政府机构和在地方推行郡县制度等政治措施；统一度（长度）、量（容量）、衡（重量），大力修筑道路，统一货币为圆形方孔半两钱等经济措施；统一文字为小篆，焚书坑儒统一思想等文化措施；派兵北击匈奴，修筑长城，南击百越，开凿灵渠等军事措施。由于秦赋税、兵役、徭役过于沉重，激起了尖锐的阶级矛盾，最终在公元前209年爆发了陈胜、吴广领导的中国历史上第一次农民大起义，秦朝在刘邦攻占关中后灭亡。

（二）西汉时期

项羽和刘邦领导的农民军是陈胜牺牲后两支最强的力量。刘邦善于用人，在攻秦过程中，他很注意对居民和降将的安抚，而项羽往往屠城杀降。楚汉战争历经四年，项羽最终兵败乌江。公元前202年，刘邦建立汉朝，定都长安，历史上称为西汉。

西汉王朝建立后，统治者十分注重巩固封建政权。经济方面，采取休养生息的政策，出现了“文景之治”的局面。汉武帝刘彻继位后，颁布“推恩令”，以解决诸侯国势力对朝廷的威胁；将铸币和盐铁买卖权收归中央，统一使用“五铢钱”，又采取“罢黜百家，独尊儒术”的政策，使儒家思想成为封建社会的统治思想。汉武帝多次派大将卫青、霍去病大举出击匈奴，大大打击了来自北方的威胁。汉武帝时，外交关系也有了发展，最著名的有张骞出使西域，开通了“丝绸之路”，开启了中国和中亚、西亚一些国家的交通往来。西汉的牛耕和马耕技术更为进步，出现了耦耕（二牛抬杠）法，还使用耧车播种。汉武帝修筑了六辅渠、白渠，治理黄河水患，又开凿龙首渠，发明了井渠，即今新疆的“坎儿井”。冶铁开始用煤作燃料，纺织业使用提花机，临淄和襄邑出产的丝织品最为有名，生产空前发展。

（三）新朝时期

西汉后期，土地兼并非常严重，王莽夺权称帝，改国号为“新”，实行“改制”，更激化了阶级矛盾，引发了绿林、赤眉大起义，“新”灭亡。

（四）东汉时期

汉室皇族刘秀利用农民起义，在公元25年称帝，定都洛阳，史称东汉。他调整政策，加强中央集权，改革官制，发展经济，使社会出现了较为安定的局面，史称“光武中兴”。东汉前期重视兴修水利、治理黄河，人口和垦田数大大增加。南阳太守杜诗发明“水排”。利用水力鼓风冶铁，是手工业生产上的一项重要进步，比欧洲早1 000多年。宛和巩是两汉的冶铁中心。东汉对外交往也有新的开拓，班超出使西域；甘英出使大秦（罗马帝国），抵达波斯湾。《后汉书》记载大秦王安敦派使者从海道来中国，这是中国同欧洲国家直接友好往来的最早记录。

东汉后期，豪强地主的特权不断增加，外戚和宦官交替专权，朝廷腐败，政治异常腐朽黑暗，激发了黄巾军大起义，东汉政权在起义中灭亡了。

（五）秦汉时期的经济科技文化

秦汉时期奠定了中国科技文化在当时世界的领先地位。西汉初期已出现纸，东汉蔡伦改进造纸术，我国是世界上最早发明纸的国家。西汉《周髀算经》中提出勾股定理，比西方早500多年。《九章算术》中有很多当时世界上领先的重要数学成就。东汉张衡创制了世界上最早使用水力转动的浑天仪，发明了世界上最早测定地震方位的地动仪，早于欧洲1 700多年。西汉编定的《黄帝内经》是我国现存最早的一部医书，东汉的《神农本草经》是我国第一部完整的药物学著作。东汉名医张仲景的《伤寒杂病论》奠定了中医治疗学的基础，被后世尊为“医圣”。华佗发明的麻沸散是世界医学史上的创举。汉武帝创办了国家级最高学府——太学。哲学方面有东汉唯物论者王充所著的《论衡》。史学方面有西汉司马迁写成的中国第一部纪传体通史巨著《史记》，被誉为“史家之绝唱，无韵之《离骚》”。东汉史学家班固编撰了我国第一部纪传体断代史《汉书》。佛教于西汉晚期传入中国，道教则在东汉末年产生。汉朝时流行赋和乐府诗，赋的名家有西汉的贾谊，其代表作有《吊屈原赋》，此外还有司马相如的《子虚赋》、东汉班固的《两都赋》、张衡的《二京赋》。乐府诗有《孔雀东南飞》《十五从军征》等名篇。艺术方面，秦始皇陵兵马俑被认为是“世界第八大奇迹”，长沙马王堆西汉墓中出土的帛画非常精美。产生于春秋的蹴鞠（古代足球）在秦汉时广泛流行，角抵（后世的相扑）、击剑、秋千等体育活动也深受人们的喜爱。

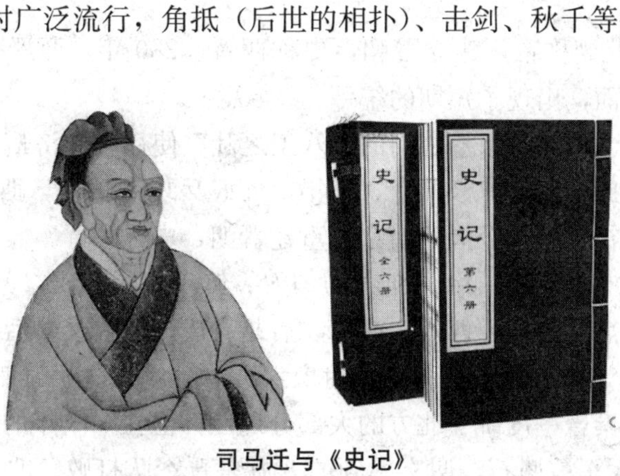

司马迁与《史记》

秦汉时期，中国的铸铜技术、制漆技术、汉字传入朝鲜，铸铜和制铁技术传入日本，丝绸、冶铁和水利技术远播中亚、欧洲地区。China 是印度梵文“秦地”的简化音，不少国家称中国人为“汉人”，称中国学为“汉学”，体现了秦汉文化对世界的深远影响。

三、魏晋南北朝时期历史概况

魏晋南北朝（220 年—589 年）是国家大分裂、民族大融合的时期，也是江南经济大发展并开始赶上北方的历史时期。

（一）三国时期

东汉末年，黄巾军大起义失败以后，地方封建势力进行了多年的混战。曹操在官渡之战后，逐步统一黄河中下游地区，其子曹丕于 220 年废黜汉献帝，建立魏国，定都洛阳。而孙权、刘备则经过 208 年的赤壁之战，打败了曹操，分别在江南和益州建立了自己的势力范围。221 年刘备建立了蜀汉政权，建都成都；孙权于 229 年正式称帝，国号吴，建都建邺（今南京）。三国鼎立的局面正式形成。

三国时期，魏、蜀、吴的经济、社会均有所发展。魏国扩大屯田，兴修了水利工程，开辟了水稻田，魏国的马钧发明了浇灌工具翻车。吴国于孙权称帝后，也在江淮一带大规模屯田，从北方引进生产技术。吴国重视与其他地区包括南海地区的联系。230 年，孙权派卫温率万人兵马大船到达夷州（今天的台湾），还派康泰、朱应出使南海诸国，他们回国后曾著书介绍南海诸国的情况。蜀国的丞相诸葛亮积极发展生产，派人管理都江堰，又新修了一些水利工程，手工业中蜀锦闻名遐迩。为了安定伐魏的后方，蜀加强了汉族与贵州、云南等地区少数民族在政治、经济、文化上的联系。

魏、蜀、吴三国之间的关系最初是吴蜀联合对抗曹操，后来吴、蜀为了争夺荆州而发生战争，蜀军大败，刘备病死，诸葛亮推行联吴抗魏政策，几次伐魏都未成功，蜀的势力日渐衰微，263 年魏灭蜀。

（二）两晋时期

265 年，司马炎代魏称帝，建立晋朝，史称西晋。280 年，西晋灭吴，结束了东汉末年以来分裂割据的局面，出现了短期的统一。

然而，西晋历时十六年的宗室之间的“八王之乱”使社会经济遭到严重破坏，各地游牧民和内迁的少数民族纷纷起来反晋。316 年，匈奴兵攻占长安，西晋灭亡。317 年，南迁的西晋宗室司马睿在建康（今天的南京）重建晋朝，史称东晋。

在东晋统治的 100 多年里，中国北方的匈奴、鲜卑、羯、氐、羌等民族建立了前赵、北凉、夏、前燕、后燕、南燕、西秦、南凉、后赵、成汉、前秦、后凉、后秦，汉族建立了前凉、西凉、北燕等十六国，史称“五胡十六国”时代。这一时期各国之间混战不休，其中氐族人建立的前秦曾一度统一北方的大部分地区，但在 383 年的淝水之战中，前秦王苻坚率领的 80 多万大军被谢石、谢玄率领的 8 万东晋军队打败，北方重新陷入混战，直到 439 年北魏统一北方，混战局面才宣告结束。

（三）南北朝时期

420 年，在北伐中势力日益强大的东晋将领刘裕废除东晋皇帝，建立宋。至 589 年，南方先后经历了萧道成建立的齐、萧衍建立的梁和陈霸先建立的陈的政权交替。因这四个王朝均建都建康，故史称南朝。

北方自 386 年鲜卑族拓跋部建立北魏后，逐步统一黄河流域，结束了十六国在北方的割据局面。534 年，北魏分为东魏与西魏，后来北齐取代东魏，北周取代西魏。577 年，北周灭了北齐，北方重新统一，史称北朝。

581 年，北周外戚杨坚称帝，建立隋朝。589 年隋朝灭掉了南方的陈朝，结束了南北朝的对立，重新统一了全国。

（四）魏晋南北朝时期的经济科技文化

魏晋南北朝时期，北方出现了各族人民大融合的趋势，江南地区经济得到了发展，科学技术、文化艺术也得到了进一步发展，不少领域取得了世界领先的成就。其中，数学家祖冲之在世界上第一次把圆周率的数值精确到小数点后第七位，比欧洲早了 1 000 多年。北魏农学家贾思勰所著的《齐民要术》是我国现存最早的一部完整的农书，也是世界农学史上的优秀专著之一。北魏著名的地理学家郦道元著有《水经注》。南朝的范缜是著名的无神论者，著有《神灭论》。东晋的名僧法显第一个到达印度取经，历时 14 年，著有《佛国记》。

在文学、艺术方面，魏国的曹操与曹丕、曹植父子，东晋的陶潜，南朝的谢灵运都是著名的文学家。梁昭明太子萧统召集当时著名学者编著的《昭明文选》是先秦以来精彩文章的总集，对后代文学的影响很大。东晋的王羲之则精于书法，其代表作《兰亭集序》被誉为“天下第一书”。擅长人物画的东晋画家顾恺之有《女史箴图》《洛神赋图》传世。南北朝时期佛教盛行，完成于北魏都城平城（今山西大同）的云冈石窟以及迁都洛阳以后的龙门石窟，代表了当时绘画与雕塑艺术的高超水平。

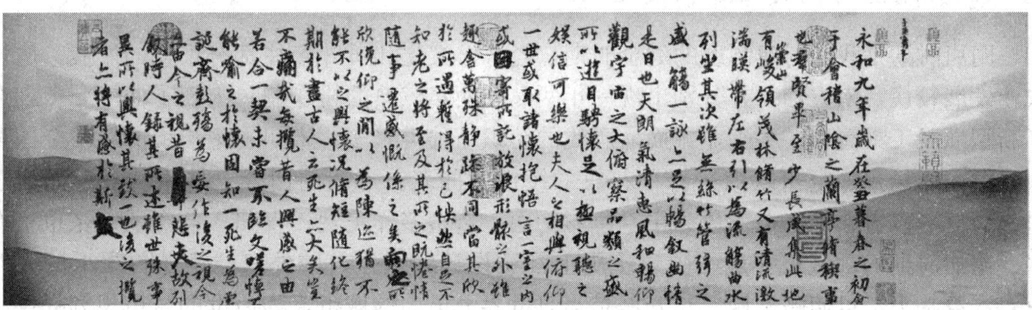

兰亭集序

四、隋唐时期历史概况

隋唐时期（581 年—907 年）是我国封建社会的繁荣时期，这一时期的主要特点是国家统一，政局相对稳定；封建经济继续发展，呈现繁荣景象；各民族联系加强，统一的多民族国家进一步发展；对外开放，中外经济文化交流频繁；科技文化世界领先，全面辉煌。

（一）隋朝时期

581 年，北周外戚杨坚建立隋朝，定都长安，589 年隋灭陈，统一中国。隋和秦朝一样，也是一个短命王朝。从 581 年建立到 618 年灭亡，隋王朝建国仅 37 年，但却有着积极的影响。

隋文帝杨坚统治期间，隋朝建立了三省六部制，巩固了封建皇权，同时实行均田制，大兴科举，给较多的人以入仕为官的机会，增强了封建统治的阶级基础。

隋炀帝杨广继位后，在营建东都洛阳的同时，调集 80 万民工开凿大运河。大运河以洛阳为中心，北通涿郡（今天的北京），南达余杭，全长 2 500 余千米。大运河的开通，对于维护统一、繁荣经济有很大作用。但由于在开凿过程中，隋炀帝过度残酷，奴役劳动人民，致使民不聊生，激化了国内的阶级矛盾，为隋王朝的灭亡埋下了伏笔。

（二）唐朝时期

618 年，李渊在隋末农民大起义的浪潮中建立了唐朝，在长安称帝。623 年，唐朝重新统一了中国，建立了我国封建社会少有的盛世王朝。唐太宗李世民即位后，任用善于谏言的房玄龄、杜如晦、魏征等贤臣，实行租庸调制，完善科举制度，国力逐渐强盛，史称“贞观之治”。武则天是我国历史上唯一的女皇帝，其称帝后，也注意选拔贤才，先后任用狄仁杰、姚崇等政治家为宰相，社会经济得到了持续发展。在唐玄宗李隆基统治的前 30 多年间，中国封建社会呈现出前所未有的盛世景象，史称“开元盛世”。但在其统治后期，重用奸臣，政治腐败，引发了长达八年之久的“安史之乱”，唐王朝由盛转衰，宦官专权、朋党之争、藩镇割据日益严重。在王仙芝起义、黄巢农民起义的打击下，唐王朝名存实亡。907 年，起义军降将朱温废唐自立，建立后梁，唐朝灭亡，中国历史进入五代十国时期。

（三）隋唐时期的经济科技文化

隋唐时期是我国封建制度的健全时期，经济、文化和对外交往都有很大的发展。唐代农业发展较快，南方和北方分别出现一年两熟和两年三熟的耕作制，出现了曲辕犁，创造了新型灌溉工具筒车。手工业方面，唐代的纺织品种类繁多，宋州、亳州绢的质量全国第一，益州、扬州、定州以织造特种花纹的绫锦而闻名。邢州的白瓷、越州的青瓷闻名于世。唐三彩以黄、绿、白三色为主，色彩艳丽，造型多样美观。宣州、益州的纸张也很有名。隋唐时期的都城长安是中国建筑史上都城设计的杰作。城外有位于龙首渠上的大明宫，居高临下，可俯瞰全城。长安城是当时世界上最大的城市，为后世的城市规划提供了光辉的范例。

隋唐的建筑、雕版印刷、天文、药学、文学等都处于世界领先水平。隋初，工匠李春在赵州修建的赵州桥（又名安济桥）是世界上保存最完整的敞肩石桥。868 年印制的《金刚经》卷册是世界上现存最早的有确切纪年的雕版印刷品。天文学家唐代僧人一行测算出了地球子午线的长度，他主持编定的《大衍历》是当时最精密的历法。《唐本草》是世界上第一部由政府颁布的药典，比欧洲早了 800 多年。医学家孙思邈被称为“药王”，著有

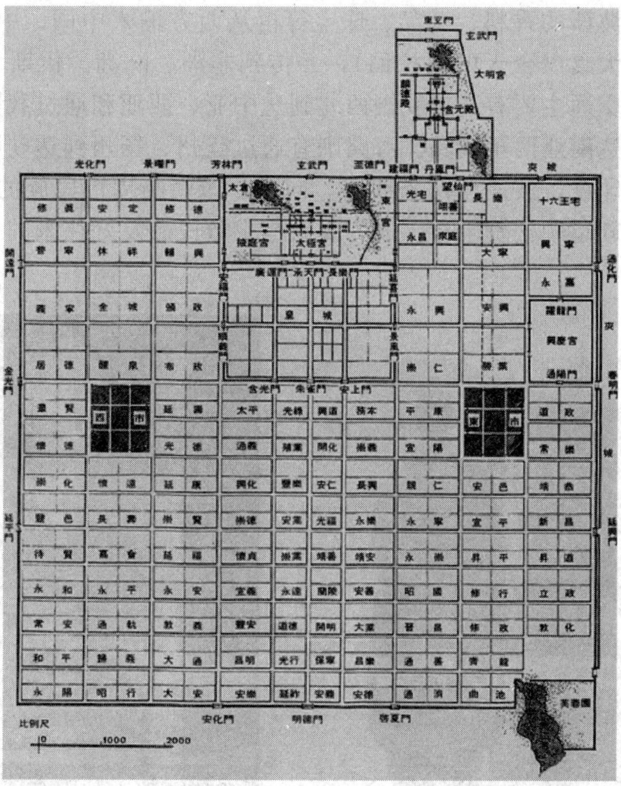

唐朝长安城平面图

药典《千金要方》《千金翼方》。唐代茶树种植已较为广泛，陆羽创作了世界上第一部茶叶专著《茶经》，被尊为“茶圣”。史学家刘知几的《史通》是中国历史上第一部史学评论专著。史学家杜佑写的《通典》是我国第一部分门别类记载历史典章制度的新体例史书。唐代是我国诗歌史上的黄金时期，如“诗仙”李白、“诗圣”杜甫和白居易都是著名的诗人。韩愈、柳宗元是著名的散文家，韩愈居“唐宋八大家”之首。传奇是小说的前身，在唐代极盛。在绘画艺术上，隋展子虔的《游春图》是我国现今发现的最早的山水画。唐朝的阎立本和吴道子是当时最著名的画家。吴道子所画人物衣带飘拂若动，被称为“吴带当风”，有“画圣”之誉。阎立本擅长政治人物画，《步辇图》是其代表作。莫高窟是世界上最大的艺术宝库之一，其中的唐代壁画和塑像是唐代佛教盛行的产物。唐代书法盛行，代表人物有欧阳询、虞世南、褚遂良、张旭、怀素、颜真卿、柳公权等。

在对外交往上，唐朝与亚、欧国家的交往出现了前所未有的盛况，与 70 多个国家通商。唐朝的外国留学生以新罗人最多，朝鲜半岛大量吸收唐朝手工业先进技术、政治制度、历法、文学艺术等，与唐朝贸易往来频繁。日本的“遣唐使”13 次来到中国，日本留学生广泛学习中国的哲学、历史、宗教、政治制度、文学艺术等，阿倍仲麻吕是其中的代表人物。日本的行政制度、城市建筑、文字、饮食、服装等都仿照唐朝的式样。唐朝的鉴真和尚经六次东渡到达日本，为传播唐文化做出了突出贡献。另有玄奘西游天竺（今天的印度）取经，历时 18 年，所著的《大唐西域记》至今仍是研究所涉及地区历史文化的珍贵资料。中国造纸术传入天竺，天竺的医学、天文、历法、音乐、舞蹈、绘画、建筑艺术等传入中国。中国的丝绸、瓷器、纸张等运往波斯（今天的伊朗），并由波斯销往西方；中亚、波斯的香料、药品、珠宝等再从西方输入中国。中国的造纸、纺织、制瓷等技术还传入大食（今天的阿拉伯），并传到非洲、欧洲。伊斯兰教也在唐朝时传入中国。陆路对外交通主要有通过我国西北到达中亚、西亚和通过我国西南经缅甸、泰国、柬埔寨等国到达南亚两条线路。海路则有通过登州、扬州到达朝鲜、日本和通过广州到达马来半岛、印度、波斯湾两条线路。同时，唐朝与周边民族的交往也空前密切，如文成公主远嫁藏族首领松赞干布，成为汉族与少数民族友好往来的佳话；唐玄宗封皮逻阁为南诏王。

玄奘与鉴真

五、五代辽宋夏金元时期历史概况

五代辽宋夏金元时期（907 年—1368 年）封建经济继续发展，民族融合进一步加强。

（一）五代十国时期

907 年到 960 年，中原地区先后建立了后梁、后唐、后晋、后汉、后周五个朝代，历史上称为“五代”。同时，山西和南方还出现了北汉、前蜀、吴、闽、吴越、楚、南汉、南平、后蜀、南唐十个割据政权，历史上称为“十国”，与五代合称为“五代十国”。这一时期北方各国混战不休，南方相对安定，经济有较大的发展。五代时期是唐末藩镇割据的转变时期，经济中心开始向南方转移。

（二）北宋时期

960 年，后周禁军统帅赵匡胤在陈桥驿发动兵变，夺取政权，建立北宋，建都东京（今开封）。此后 19 年内，北宋平定了一些小国，形成了一定范围内的统一，但军事实力不敌辽国，与辽国的战争皆以失败收场。

北宋在中国历史上是一个国力和政治逐渐走向衰败的王朝。政治上，赵匡胤通过“杯酒释兵权”、设立转运史、建立禁军、文臣治政等措施加强了封建皇权，防范了地方割据势力的出现和大臣对皇位的威胁。但皇权的过分集中和对大臣的防范，特别是对武臣的压制，也成为政治腐化和军事力量削弱的一个重要原因。

杯酒释兵权

北宋与西北的契丹族在 916 年建立的契丹国（后改称“辽”）和党项族在 1038 年建立的西夏政权长期对峙，发生过多次战争。最后北宋通过“澶渊之盟”，付给辽银、绢，维持了辽宋间的相对和平，进行了贸易、技术和文化的交流。北宋中期，由于行政机构和军队数量越来越庞大，腐化程度也越来越严重，对农民的剥削不断加重，农民起义不断。王安石的变法也因大官僚、大地主的反对而失败，统治集团更为腐败，出现了政治危机。1115 年，东北的女真族建立金朝后，实力日增，1125 年金与宋联合灭了辽国，1127 年金军攻陷东京，北宋灭亡。

（三）南宋时期

在北宋灭亡的当年，北宋皇族康王赵构在应天府（今河南商丘，当时也称南京）称帝，后定都临安（今杭州），历史上称南宋。

1137 年，金朝对南宋采取诱降策略。宋高宗与大臣秦桧不顾抗战军民的反对，与金朝订立了和约。

1140 年，金朝发生政变，兀术掌权，对南宋发动进攻。然而金军遭到各路宋军的抗击，如刘锜在顺昌（今安徽阜阳）取得大捷。6 月下旬，岳飞大举北伐，逼近开封。在郾城（今河南郾城）会战中，岳飞给金军以重大打击。与此同时，北方义军纷纷响应。但由于宋高宗统治集团惧怕大将久握重兵会危及自己的统治地位，遂命令各军撤退。

宋高宗、秦桧等人为了议和，解除了韩世忠、岳飞等将领的兵权。1141 年 11 月，南宋与金签订“绍兴和议”。1276 年 2 月 4 日，元军攻占南宋都城临安（杭州），俘获了 5 岁的南宋皇帝恭宗。

（四）元代

在北方，蒙古族逐渐兴起，1206 年，铁木真统一蒙古。随后，蒙古先后发动三次西征，并陆续对西夏、金朝及南宋发动战争。1271 年，忽必烈改国号，建立元朝，定都大都（今北京）。直至 1279 年，元朝最终完成统一。1368 年，元朝被明军所灭。

（五）五代宋元时期的经济科技文化

五代、宋元时期，水稻是主要的粮食作物，以南方为主要生产地区，并向北方推移。蚕桑仍是农业的主要副业，棉花种植技术也得到了引进和推广。农业的精耕细作模式已基本形成。南宋时期大规模兴修了水利，水利的兴修使太湖地区有了“苏湖熟，天下足”的美誉。

宋元时期手工业的发展主要表现在造船、陶瓷、纺织、造纸等方面，海船制造技术也有了较大的发展，能造出可以乘坐五六百至千人的大海船。宋元瓷器是中国陶瓷史上的珍品。钧窑、汝窑、定窑、越窑、哥窑和景德窑等各窑烧造的瓷器风格各异。纺织业仍以丝织和麻织为主。宋末元初，棉纺织家黄道婆改进了棉纺工具和棉纺技术，推动了棉纺织业的发展。元代棉花的种植范围扩大，松江是棉纺业中心，“乌泥泾被”远近闻名，棉布成为江南人民的主要衣料。同时，造纸业也有了较大的发展。

宋元时期的商业更加兴盛。东京、临安的商业最为繁荣，打破了“坊”的限制，出现了“夜市”“早市”“瓦肆”等商业娱乐场所。北宋的开封、成都，南宋和元代的杭州、建康、扬州、苏州、成都、太原、大都均是当时的商业都会。元代的大都被马可·波罗称为“繁盛之城”。为适应对外交往关系发展的需要，这一时期还出现了世界上最早的纸币：交子。

宋元时期的科学技术也有显著的成就。如宋代发明了航海时用以指示方向的指南针；北宋毕昇发明了活字印刷术，与后来的铅字排印法基本一样；活字印刷术东传日本、朝鲜，西传埃及、欧洲；五代时已用火药作武器，北宋已有多种火药武器，蒙古军西征时，也曾用过火药武器。

北宋杰出科学家沈括所著的《梦溪笔谈》被誉为“中国科学史上的里程碑”。元代著名科学家郭守敬编写的《授时历》与现行的公历年周期相同，比现行公历的确立早了300年。他还推算出一年为365.242 5天，同地球的公转周期相差无几。在建筑方面，北宋建筑学家李诫编撰34卷建筑学巨著《营造法式》。南宋初年，宋慈编写了《洗冤录》，在法医学方面有很高的科学价值。元代王祯的《农书》是我国第一部系统研究农学的著作。

在思想、教育、史学、文化艺术方面，宋元时期也有很大发展。儒家学派在两宋时期形成“程朱理学”，代表人物有周敦颐、程颐、程颢，南宋的朱熹是其集大成者。司马光主持编写的编年体史书《资治通鉴》是一部294卷的通史巨著，记载了从战国时期到后周末年1 362年间的主要史事，具有很高的史学研究价值。发展于唐朝晚期的词在这一时期创造了文学的辉煌。李煜、苏轼、欧阳修、柳永、李清照、辛弃疾等都是著名的词人。陆游、黄庭坚则以诗见长。元代的散曲和杂剧成就最高，《窦娥冤》是著名剧作家关汉卿的代表作，王实甫的《西厢记》也广为流传。五代的荆浩以水墨山水画著名，黄筌以花鸟画著名，李公麟以画马、人物著称。北宋张择端的《清明上河图》是我国美术史上的不朽之作。米芾、米友仁创“米家山水”画法。北宋苏轼、黄庭坚、米芾、蔡襄的书法卓有成就，被称为“宋四家”。宋徽宗赵佶书画皆精通，创“瘦金体”书体。元代的赵孟頫书画成就最高，黄公望以山水画著名。

《清明上河图》（局部）

六、明清时期历史概况

明清时期（1368年—1840年，鸦片战争以前）是中国封建社会由盛转衰的时期，也是统一的多民族国家进一步巩固的时期。

（一）明朝时期

1368年，朱元璋在应天（今南京）称帝，国号明。朱元璋即明太祖，又称洪武皇帝。朱元璋意识到大乱之后休养生息对巩固政权的必要性，他采取措施招募流亡农民垦荒屯田，推行军屯制度，减轻农民负担，使明初的社会经济得以恢复和发展。

在政治上，朱元璋废除中书省和丞相制度，设立吏、户、礼、兵、刑、工六部，掌管全国行政，直接对皇帝负责。在军事方面，除由兵部掌兵权外，将元朝的大都督府改为左、右、中、前、后五军都督府，分别掌管军籍，训练士兵。在地方上则设布政使司，掌管地方民政、财政，统管府、州、县三级行政机关。通过学校和科举两个途径选拔朝廷和地方官吏。同时设立侦缉组织“锦衣卫”，专门搜集军政情报，通过制造“文字狱”，实行更严厉的思想控制。为了使朱家王朝长期巩固，朱元璋分封子孙藩王，分驻各地，使他们拱卫京师。

朱元璋死后，燕王朱棣反对惠帝削藩，打着“清君侧”的旗号起兵造反。通过“靖难之役”，朱棣夺得帝位，历史上称为明成祖，又称永乐皇帝。明成祖即位后，解除了所有藩王的兵权，进一步加强了封建专制的统治，并于1421年迁都北京。北京城是古代城市建筑的杰作和瑰宝。

明朝经过几十年的发展，经济、社会发展渐入兴盛阶段。1405—1433年，大航海家郑和七次奉命下西洋，船队载有众多将士和大量物资，经过亚洲、非洲30多个国家和地区，到达南洋及印度洋一带，最远到达非洲东岸。

为了防范北方瓦剌、鞑靼的不断南侵，明代在秦长城的基础上修筑了东起鸭绿江、西到嘉峪关的万里长城。海防方面，戚继光肃清了明朝中后期侵犯东南沿海的倭寇。欧洲殖民者从16世纪开始侵犯我国沿海地区。1553年，葡萄牙殖民者攫取澳门的居住权。意大利传教士利玛窦把孔子和儒家思想第一次介绍给西方人。

明朝后期政治腐朽，宦官专权，党锢迫害惨烈，土地集中严重，天灾人祸不断，爆发了高迎祥、李自成、张献忠领导的明末农民大起义。1644年，李自成在西安建立大顺政权，同年攻占北京，明王朝灭亡。

（二）清朝时期

崛起于东北的女真族首领努尔哈赤于1616年建立了后金政权。

八旗制度的建立，推动了女真社会的发展。清太宗皇太极于1636年改国号为大清。1644年清军入关，击败李自成，迁都北京。

清朝自1683年统一全国后，加强了封建统治，通过实行“摊丁入亩”制度，使隐匿人口逃避丁银的现象大大减少，社会进一步稳定。

此后，清朝加强了对边疆少数民族地区的统治，粉碎了新疆回部大、小和卓的叛乱，确定了中央政府在西藏册封达赖和班禅的制度，取得中俄雅克萨之战的胜利，捍卫了领土完整。1661 年，郑成功从荷兰殖民者手中收复台湾。1684 年，清军攻占台湾，设立台湾府，隶属福建省。清朝自康熙、经雍正发展到乾隆时期，社会经济呈现繁荣景象，史称“康雍乾盛世”，但统治巩固期间，统治者却大兴文字狱，对学术思想文化进行钳制。

（三）明清时期的经济科技文化

明清时期，社会经济继续发展。在明代，福建、浙江等地已有一年两收的双季稻，广东还有三季稻。棉花已推广到全国，从国外引进了玉米、甘薯、马铃薯、烟草等作物。手工业方面，明清时期的纺织业仍是农民为自给自足而进行的主要家庭副业，包括丝织业、棉织业、麻织业、毛织业等。明中叶以后，以商品生产为主要目的的纺织业逐渐发展起来。“机户出资，机工出力”的现象也在江南丝织机坊中出现，标志着资本主义生产关系的萌芽。湖州的丝，松江的布，南京、苏州的绸缎，都是全国著名的产品。景德镇的青花瓷、五彩瓷代表了明清制瓷业的最高水平。明代冶铁已用焦炭作燃料，发明了生熟铁连续生产法。采矿则用“火爆”的方法。明清时期的造船业，特别是海船的制造，达到了很高的水平。清康熙时，苏州每年制造出海大船 1 000 多艘。明清时期商业繁荣，北京、南京、成都、汉口、苏州、杭州、松江都是当时的商业重地。

随着社会经济的发展，明清出现了很多重要的科技著作。明朝李时珍的《本草纲目》是对 16 世纪以前中国药物学和医学的一次总结。徐光启的《农政全书》是我国古代优秀的农学著作。地理学家徐霞客对我国西南石灰岩溶蚀地貌进行了考察，是世界上第一个研究岩溶地貌的人，其所著《徐霞客游记》融地理、旅游、文学、历史、社会学、民俗为一体，具有很高的价值。宋应星的《天工开物》被誉为“中国 17 世纪的工艺百科全书”。

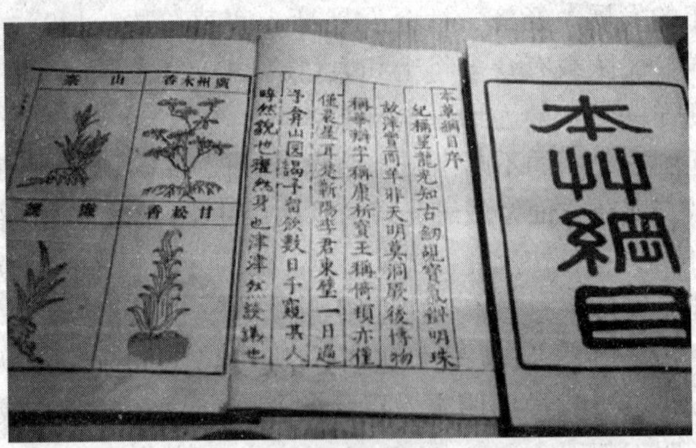

《本草纲目》

明清时期，小说发展达到顶峰。罗贯中的《三国演义》是我国最早的一部章回体长篇历史小说，施耐庵的《水浒传》是我国以农民起义为题材的长篇小说，吴承恩的《西游记》是一部浪漫主义长篇神话小说，曹雪芹的《红楼梦》是我国古代长篇白话小说的最高峰，吴敬梓的《儒林外史》是我国古代优秀的讽刺小说，蒲松龄的《聊斋志异》是我国古代文言文小说的最高峰。剧作方面，明代剧作家汤显祖的《牡丹亭》最为有名，清代洪昇的《长生殿》和孔尚任的《桃花扇》影响深远。京剧形成于清代乾隆末年，四大徽班和湖北汉调进京以后，程长庚为开山祖师，谭鑫培为一代宗师。书画艺术方面，明代有“吴门三家”（祝允明、文徵明、王宠）和董其昌的书法；绘画上则有“吴派”的沈周、文徵明、唐寅和仇英活跃画坛，还有徐渭以泼墨花卉最为著名，董其昌和陈洪绶的画也对后世颇有影响。清代画家中，石涛、朱耷的画风格独特，具有“扬州八怪”之称的画家所创之画个性突出，尤以郑板桥最为著名。天津的杨柳青年画、苏州的桃花坞年画是清代民间年画的代表。

七、近现代时期历史概况

（一）从鸦片战争到五四运动

1. 鸦片战争

英国以鸦片作为侵略中国的手段，给中国社会造成了严重危害。道光皇帝派林则徐到广东查禁鸦片。1839 年 6 月，虎门销烟标志着禁烟运动取得了胜利。英国政府以保护通商为借口，于 1840 年 6 月发动了第一次鸦片战争，鸦片战争以中国的战败告终。1842 年 8 月，清政府被迫同英国签订丧权辱国的《南京条约》，规定了割让香港岛、赔款、开放通商口岸、协定关税等条款。这是中国近代史上第一个不平等条约，它使中国领土完整和主权遭到破坏，中国的封建经济日益解体，开始走上半殖民地半封建社会的道路。鸦片战争成为中国近代史的开端。

虎门销烟与《南京条约》的签订

2. 太平天国农民运动

1843 年，洪秀全创立“拜上帝会”，秘密进行反清活动。1851 年 1 月 11 日，洪秀全在广西桂平金田村发动武装起义，建号“太平天国”，起义军称太平军。太平军于 1853 年 3 月攻克南京，宣布南京为天京，正式建立了与清王朝对峙的农民政权，并于同年颁布了以土地分配制度为核心的纲领性文件《天朝田亩制度》。后来，太平天国运动由于起义领袖的内部分裂而开始衰败，被中外反动势力联合绞杀。太平天国运动是我国近代史上一次伟大的反帝反封建的革命运动，揭开了民主革命的序幕。

3. 洋务运动和资本主义的产生与发展

中国资本主义最早出现于洋务派举办的洋务企业中。清政府中以奕䜣、左宗棠、曾国藩、李鸿章等为代表的洋务派官僚为挽救清王朝的封建统治，发动了以“中学为体，西学为用”为宗旨，以引进西方先进生产技术、军事装备和科学文化为主要内容的自救运动。19 世纪 60 年代为洋务运动的“自强”阶段，重点兴办军事工业；19 世纪 70—90 年代为洋务运动的“求富”阶段，重点兴办民用工业。由于洋务运动带有浓厚的封建性、买办性和垄断性，不能挽救清王朝，但在客观上对中国资本主义的产生起到了一定的刺激作用。

19世纪70年代，随着西方列强对中国的经济侵略的扩大以及洋务运动的刺激，一部分商人、地主和官僚投资于近代工业，由此产生了中国近代民族资本主义工业，但带有明显的半殖民地痕迹。甲午战败和帝国主义瓜分狂潮极大地刺痛了民族资本家。从1895年开始的四年间，新创办的民族企业超过了战前30年的总和，民族资本主义有了初步的发展。

4. 维新运动

甲午战争后，由于民族危机的加深和民族资本主义的初步发展，维新思想迅速传播。以康有为、梁启超为代表的资产阶级维新派在光绪皇帝的支持下，发动了一场旨在挽救民族危亡、发展民族资本主义的维新变法运动。1895年5月2日，康有为联络在北京应试的1 300多名举人上书光绪皇帝，即“公车上书”，揭开了维新变法运动的序幕，成为资产阶级改良主义思潮政治运动的起点。

在维新派的推动下，1898年6月11日，光绪皇帝下诏变法，开始实行“新政”，建立地主和资产阶级联合专政的君主立宪制国家，即“百日维新”。9月21日，慈禧太后发动戊戌政变，历时103天的维新变法失败。维新运动是以康有为、梁启超等为代表的民族资产阶级维新派变法图存、富国求强的社会变革运动，是一次挽救民族危亡、维护独立主权的爱国政治运动，它加速了清王朝的灭亡。

戊戌六君子

5. 辛亥革命

孙中山是中国资产阶级民主革命的先行者，1894年11月，他率先组织了第一个资产阶级的革命团体兴中会。1895年2月，孙中山在香港成立兴中会总机关，在入会誓词上明确提出了“驱除鞑虏，恢复中华，建立合众政府”的革命主张。1905年7月，孙中山在东京建立中国同盟会，确立同盟会的革命纲领是“驱除鞑虏，恢复中华，建立民国，平均地权”，资产阶级领导的民主革命运动从此进入高潮。不久，孙中山又在《民报》发刊词中把革命纲领归结为“民族、民权、民生”三大主义。这既是孙中山民主革命思想的集中概括，也是资产阶级革命的基本政治纲领。

1911年10月10日，武昌起义胜利，清政府瓦解，史称“辛亥革命”。1912年元旦，孙中山在南京宣誓就任中华民国临时大总统，宣告中华民国成立，这是旧民主主义革命发展的最高峰。

后来，袁世凯篡夺了革命果实，孙中山被迫辞去临时大总统职务，这标志着辛亥革命的失败。

（二）从五四运动到中华人民共和国成立

1. 袁世凯称帝

1915 年底，袁世凯当上了“中华帝国”的皇帝，宣布改 1916 年为洪宪元年，准备元旦登基。蔡锷、李烈钧、唐继尧等人在云南起义，通电讨袁，宣布云南独立。他们组织了护国军，向川黔和两广进发，各省纷纷独立。袁世凯众叛亲离，被迫于 1916 年春取消帝制。接着，孙中山发表《第二次讨袁宣言》，号召人民将反袁斗争进行到底。

2. 新文化运动

为反对思想文化领域的尊孔复古潮流，陈独秀、李大钊、鲁迅、胡适等一批资产阶级激进民主主义知识分子掀起了新文化思想启蒙运动。1915 年 9 月，陈独秀在上海创办《青年杂志》。《青年杂志》自 2 卷 1 号起改名为《新青年》。新文化运动的主要思想是提倡民主和科学，反对专制与迷信。

陈独秀　李大钊　鲁迅　胡适

新文化运动代表

3. 南京国民政府及其体制

1927 年 4 月，以蒋介石为首的国民政府成立。几经周折，宁汉沪粤四方合流，于 1928 年 2 月成立了统一的南京国民政府。同年 10 月，根据《国民政府组织法》的规定，政府由行政、立法、司法、考试、监察五院组成。

1946 年 1 月，政协会议在重庆召开。在中共和各民主党派的坚持下，国民党被迫同意政协委员会为最高国务机关，但坚持其人选必须占一半。同年 11 月，国民党践踏政协会议，通过伪宪法，为独裁统治披上了合法外衣。次年 4 月，蒋介石改组国民政府，重要职位均由国民党人把持。1949 年，南京国民政府被推翻。

4. 日本帝国主义的入侵

1931 年 9 月 18 日晚，日本蓄意发动“九一八”事变，张学良执行蒋介石的不抵抗政策，东北三省沦陷，全国范围的抗日救亡运动逐渐高涨。1937 年 7 月，日本帝国主义发动卢沟桥事变，中国军队奋起抵抗，揭开了全面抗战的序幕。

1937 年国共两党同祭黄帝陵

5. 抗战胜利后中国社会的主要矛盾

抗日战争的胜利，是中国人民近百年来取得的第一次反对帝国主义斗争的完全胜利。完全胜利是指反对日本帝国主义侵略的完全胜利，并不是说取得了反帝斗争的完全胜利。因此，从抗战胜利到新中国成立以前，中国社会的主要矛盾依然是外国资本主义同中华民族的矛盾、封建主义同人民大众的矛盾。

6. 人民解放战争

为推翻国民党反动派的统治，中国共产党于 1945 年 8 月至 1949 年 10 月进行了人民解放战争。战争开始后，中国共产党粉碎了国民党反动派的全面进攻和重点进攻，到 1948 年 8 月进入战略进攻阶段。辽沈、淮海、平津三大战役，奠定了解放战争胜利的基础。

（三）近代科技文化

1. 科学技术

这一时期中国的科技文化大大落后于西方，但也有一些有识之士在为中华民族的前进进行着不懈的努力。李善兰是中国近代杰出的数学家、翻译家，徐寿、华蘅芳制造了中国第一台蒸汽机和木壳轮船，詹天佑设计并督建了中国第一条铁路干线——京张铁路，冯如于 1910 年制造了具有当时世界先进水平的飞机。新民主主义革命时期，中国的改革与科技进一步发展。李四光创建了一门新的地质学科——地质力学，竺可桢在 20 世纪 20 年代创办了我国第一个气象研究所，茅以升设计了我国第一座近代化大桥——钱塘江大桥，侯德榜发明了联合制碱法（侯氏制碱法），蔡元培、陶行知是著名的教育家。

詹天佑与京张铁路

2. 向西方学习的思潮

近代中国尖锐的民族矛盾和社会危机给人们的思想带来了深刻的影响，先进知识分子掀起了向西方学习的思潮。林则徐组织编译《四洲志》。魏源提出“师夷长技以制夷”，是洋务思潮和洋务运动的前驱。徐继畬编纂《瀛寰志略》，最先提出西方共和制符合中国“天下为公”的古道，最早提出实现中国近代化的经世主张。洪秀全吸收基督教的平等思想，为太平天国运动做了思想上的准备。19 世纪 70 年代，早期思想改良家王韬、薛福成、郑观应等提出学习西方，实行政治经济改革的主张，谋求国家独立富强，为维新变法奠定了思想基础。

3. 文化艺术

文化艺术方面代表人物和作品：鲁迅，其代表作有《狂人日记》《孔乙己》《阿 Q 正传》等；郭沫若，其代表作有《屈原》等；茅盾，其代表作有《子夜》《林家铺子》等；

巴金，其代表作有《家》《春》《秋》等；老舍，其代表作有《骆驼祥子》《四世同堂》《茶馆》等；曹禺，其代表作有《日出》《雷雨》等。著名的音乐家有聂耳，其代表作有《义勇军进行曲》等；冼星海，其代表作有《黄河大合唱》等。著名画家有徐悲鸿、张大千、齐白石等。1905 年，我国第一部影片《定军山》问世。

任务二　历史文化常识

学习目标

1. 了解国号的主要由来。
2. 了解帝王、皇族、皇戚的称谓。
3. 掌握帝王的谥号、庙号、尊号、全称、年号、陵号。
4. 掌握天干、地支、四时、节气、时辰。
5. 掌握科举制度知识。
6. 了解阴阳、五行、八卦、生肖。
7. 了解避讳。
8. 了解古人的姓、氏、名、字、号。

学习内容

1. 国号的由来。
2. 帝王、皇族、皇戚的称谓。
3. 帝王的谥号、庙号、尊号、全称、年号、陵号。
4. 天干、地支；年、月、日、辰；四时、节气。
5. 阴阳、五行、八卦、生肖。
6. 科举考试、四书五经、三纲五常。
7. 姓、氏、名、字、号及避讳。

案例导入

“庄”写成“庒”

苏州虎丘中有一个山地台式园林——拥翠山庄，每讲到这座园林，大多数导游都会提到晚清状元——洪钧，而他与赛金花的故事则成为讲解的关键。拥翠山庄的门头匾额上有“拥翠山庄”四个大字，而其中的“庄”字下面有一点，写成“庒”。游览此景点时，总会听到导游这样解释：“为什么拥翠山庄匾额上的庄会多一点呢？那是因为洪钧当时有个小妾叫赛金花，因出身妓女，身份卑微，在家里总觉得自己是多余的。当洪钧为其建此庄园时，就故意在上面多加了一点。”然而，在《汉典》中关于“庄”的解释是，古同“庄”：“我有庄事儿央你。”也就是说，“庄”是“庄”的异体字。据史料记载，拥翠山庄实际上是洪钧等人为重现虎丘中著名的憨憨泉而建，体现了造园主追求古朴雅致的人生境界。虽然赛金花和洪钧二人的故事名噪一时，但是作为清末状元的洪钧也不至于因赛金花而把错字题写到名胜佳地。一些导游根据自己的想法妄加揣测，把真实的历史歪曲了，误解了其中的含义，牵强附会地把赛金花的故事与拥翠山庄连在一起，这就歪曲了造园主的本意，更无法让游客真正领会到景点的文化内涵。由此可见，对于一些具有历史文化底蕴的旅游景点，作为旅游服务者，应该将正确的历史讲解给游客，让游客在游玩的过程中感受历史与文化的魅力，从而实现游客受教育、扩大知识的旅游功能。

（资料来源：黄鲜英．关于将历史文化渗透到导游讲解中的几点思考．科技创新导报，2013（26），195.）

一、国号的主要由来

根据原来的部族名定国名，如商、周（武王）、秦。

根据发迹地定国名，如汉（刘邦从汉中起兵战胜项羽从而建立西汉）。

根据封爵定国名，如晋（司马炎曾被封为晋王）、隋（杨坚曾被封为隋王）、唐（李渊曾被封爵唐国公）、魏（三国曹丕袭位魏王）。

根据吉祥文义定国名，如元（《易经》云：“大哉乾元”）。

以建立者的姓氏定国名，如陈（南朝为陈霸先建立）。

以社会上流传的口号定国名，如明（“弥勒下生，明王出世”）。

以同音通假定国名，如清（同“后金”之“金”）。

根据政权所在地定国名，如蜀（三国之蜀及五代十国中的后蜀处于巴蜀之地）、吴（三国吴地）。

二、帝王、皇族、皇戚的称谓

（一）王、天子

奴隶社会中最高统治者可称“王”“天子”。“王”的称谓源于原始社会。夏、商、周三代的最高统治者都称为“王”，“天子”这一称谓在西周时出现。周王室衰微后，诸侯国的君主也有称“王”的，如楚庄王。战国时各大诸侯国的君主均称“王”。从汉代开始，分封的诸侯称“王”，也有封爵称“王”的。

（二）皇帝

秦王嬴政认为自己“德兼三皇，功高五帝”，把“皇”和“帝”连起来始称“皇帝”，为封建社会历代君主所沿用。“皇帝”也有简称为“皇”或“帝”的，如“唐明皇”“汉武帝”。臣下不直呼“皇帝”，而是采用皇帝的别称，如皇上、陛下、国家、大家、天家、圣人、至尊、万岁、万岁爷、天子等。另外，有的皇帝将其父亲（或退位皇帝）尊称为“太上皇”。

（三）太皇太后、皇太后、皇后、嫔妃

太皇太后：皇帝的祖母。

皇太后：皇帝的母亲。

皇后：皇帝的正妻。

嫔妃：皇帝诸妾的通称，有美人、贤人、才人、昭仪、婕妤、贵妃、贵嫔等称号。

（四）皇太子、皇太孙

皇太子：皇帝诸子中皇位的法定继承人，也称“太子”。

皇太孙：由皇帝册立的有皇位继承权之嗣孙。

（五）公主、驸马

公主：汉代开始专指皇帝之女。汉代皇帝的姊妹称长公主，皇帝的姑母称大长公主。后代有所不同，有的以“长”指排行。清代皇帝之女不称“格格”，只有亲王、郡王、贝勒、贝子等人之女称格格。

驸马：魏晋时，皇帝的女婿大都封“驸马都尉”之职，魏晋以后帝婿皆加封“驸马都尉”，故“驸马”指皇帝的女婿。清代称“额驸”。

三、帝王的谥号、庙号、尊号、全称、年号、陵号

（一）谥号

谥号是古代对死去的帝王、大臣、贵族，按其生平事迹给予的褒贬或同情的称号。据记载，从西周开始有谥号，秦始皇废除，西汉又恢复。谥号是一些固定的字，大致分为三类，属于表扬的有：文、武、景、惠、烈、昭、穆、英、成、康等；属于贬低的有炀、厉、灵、幽等；属于同情的有哀、怀、愍、悼等。谥号不独立使用，或与庙号结合，或为全称的组成部分。

战国时期以前周王谥号均为一个字，之后才出现两个字的谥号。后世皇帝绝大多数用一个字为谥号。

（二）庙号

帝王死后，其继承者立庙奉祀，被尊为“某祖”“某宗”的名号即为庙号。汉代以后，其标志字首先是“祖”或“宗”字。每个朝代的第一个皇帝称“祖”，如“高祖”“太祖”“世祖”；之后的嗣君称“宗”，如“太宗”“高宗”“中宗”“世宗”等。西汉仅刘邦称“祖”，并不是所有帝王都有庙号；从南北朝开始至唐朝，无帝不称“宗”，即皇帝都有庙号，庙号开始泛滥。明、清时有皇帝称“祖”，如明太祖（朱元璋）、明成祖（朱棣）、清太祖（努尔哈赤）、清世祖（福临）、清圣祖（玄烨）等。

“帝”字自汉代与谥号结合后，也成为庙号，如汉文帝、魏文帝、晋武帝等。

（三）尊号

封建社会对皇帝、皇后生前或死后的尊崇颂扬性称号即为尊号，有时也称为“徽号”，如太上皇、皇太后、高皇帝等。

（四）全称

全称即庙号、尊号、谥号的合称。如乾隆皇帝全称为“高宗法天隆运至诚先觉体元立极敷文奋武钦明孝慈神圣纯皇帝”，其中“高宗”为庙号，“纯”为谥号，其余均为尊号。

当朝史书在提及皇帝名时，有时简化为“庙号＋谥号＋皇帝”的形式，如称乾隆为“高宗纯皇帝”。

（五）年号

年号是封建帝王即位后为纪年而设置的名号。年号始于西汉武帝即位之年的“建元”（公元前140年）。新君即位，于次年改用新年号，称“改元”。皇帝在位期间，遇到重大事件如祥瑞灾异等，也常改元，如武则天在位期间用了17个年号。年号一般用两个字，也有用四个字的，如建武中元（光武帝）、天册万岁、万岁通天（武则天）、太平兴国（宋太宗）等。

明、清两代的皇帝除了明英宗两次即位当皇帝用了两个年号外，其余的均用一个年号。因此，人们常以年号来称呼当时在位的皇帝，如嘉靖皇帝、乾隆皇帝。

（六）陵号

封建帝王陵寝的名号称陵号，始于西汉，如长陵、阳陵、杜陵、霸陵。

四、天干、地支，年、月、日、辰，四时、节气

（一）天干、地支

天干：甲、乙、丙、丁、戊、己、庚、辛、壬、癸。

地支：子、丑、寅、卯、辰、巳、午、未、申、酉、戌、亥。

天干和地支合称“干支”。干支按照一定的规则搭配，共60对，具体见下表。

干支表

甲子	乙丑	丙寅	丁卯	戊辰	己巳	庚午	辛未	壬申	癸酉
甲戌	乙亥	丙子	丁丑	戊寅	己卯	庚辰	辛巳	壬午	癸未
甲申	乙酉	丙戌	丁亥	戊子	己丑	庚寅	辛卯	壬辰	癸巳
甲午	乙未	丙申	丁酉	戊戌	己亥	庚子	辛丑	壬寅	癸卯
甲辰	乙巳	丙午	丁未	戊申	己酉	庚戌	辛亥	壬子	癸丑
甲寅	乙卯	丙辰	丁巳	戊午	己未	庚申	辛酉	壬戌	癸亥

表中所列统称为“甲子”或“六十花甲子”。周而复始，用以记录时间，也可用来记录日、月、年。

（二）年、月、日、辰及其记录方法

1. 年

年，原始的意义为庄稼收获一次。地球绕太阳一周为一年，古人测 365.25 日为一太阳年。

干支纪年萌芽于西汉，始行于王莽，通行于东汉后期，如黄巾起义的口号“岁在甲子，天下大吉”。纪年还有用帝号和皇帝年号的方法。帝号纪年如“成王三年”“平王元年”等，皇帝年号纪年如“开元三年”“康熙六十年”等。

2. 月

古代计算月亮绕地球与太阳一个“合朔”周期的时间为 29 日（实为 29.530 59 日），又称一个月。有 30 日的大月，也有 29 日的小月，一年一般为 12 个月，闰年 13 个月。

古代纪月也用干支。由于 12 个月与 12 地支相等，所以每月的地支是固定的。如果正月地支为寅的话，二月则为卯，三月为辰，其余依次类推，十一月为子，十二月为丑。其前再配以天干，闰月不设独立的干支纪月。我们现在所说的“夏历”，就是以正月为寅的。

古代把每月的第一日称为“朔”，将最后一日称为“晦”。每月十五日（有时是十六日或十七日）称“望”（太阳和月亮此升彼落，东西相望）。“望”的后一日称“既望”。每月初三称“朏”（月亮牙出现）。每月有“上弦”和“下弦”，即月亮如弓弦。上弦指初七或初八，下弦指二十二日或二十三日。

一个月又分为三部分，十天为一旬，共三旬，即上、中、下旬。

3. 日

古代以一昼夜为一日。

在商代就使用干支纪日了。用干支纪日可依次下推，如正月初一是甲子，三月初一就是癸亥。

4. 辰

古代一日分为十二个辰，也称“时辰”。记辰用十二地支，每日 24 小时，每 2 小时为一个时辰。辰与现在时间的对应见下表。

辰与现在时间的对应

子	丑	寅	卯	辰	巳	午	未	申	酉	戌	亥
23 时—1 时	1 时—3 时	3 时—5 时	5 时—7 时	7 时—9 时	9 时—11 时	11 时—13 时	13 时—15 时	15 时—17 时	17 时—19 时	19 时—21 时	21 时—23 时

（三）四时、节气

1. 四时

四时亦称四季。正月、二月、三月为春，可分别称为孟春（之月）、仲春（之月）、季春（之月）。四、五、六月为夏，亦有孟、仲、季的别称。七、八、九月为秋，十、十一、十二月为冬。

2. 节气

一年分24个节，也称“气”或“节气”。24个节气分别为：

立春、雨水、惊蛰、春分、清明、谷雨；

立夏、小满、芒种、夏至、小暑、大暑；

立秋、处暑、白露、秋分、寒露、霜降；

立冬、小雪、大雪、冬至、小寒、大寒。

五、阴阳、五行、八卦、生肖

（一）阴阳

阴阳原指向日为阳、背日为阴的日照向背，后扩展引申为相互对立或消长的两种现象、事物、联系等。

相互对立的事物或现象

阳	日	天	君	男	夫	父	刚	雄	强	上	动	暖	前	脏
阴	月	地	臣	女	妻	子	柔	雌	弱	下	静	寒	后	腑

（二）五行

古代认为构成万物的基本要素是金、木、水、火、土五种物质，称为“五行”。五行相生是指木生火，火生土，土生金，金生水，水生木。五行相克（胜）是指水克火，火克金，金克木，木克土，土克水。

（三）八卦

八卦是《周易》中的八种符号，象征着八种基本的自然现象，即乾卦象征天，坤卦象征地，震卦象征雷，艮卦象征山，离卦象征火，坎卦象征水，兑卦象征泽，巽卦象征风。

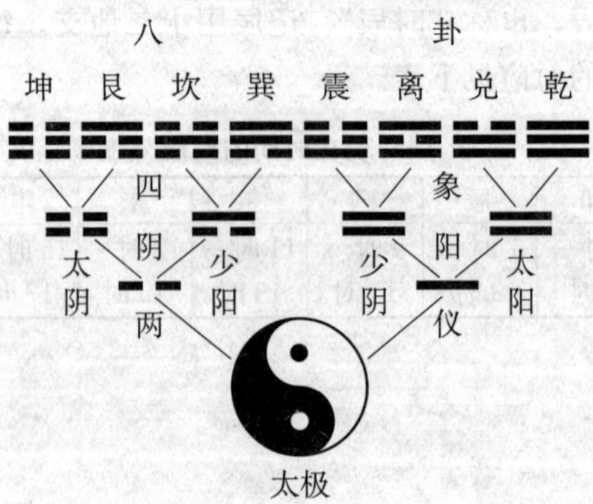

太极、两仪、四象、八卦

（四）生肖

生肖也称十二属相。生肖发端于战国，东汉时已有明确记载。以十二地支配十二种动物构成：子鼠、丑牛、寅虎、卯兔、辰龙、巳蛇、午马、未羊、申猴、酉鸡、戌狗、亥猪。

十二生肖

六、科举考试、四书五经、三纲五常

（一）科举考试

从隋代开始，封建统治者通过科举考试选拔官吏。科举考试在中国实行了 1 300 多年，影响巨大。明清的科举考试主要分为院试、乡试、会试、殿试。

1. 院试

院试又称郡试、道试，是参加过县试、府试后的童生取得生员资格的考试。院试由朝廷所派官员主考，考中者称秀才，秀才有资格“入泮”学习。

2. 乡试

乡试每三年举行一次，在各省省城举行，考中者称“举人”，有做官资格。乡试的第一名称“解元”。

3. 会试

会试每三年举行一次，会集各省举人在京城举行，考中者称“贡士”。会试的第一名称“会元”（或“会魁”）。

4. 殿试

殿试亦称“廷试”，是皇帝在殿廷亲自对会试考中的贡士所进行的面试。殿试按成绩分为“三甲”（三等）：

一甲：三名，称“赐进士及第”。第一名称“状元”（亦称“殿元”），第二名称“榜眼”，第三名称“探花”。三人同称“三鼎甲”。

二甲：若干名，均称“赐进士出身”。

三甲：若干名，均称“赐同进士出身”。

如果某人在乡试、会试、殿试中均考取第一名（解元、会元、状元），称“连中三元”。

（二）四书五经

四书：《大学》《中庸》《论语》《孟子》的合称，宋代所定。朱熹撰《四书章句集注》，始有“四书”之名。前两种是从《礼记》中抽出的。四书是封建社会知识分子科举考试的必读书。

五经：《诗》《书》《礼》《易》《春秋》五部儒家经典的合称，汉武帝时所定。五经也是参加科举考试的必读书。

（三）三纲五常

三纲五常是三纲和五常的合称，简称“纲常”。“三纲”即“君为臣纲”“父为子纲”“夫为妻纲”；“五常”即仁、义、礼、智、信。三纲五常是封建伦理道德的规范化教条，对维护封建统治秩序起了巨大的作用。

七、姓、氏、名、字、号及避讳

（一）姓、氏、名、字、号

1. 姓

姓在中国古代早期是一个氏族的号，如黄帝姓“姬”、炎帝姓“姜”、商族姓“子”、周族姓“姬”等。

在奴隶社会中，只有贵族有姓，平民和奴隶无姓。

2. 氏

氏是姓的分支，如殷人子姓下分华、向、乐、鱼等氏，周人姬姓下分孟、季、孙、游等氏，姜姓下分申、吕、许、纪、崔、马等氏。姓无变化而氏的变化很大，隔一两代就可能改变。氏的得名情况比较复杂，有以受封邑（封地）名为氏的，如蔡、蒋、霍等；也有以所居地为氏的，如西门、南郭等；也有以官职为氏的，如司马、乐正；还有以祖先的字或谥号为氏的，如孔丘之“孔”。

战国后人们往往以氏为姓，氏和姓逐渐混同，汉代通称为姓。

3. 名、字

在上古时期，婴儿出生三个月后由父亲命名。男子 20 岁举行成人礼、女子 15 岁举行许嫁礼时取字。名和字往往有意义上的联系，有的义相同或相近：宰予，字“子我”；端木赐，字“子贡”；冉耕，字“伯牛”；屈平，字“原”（屈原）等。有的意义相反：曾点，字“皙”（“点”义为稍黑，“皙”义为肤色白）。名和字还可以有其他的联系，如孔丘，字仲尼，是因为他是其父在名叫“尼丘”的山上祈祷神灵后出生的。

周代男子字前的“伯、仲、叔、季”表示排行，如“伯禽”“叔向”“季路”；字后加“父”或“甫”表示性别，如“仲山甫”“仲尼父”等。春秋时普遍的方式是在字前加“子”字，如“子产”（公孙侨）、“子有”（冉求）、“子渊”（颜回）等。

上古时期尊对卑、上对下直呼其名，对尊辈、平辈不能直呼其名，对父母连字也不能称呼。

4. 号

号也称别号、别字，可以自取，字数较自由，如陆游自号“放翁”，邱处机自号“长春子”，李白自号“青莲居士”，陶潜自号“五柳先生”等。常见的号是两个字，如辛弃疾号“稼轩”，王安石号“半山”，黄庭坚号“涪翁”，等等。有的人取不止一个号，如黄庭坚又号“山谷道人”，王冕有“会稽外史”“梅花屋主”等号。

取号之风兴盛于唐宋，以后文人几乎无人不取号。

（二）避讳

“避讳”就是不直接说出或写出君主或尊长的名字，凡遇到和君长名字相同的字或音，就用改字、缺笔或改变读音的方法来回避。采用改字的，如汉高祖名刘邦，汉代改《论语》中的“何必去父母之邦”为“何必去父母之国”；汉文帝名刘恒，“恒山”改为“常山”；汉光武帝名刘秀，“秀才”改为“茂才”；唐太宗名李世民，唐代把“观世音”改为“观音”；清人著作或清刻古书中，因康熙皇帝名“玄烨”，“玄鸟、玄武、玄黄”等“玄”改为“元”，“玄武门”改为“神武门”，“玄武大帝”改为“真武大帝”。采用缺笔画避讳的，如唐代“世”字作“卅”，唐后避孔子讳，“丘”字作“正”，等等。采用改变读音的，如《红楼梦》中林黛玉的母亲名贾敏，林黛玉凡念到与“敏”同音的字时均改读为“密”。

任务三　传统哲学思想

学习目标

1. 了解传统哲学思想的演变。
2. 了解中国著名的哲学家。

学习内容

1. 中国传统哲学的发展阶段。
2. 中国传统哲学的思想资源。

案例导入

为什么是两把椅子

岳麓书院讲堂的正中间是一个高约1米的长方形讲堂，这是以前老师讲课的地方，上面摆着两把椅子。在讲解这两把椅子时，很多导游都解释为古代是两位老师讲课，一位负责“讲”，一位负责“解”，讲解讲解，一讲一解，因此是两把椅子。实际上摆两把椅子只是为了纪念朱熹和张轼这两位大师论讲于坛上而设的，表示两位大师平起平坐，不分伯仲。

（资料来源：http：//3y. uu456. com/bp _ 3nrhq9k36n75cln2zb49 _ 1. html.）

哲学是时代精神的精华，是民族精神的集中体现，是人类智慧的最高创造。中国传统哲学在中国传统文化系统中占据着核心地位，发挥着主导作用。学习和了解中国传统哲学是深入掌握中国传统文化的必由途径。

一、中国传统哲学的发展阶段

中国传统哲学诞生以后，经过夏、商、西周时期的发展，到了春秋战国，便进入“百花齐放”、空前繁荣的时期，诸子争鸣，百家兴起，先贤们针对一些基本问题展开激烈的论战，纷纷创立了各自的学说。

（一）先秦至魏晋的哲学论辩

春秋战国时期的百家争鸣主要是围绕“天人”“名实”之辩展开的。天人关系的中心问题是把“天”看作有意志的至上神，还是把“天”看作无意志的大自然。孔子、墨子、老子、孟子的哲学都有独断论的倾向，而庄子有见于认识的相对性，反对独断论。中国传统哲学发展至汉代，其论争的中心问题已由“天人”“名实”转移到宇宙论和形神问题。魏晋时期玄学盛行，出现了儒、道、释鼎立的局面。

（二）唐宋时期的哲学发展

隋唐时期，思想界出现了儒、释、道相互作用与合流的趋势。释、道两家为了更适应地主阶级政治上的需要，在理论上越来越儒学化。儒家也不断从释、道两家吸取思想精华，因而使得孔孟之道有了僧侣主义色彩。哲学论战的中心问题在这一时期有了新的变化。魏晋时期各教与自然的关系问题，到隋唐时期就演变为俗世与天国的关系问题，而儒、释、道的合流，意味着把俗世与天国、此岸与彼岸两个世界统一了起来。因此，隋唐时除“有无（动静）”之辩外，“心物（性相）”之争越来越突出，成为当时哲学论辩的中心。从宋代开始，中国封建社会进入后期，儒学以理学的形式得以复兴，并又逐步取得了独尊的地位。

（三）明清时期的哲学成就

明清之际，封建社会已经发展到了自我批判与古代哲学的总结阶段。这一时期出现了一批进步的思想家，如黄宗羲、顾炎武、王夫之、方以智等。他们有感于明王朝覆灭的教训，看到了宋明理学对社会的危害，并试图对理学作出批判的总结。

二、中国传统哲学的思想资源

中国传统哲学思想源远流长，博大精深。其中影响最深远的是儒家、道家、法家、中国佛学。

（一）儒家的思想精神

孔子

1. 孔子

在中国历史上，孔子（公元前 551—公元前 479 年）是具有划时代意义的人物。战国时儒、墨并称“显学”。儒家学派的创始人是孔子。他晚年致力于整理文献典籍，有《诗》《书》等著述留传于世，后人将其称为“六经”抑或“六艺”。孔子的思想学说对中国的哲学、伦理学、社会政治理论、教育学、历史学、文学艺术、礼仪风俗等方面都产生过极其深远的影响，对于中华民族的共同文化和共同心理的形成、发展，作出了巨大的贡献。

孟子

2. 孟子

孟子（约公元前 372—公元前 289 年），名轲，字子舆，战国中期邹（今山东邹县）人。孟子的思想学说对后世有很大影响，尤其是对宋明理学的影响较大，宋代以后，人们常把孔子思想与孟子思想并称为“孔孟之道”。

（二）道家的思想精神

1. 老子

老子（约公元前 571 年—公元前 471 年），春秋时期思想家、哲学家、文学家、史学家，道家学派的创始人。老子以“道”解释宇宙万物的演变，认为“道生一，一生二，二生三，三生万物”，“道”乃“夫莫之命（命令）而常自然”，因而“人法地，地法天，天法道，道法自然”。“道”为客观自然规律，同时又具有“独立而不改，周行而不殆”的永恒意义。他的哲学思想和由他创立的道家学派，不但对中国古代思想文化的发展具有重要贡献，而且对中国 2 000 多年来思想文化的发展，产生了深远的影响。

2. 庄子

庄子（约公元前 369—公元前 286 年）名周，字子休（亦说子沐），战国时期宋国蒙人，是老子哲学思想的继承者和发展者。

老子

庄子

（三）法家的思想精神

韩非子

法家是提倡以法制为核心思想的学派，以富国强兵为己任。在韩非子之前，法家分为三派，各有特点。韩非子提出了将三者紧密结合的思想，是法家思想的集大成者。法家思想中，法是指健全法制；势指的是君主的权势，要独掌军政大权；术指的是驾驭群臣、掌握政权、推行法令的策略和手段，主要是察觉、防止犯上作乱，维护君主地位。韩非子认为“君无术则弊于上，臣无法则乱于下，此不可一无，皆帝王之具也”。（《韩非子·定法》）明君如天，执法公正，这是“法”；君王驾驭人时，神出鬼没，令人无法捉摸，这是“术”；君王拥有威严，令出如山，这是“势”。

（四）中国佛学的思想内容

印度佛教传入中国后，经汉至唐 600 余年的发展，在中国形成了具有中国民族特色的佛教哲学。中国佛学中渗透了中国哲人的智慧，特别是道家、儒家和魏晋玄学的哲理。禅宗是中国势力最大、影响最广的佛教宗派，也是最具中国特色的佛教流派。禅宗的创始人是惠能，禅宗的唯一经典是法海根据惠能的言行而著的《六祖坛经》。禅宗的主要思想有：(1) 佛性在心中；(2) 顿悟成佛法；(3) 众生是佛。

任务四 民俗礼仪文化

学习目标

1. 了解中国民族的组成和分布、汉族的传统节日等基本情况。
2. 掌握主要少数民族的民居、服饰、饮食、节庆、禁忌等民风民俗。

学习内容

1. 中国民族的组成、分布与语言文字。
2. 汉族的传统节日。
3. 主要少数民族风俗。

案例导入

情迷融水雨卜苗寨："踩脚定亲"民族风情

"中外网媒慢游广西民族风情活动"报道组抵达具有"百节之乡"美誉的融水苗族自治县，在雨卜苗寨品尝了酸肉、酸鱼、糯米饭、糯米酒等苗家特色美食，并体验了苗寨"踩脚定亲"的苗家习俗。"踩脚定亲"是苗家人用踩脚的方式向意中人表达情感的一种婚恋习俗。踩脚通常分为三种方式，不同方式分别代表了不同的含义：第一脚，如果踩在对方的脚尖，表示想跟对方交朋友，没有别的意思；第二脚，踩在对方的脚面上，表示要和对方进一步发展；第三脚，也是关键的一脚，踩在对方的脚跟上，表示非对方不娶或非对方不嫁，也就是定亲了。

（资料来源：http：//www. mzb. com. cn/html/Home/report/359381-1. html.）

一、中国民族的组成、分布与语言文字

民族的名称简称为族称。汉族因汉代而得名。我国其他 55 个民族，分别为壮族、满族、回族、苗族、维吾尔族、土家族、彝族、蒙古族、藏族、布依族、侗族、瑶族、朝鲜族、白族、哈尼族、哈萨克族、黎族、傣族、畲族、傈僳族、仡佬族、东乡族、拉祜族、佤族、水族、纳西族、羌族、土族、仫佬族、锡伯族、柯尔克孜族、达斡尔族、景颇族、毛南族、撒拉族、布朗族、塔吉克族、阿昌族、普米族、鄂温克族、怒族、京族、基诺族、德昂族、保安族、俄罗斯族、裕固族、乌孜别克族、门巴族、鄂伦春族、独龙族、塔塔尔族、赫哲族、高山族、珞巴族。

（一）中国民族的分布状况

中国人口的分布呈现东南密、西北疏的格局。汉族多聚居在人口稠密的东南部，少数民族多住在人口稀少的边疆地区，但两者之间并无明显界线。在少数民族聚居区，一般都有一定数量的汉族居民，从而形成了以汉族为主体的大杂居、小聚居、交错居住的格局。我国少数民族人口所占的比例虽小，但分布地区很广，占全国总面积的 60%以上。这种居住格局决定了中国各民族之间，特别是汉族与少数民族之间，在政治、经济、文化等方面相互依赖的密切关系。

（二）中国民族的语言文字

语言是民族文化的重要组成部分，同时也是民族文化的表现形式。除汉语外，少数民族的语言大体上分属于汉藏、阿尔泰、南亚、南岛和印欧五大语系，共有 10 个语族、16 个语支、60 多种语言。

除了个别少数民族外，大部分民族都有自己使用的文字。我们将这些文字分为非拼音文字和拼音文字两大类。前者包括汉字、音节文字（如彝文）；后者可按字母形式和来源分为印度字母变体体系（如藏文、傣文）、阿拉伯字母体系（如老维文、老哈萨克文）、回

鹘字母体系（蒙古文、满文、锡伯文）、朝鲜文字字母体系、拉丁文字字母体系和斯拉夫字母体系（俄文）。

二、汉族的传统节日

汉族主要源于黄炎、东夷等部落联盟，同时吸收了周围的部分苗蛮、百越、戎狄等部落联盟的成分。其先民经夏、商、周三代，至春秋战国时已形成以“华”“夏”单称或“华夏”连称的族体，用来与周边各族相区别。汉代以后，周边的各族用“汉人”称呼中原人。汉族逐渐成为中国主体民族百世不易的族称。

（一）春节

春节俗称“新年”，即农历正月初一，是中国最隆重的传统节日。除汉族外，蒙古、壮、布依、朝鲜、侗、瑶等族都过此节。

春节起源于原始社会的腊祭。春节活动从腊月二十三过小年开始，经过除夕，直到正月十五元宵节结束。春节活动因地而异，主要有以下内容：操办年货、做新衣、掸尘、祭灶、祭祖、吃团圆饭、守岁、贴春联、挂年画等，节日期间人们还互相拜年，放爆竹、吃年糕、吃饺子、吃元宵、舞狮、扭秧歌、玩花灯等。

（二）清明节

清明节又称踏青节，是汉族民间传统节日，流行于全国各地。除汉族外，彝、壮、布依、侗、瑶、白等族皆过此节。节期在农历三月间，即公历四月五日前后。

清明原是二十四节气之一，后来演变为节日。清明节前两天为寒食节，因此人们常将两个节日合称为清明寒食节。

清明节的民俗活动主要有扫墓、插柳、踏青、放风筝、荡秋千等。

（三）端午节

端午节又名端阳节，是汉族民间传统节日，流行于全国大多数地区。除汉族外，蒙古、回、藏、苗、彝、壮、布依等族也过此节。节期为每年阴历五月初五。

关于端午节的起源，各地说法不一，大部分地区认为是纪念爱国诗人屈原的。相传屈原于阴历五月初五投汨罗江而死。

节日期间主要有赛龙舟、吃粽子、挂钟馗像、挂香袋、饮雄黄酒、插菖蒲、采药等活动。

（四）中秋节

中秋节是汉族民间传统节日，除汉族外，蒙古、回、彝、壮、布朗、朝鲜等族也过此节日。中秋节与中国古代秋天祭月的礼制有关，在每年阴历八月十五举行，恰值三秋之中，故得名。

中秋佳节，民间有祭月、赏月、吃月饼、吃团圆饭及舞龙灯等活动。

三、中国主要少数民族风俗

（一）满族

满族人口主要分布在东北三省，尤以辽宁最多，少数聚居在一些大中城市。清代以来，由于满汉长期杂居，满族与汉族差异逐渐缩小。

满族信奉萨满教，后来还信奉佛教。满族有自己的语言、文字。满语属于阿尔泰语系。17世纪40年代后，满族普遍使用汉语和汉文，现在只有黑龙江的少数老人会说满语。

满族民居一般在东南方向开门，其结构形似口袋，三面设炕，西炕供奉祖先神位，俗称“口袋房，曼字炕”。

满族的禁忌：第一，忌讳打狗、杀狗、吃狗肉、戴狗皮帽子、穿带狗皮袖头的衣服；客人不能当着主人的面赶狗，更不能说狗的坏话，否则主人会认为你是当面侮辱他，会不客气地下逐客令。第二，忌讳打喜鹊和乌鸦。第三，以西为上，特别忌讳一般人，尤其是青年人坐西炕，更忌讳妇女在西炕上生孩子。第四，忌讳在索罗杆（神杆）上拴牲口。

（二）蒙古族

蒙古族主要聚居在内蒙古自治区，其余的大多数分布于新疆、辽宁、黑龙江、甘肃、青海等省区，少数散居和小聚居于宁夏、河北、河南、四川、云南、北京等省（自治区、直辖市）。蒙古族有自己的语言文字，使用蒙古语，蒙古语属阿尔泰语系。蒙古族主要从事畜牧业，近几十年来，已由游牧向定牧转变。蒙古族能歌善舞、喜摔跤、爱赛马，表现出游牧民族的特色。蒙古族忌吃虾、蟹、鱼、海味等食物；蒙古地区的标志建筑常饰以穹庐顶；主要节日有那达慕大会。

那达慕大会

（三）维吾尔族

维吾尔族主要聚居于新疆维吾尔自治区。维吾尔族的语言属阿尔泰语系突厥语族，文字原用阿拉伯字母，后创制了拉丁新文字，现在新、旧文字并用。

维吾尔族是一个能歌善舞的民族。维吾尔族的节日与伊斯兰教的信仰有关，每年的肉孜节（开斋节）、古尔邦节（宰牲节）最为隆重。维吾尔族禁忌在麻扎（墓地）、清真寺、河坝、伙房等地携带、遗弃不洁物品。授受物品时忌用单手，尤忌左手，这与维吾尔人的尚右习俗有关。

（四）回族

回族是中国少数民族中散居全国、分布最广的民族，在全国绝大多数地区都有分布。宁夏回族自治区为回族的主要聚居区，其次是甘肃、青海、新疆、河南、河北、山东等省区。回族基本上是全民信仰伊斯兰教的民族。

回族的清真寺和民居建筑基本摆脱了阿拉伯和中亚建筑的风格，采用了中国传统的殿宇式四合院为主的建筑式样，但布局和装修仍独具民族风格。

回族的饮食禁忌比较严格，严禁食猪肉，忌养猪，忌别人提着猪肉进入回族的商店和住处；不吃马、驴、骡、狗肉，也不食用自死的动物以及动物血；一切凶猛禽兽的肉和没有鳞的鱼也都禁食；非经阿訇念经宰杀的牲畜回族也禁食；盛过上述禁食食物的炊具、碗筷、器皿之类都在禁用之列。

学习评价表

标准等级	优秀	良好	及格	不及格
了解中国传统文化的发展脉络				
初步掌握中国历史文化的知识及其运用				
了解儒家、道家、法家等哲学思想的发展历程、主要代表人物及其主要观点				
了解民俗的概念、特点、少数民族习俗文化等，并能正确运用到导游服务中				
学习态度				
独立思考能力				
创新能力				
总体评价				
自我总结：				

知识拓展

中国历史上部分重要人物

岳飞：字鹏举，相州汤阴（今河南汤阴县）人，为宋朝名将。事母至孝，家贫力学。其母亲在他背上刺“尽忠报国”四字，岳飞以此为一生处世的准则。北宋宣和中，以敢战士应募，隶留守宗泽部下，屡破金兵，宋高宗手书“精忠岳飞”四字，制旗赐之。公元1129年，金兀术渡江南进，攻陷建康，岳飞坚持抵抗，于次年收复建康，大破金兵“拐子兵”于郾城，收复郑州、洛阳等地，两河（淮河、黄河）义军纷起响应，复欲进军朱仙镇，惜宰相秦桧力主和，高宗乃一日降十二金字牌，将岳飞召还，诬以“莫须有”的罪名，最终，岳飞在狱中被杀害。岳飞率领的军队被称为“岳家军”，金兵非常害怕“岳家军”，称“撼山易，撼岳家军难”。公元1162年，宋孝宗时诏复官，谥武穆，宁宗时追封为鄂王，理宗时改谥忠武，有《岳武穆集》。

林则徐：第一次工业革命完成后，英国企图打开中国市场，在正当的商品贸易失败后，英国无耻地把鸦片偷运到中国。鸦片的输入给中国人民带来了深重的灾难，同时也威胁到了清政府的统治。林则徐在烟毒泛滥中看到了中国“贫民”“弱种”的深远后患以及“兵弱银荒”的政治忧虑，遂上书道光帝，主张严禁鸦片。道光帝为了维护统治，任命林则徐为钦差大臣，到广州查禁鸦片。林则徐到广州后，整顿海防、缉拿烟贩、收缴鸦片，并把收缴的20 00余箱鸦片在虎门海滩当众销毁。虎门销烟挫败了资本主义走私鸦片的阴谋。面对外来侵略，林则徐积极抵抗，维护了中华民族的尊严。同时，战争也迫使他重新认识自己的对手，他编译外文书籍，学习西方军事技术，表现出了接纳新知的开明思想，成为近代中国“开眼看世界的第一人”。

孙中山：1905年，孙中山创立了中国第一个资产阶级革命组织——中国同盟会，其所倡导的三民主义成为资产阶级革命的指导思想。武昌起义成功后，孙中山被推选为中华民国临时大总统。1912年1月1日，中华民国临时政府在南京成立，孙中山宣誓就职临时总统。在革命果实被袁世凯篡夺后，为维护共和制度，他先后领导了“二次革命”、护国运动和护法运动。1924年，在中国共产党和共产国际的帮助下，实现国共第一次合作。孙中山是中国旧民主主义革命时期的重要领导者，在他的领导下，中国两千多年的封建帝制被推翻，建立了中国第一个资产阶级共和国，使民主共和的观念深入人心，中国历史发生了近代以来的第一次伟大转变。

案例分享

朱元璋“以民治官”

朱元璋重典治国的一大特色是“以民治官”。朱元璋规定平民百姓可以评议官员得失、监督官员的行为，对本省各级地方官吏的施政行为与绩效进行测评，其意见可以用“列姓名具状”的方式递送中央，也可以在岁终考核官吏时组团来京面圣禀报。皇帝根据百姓评议，对官员进行奖惩。此外，他还规定如果官员违法，百姓可将其捆绑并押送京师，交由皇帝亲自处置。若沿途有阻拦者，不论是谁，都要诛其家族。朱元璋的这一创举，令明初成为百姓评议官员、捉拿贪官污吏的黄金时代。在通往南京的各条要道上，经常能够看到成群百姓将贪官污吏押送京师的情形。一时间，百姓成为官员最为忌惮的人。

案例分析：朱元璋出身平民，深知百姓疾苦，因此痛恨贪官污吏，希望借百姓之手严惩贪官。“以民治官”这一措施确实起到了一定效果。百姓在监督、评议官员方面发挥了其效用，很多官员迫于百姓的压力，不敢贪赃枉法。但这也仅仅是表面现象，并没有从本质上解决贪污问题，“以民治官”的实际操作并不规范，仅凭《大诰》中几条不成文的政令和其他处理的相关案件是不能作为法律依据的。百姓的行为没有法律来规范，官员也没有申诉的权利，对案件的处理更是缺少一系列的法律程序。只有建立相关制度、完善法律法规，从立法角度保障政策的实施，才会有一定成效。

课堂练习

一、单项选择题

1. 西周时期，住在都邑里的平民被称为“国人”，住在农村公社的农民被称为“（　　）”。

A. 社员　　B. 农人　　C. 国奴　　D. 野人

2. 被称为“史家之绝唱，无韵之离骚”的史学著作是（　　）。

A.《汉书》　　B.《史记》　　C.《资治通鉴》　　D.《三国志》

3. 公元 230 年，（　　）派卫温率万人兵马的大船队到了夷州（今天的台湾）。

A. 曹操　　B. 刘备　　C. 袁绍　　D. 孙权

4. 下列谥号中，属于表扬性质的是（　　）。

A. 昭　　B. 灵　　C. 怀　　D. 愍

二、多项选择题

1. 下列朝代顺序衔接正确的是（　　）。

A. 后梁、后晋、后周　　B. 西周、东周、秦

C. 新、东汉、三国　　D. 唐、五代、宋

E. 北魏、西魏、北周

2. 下列文化成就出现于汉代的有（　　）。

A.《史记》　　B.《九章算术》　　C.《周髀算经》　　D.《黄帝内经》

E.《论衡》

3. 下列说法中，正确的是（　　）。

A. 地球围绕太阳公转一周为一年

B. 天干地支是一种记录时间的方法，可以用来记录日、月、年

C. 古代把每月的第一日称作望

D. 用干支法纪日最早始于春秋战国时期

E. 一日分为二十四个时辰

4. 三鼎甲是（　　）的合称。

A. 状元　　B. 榜眼　　C. 解元　　D. 探花

E. 会元

5. 蒙古族的男子那达慕三项是（　　）。

A. 射箭　　B. 摔跤　　C. 赛马　　D. 祭敖包

E. 马奶节

三、名词解释

1. 玄学
2. 洋务运动
3. 《齐民要术》
4. 开元盛世
5. 宋明理学

四、简答题

1. 简述商代文字的基本情况。
2. 为什么说鸦片战争是中国近代史的起点？
3. 孔子的主要思想有哪些？
4. 简述满族的习俗。

五、论述题

列举我国原始社会人类的工具和婚姻的进步状况及意义。

拓展实践

1. 参观博物馆，实地考察学习。了解当地的演变史、当地主要的历史名人及主要贡献，并将所掌握内容融入本地景点导游词的设计中。

2. 通过网上调查、社会考察、采访等方式和收集相关资料、图片等方式了解中国的传统文化，并进行课堂汇报。

在线思考

自制表格，归纳我国历史上科技、文化等方面的卓越成就。

项目二 自然旅游资源知识

项目简介

自然旅游资源是在亿万年的自然地理环境演变中形成的具有旅游功能的事物和因素。自然旅游资源按照形态特征和成因可归纳为以下四类：地质地貌景观旅游资源，如山地景观、喀斯特景观、丹霞景观、砂岩峰林景观、风成地貌景观、火山景观、冰川景观、海岸景观等；水体自然景观旅游资源，包括海洋、河流、湖泊、瀑布和各类泉水；气候及天气景观旅游资源，包括极光、云海等；动植物景观旅游资源，包括森林、草原和各种野生动植物、海洋生物。

能力目标

1. 掌握地质地貌景观、水体自然景观、气候及天气景观、动植物景观的基本情况，包括景观特征、形成规律、各自的代表性景点等。

2. 能在导游服务中正确灵活地对代表性自然景观的位置、特点进行讲解。

项目分解

任务一　地质地貌景观
任务二　水体自然景观
任务三　气候及天气景观
任务四　动植物景观

地理环境是由大气圈、水圈、生物圈和岩石圈表层所组成的自然综合体。自从人类出现以后，地理环境因人类的生活和生产活动而产生了极大的变化，在自然环境中融进了很多人文因素，使地理环境具有了自然和人文两个方面的因素，既包括了山川泉瀑、风花雪月等自然景色，也包含了人类在发展过程中遗留下来的名胜古迹（包括现代人的创造）。

任务一　地质地貌景观

学习目标

1. 熟悉山地自然景观的基本情况。
2. 掌握花岗岩名山、岩溶景观、丹霞风光的景观特征和形成规律。
3. 熟悉各代表性名山的位置及主要特点。

学习内容

1. 岩浆岩名山。
2. 沉积岩名山。
3. 变质岩名山。
4. 其他自然因素形成的地质地貌景观。

案例导入

黄山四绝

小张是某旅行社的地接导游，此刻他正在就“黄山四绝”向游客进行精彩的讲解：朋友们，你们不远千里，甚至万里来到这里，就是要亲眼看一看黄山的美。黄山是绝美的，能够登临它，亲眼看看它，确实是人生的一大乐事。黄山的美，首先美在“黄山四绝”……游客无不为之吸引，听得津津有味。

（资料来源：http：//www. 9xwang. com/d54995. htm. ）

我国地域辽阔，地质条件复杂，不仅有山地、丘陵、高原、平原、盆地等常态地貌，而且在我国独特的自然条件下，还形成了典型的山岳冰川、冻土、风蚀、黄土、红层、岩熔等地貌，以及多种类型的海岸地貌。我国的整体地势以青藏高原为最高，自西到东逐渐下降，可分为三级明显的阶梯。第一级阶梯是青藏高原，平均海拔 4 500 米，面积达 250 万平方千米，为世界最高的高原。第二级阶梯由一系列高山、高原和盆地组成，平均海拔 1 000～2 000 米。第三阶梯由海拔低于 200 米的平原和海拔低于 500 米的丘陵组成。再向东则是大陆向海洋延伸的大陆架，分布着许多岛屿。各种不同类型的山地，地貌、景观千差万别，在旅游活动中发挥着不同的作用。地体和岩石是构成名山风景的物质基础，没有地体和岩石，各种地貌和风景资源就无从谈起。我国的名山按自然景观大致可以分为岩浆岩名山、沉积岩名山和变质岩名山三大类。

一、岩浆岩名山

岩浆岩是由岩浆直接冷却凝固而成的岩石，主要分为侵入岩和喷出岩两类。岩浆岩是地壳和岩石圈的主体。

深部岩浆向地壳浅处转移，进入地下某一部位而未到达地表，逐渐冷却、结晶而形成的岩石称侵入岩。喷出岩指岩浆从地下深处向上移动，最后冲破上覆岩层喷出地表后形成的岩石。喷出地表的岩浆，是已熔化的岩石以高温液体的形式呈现，称为熔岩。岩浆岩名山中最常见的是花岗岩名山、玄武岩名山、安山岩名山和流纹岩名山。

（一）花岗岩名山

花岗岩是分布很广泛的酸性侵入岩，它由地下深处含石英成分较多的高温高压状态下的酸性岩浆侵入地壳中逐渐冷凝而成，颜色常为灰白色或肉红色，具有明显的粒状结构。花岗岩经地壳运动抬升，受外力作用剥去覆盖在其上部的岩石盖层后，常以山地形态展现出来。花岗岩名山的地貌特点是怪石众多，奇峰峭拔，时有洞穴及一线天景观。

三清山巨蟒出山

怪石的形成与花岗岩球状风化分不开。花岗岩的质地比较坚硬，在成岩过程中，岩浆冷凝收缩产生若干裂隙，称为“节理”。被许多纵横节理分割的花岗岩块，其棱角部位首先遭受风化崩解而剥落，久而久之，岩石表面逐渐呈浑圆状或整体呈球状。山顶和山脊等凸出暴露部位的岩块球状风化最多，如黄山的“猴子观海”、三清山的“司春女神”、千山的“无根石”、盘山的“风动石”、天平山的“飞来石”、海南岛的“天涯海角”等景点都主要是由花岗岩球状风化形成的。

我国的名山风景区中有一部分为相对高度在1 000米以上的花岗岩高山，如华山、天柱山、衡山、黄山、三清山、九华山、崂山等。其共同特点是主峰明显，群峰簇拥，峭拔危立，雄伟险峻。这是因花岗岩高山巨大的垂直节理较多，在外力侵蚀下，山坡常沿节理面剥蚀崩塌后退，形成悬崖峭壁、奇峰插云的景观，如黄山石笋峰、华山西峰、天柱山天柱峰、三清山巨蟒出山等。

崩落下来的花岗岩块又常常架空形成洞穴，如黄山的“天都石屋”、天柱山的“神秘谷”等。花岗岩名山常有“一线天”景观出现，主要是指沿巨大垂直节理侵蚀而形成的狭窄通道。

1. 黄山

黄山号称“天下第一奇山”，属安徽省黄山市，为皖南低山丘陵的中心，是一座花岗岩断块山。黄山群峰如林，峰多岭少。黄山共有36大峰和36小峰，其中三大主峰莲花峰、天都峰、光明顶的海拔均超过1 800米，三峰鼎立，最为奇秀，是我国东部少有的高峰。黄山以“云海、奇松、怪石、温泉”驰名中外，即黄山变幻无穷的云海、苍劲挺拔的青松、造型奇特的石峰和清澈甘洌的温泉被合称为“四绝”。黄山峰石造型多，而且神态惟妙惟肖，犹如尊尊石雕；黄山松顶平如削，针叶短而稠密，形态奇异；黄山云凝聚于山谷之间，似海上翻滚的波涛，十分壮观；温泉水温在42℃左右，可饮可浴，久雨不溢，久旱不枯。此外，还可观赏黄山的名瀑、珍禽。黄山整个山体生机盎然，兼有各名山之美景，故有“黄山归来不看岳”之说。

2. 华山

有“奇险天下第一”之称的西岳华山屹立在陕西省华阴市，南依秦岭，北环渭水，雄伟、挺拔、奇险是华山自然景观的突出特征。华山有三座主峰，分别是南峰落雁、东峰朝阳、西峰莲花。三峰靠峙，直插云霄，号称天外山，其中落雁峰最高，海拔 2 160 米，为五岳之首。华山是由花岗岩岩株出露地表而成，山体倚山拔地，四面如削，山上气候多变，云雨雾雪，给人以各种动态美的感觉。华山更有千尺幢、百尺峡、苍龙岭、擦耳崖等十分险峻之地，自古以险闻名遐迩。玉泉院、西岳庙是华山古老的寺观建筑群。

华山

3. 九华山

九华山位于安徽青阳县境内，因李白诗句“妙有分二气，灵山开九华”而名九华山。九华山又名陵阳山、九子山。山有 99 峰，十王峰最高（海拔 1 342 米），素有“东南第一山”之称。九华山群峰竞秀，景色清幽，气候宜人。

九华山有五溪山色、莲花云海、舒潭印月、桃岩瀑布、东岩晏坐、平岗积雪、天台晓日、化城晚钟、九子泉声、天柱仙踪等十大名景，现存寺庙 83 座，佛像 6 000 余尊。

4. 衡山

南岳衡山位于湖南省衡山县亚热带湿润气候区，72 峰挺拔秀丽，古木参天，终年苍翠，故而衡山有“五岳独秀”之誉。衡山自山麓至山顶，分为三个各具特色的景观区，即以南岳庙为中心的山麓观赏区、以磨景台为中心的幽谷景观区和南天门以上的岳顶景观区。创建于唐代开元年间的南岳庙与泰安岱庙、登封中岳庙并为我国规模大、布局完整的寺庙建筑群。祝融峰之高、藏经楼之秀、方广寺之深、水帘洞之奇合称“衡山四绝”。衡山历史上是读书人聚集讲学之地，建有邺侯书院等，同时衡山也是湘中地区的避暑胜地。

5. 天台山

天台山位于浙江省天台县。天台山脉自西南向东北蜿蜒，北接四明山，南连雁荡山，西衔玉苍山，东濒东海之滨。主峰华顶山是天台山的最高峰，海拔 1 095.4 米，从峰顶俯视群山，重重山峦犹如片片莲瓣，而华顶山峰正处于花心之顶，故而得名。自古以来，华顶山便以峰秀、石奇、茶名、花奇而著称，华顶山的云雾也是一大奇景。

天台山是中国佛教天台宗的发祥地。天台山的国清寺与湖北玉泉寺、山东灵岩寺、江苏栖霞寺并称“天下四绝”。

6. **普陀山**

普陀山是浙江舟山群岛中的一个岛屿，为我国四大佛教名山之一，素有“海天佛国”之称。普陀山的自然风光可以用“一境二洞三沙”来概括：一境即“梅岭仙境”，是奇岩怪石之地，由花岗石的断层节理和风化剥落形成的各类造型地貌，再经人们加工，大多带有佛国传奇和神话色彩；二洞即东部海岩的潮音洞和梵音洞；三沙是指东部海滩的金沙、百步沙和千步沙海积地貌景观，三沙是岛上花岗岩风化残留的石英碎屑被冲刷到海里后，又被波浪重新带回到海湾处沉积而成的，是理想的天然海滨浴场。

7. **崂山**

崂山在青岛以东海滨，自古为道教名山。崂山由花岗岩构成，断裂的块状岩体构成许多岩石风景，如梳洗楼、斩云峰、石门峡、翠屏岩等。崂山主峰崂峰海拔 1 133 米，一边是群峰嵯峨，一边是碧海茫茫，自然景观极有特色。又因崂山从海面拔起，尤显高峻，历来有“泰山虽云高，不如东海崂”之说。

由于崂山花岗岩体内常夹有各类岩墙，性质有软有硬，差别风化形成崂山锯齿状和犬牙交错状的山脊，在海边则形成许多海蚀柱。崂山的花岗岩裂隙发育，蕴藏着丰富而味美的矿泉水。用崂山泉水酿造的青岛啤酒享誉中外。

8. **千山**

千山位于辽宁省鞍山市东，因有 999 座峰峦而称千朵莲花山。千山最高峰仙人台海拔 708 米，峰奇石峭。在千山的重峦茂林中，寺观遍布，历史上曾为辽东佛教、道教名山，享有“无峰不奇，无石不峭，无寺不古”的盛誉。

9. **三清山**

三清山位于江西玉山县与德兴市交界处。三清山因玉京、玉虚、玉华三峰高峻挺拔，犹如道家三清列坐其巅而得名。三清山千米以上的高峰有数十座，主峰玉京峰海拔 1 819.9米，峰、石、松、云风景绮丽。三清山是一座道教名山，三清宫是该山古建筑中心，建筑工艺高超。

（二）玄武岩名山

玄武岩是一种基性的大山岩，常含有大量气孔，气孔中充填方解石或燧石等矿物，形状宛如杏仁，故称杏仁构造。玄武岩中的主要矿物为基性斜长石和辉石。由于岩浆喷出地表后迅速冷凝，玄武岩往往产生大量原生节理，岩体分裂为方形柱体。

我国著名的玄武岩名山有四川的峨眉山和黑龙江的五大连池山。

1. **峨眉山**

峨眉山在成都西南 150 千米处，是中国的佛教四大名山之一。峨眉山的山体由花岗岩、石灰岩和变质岩组成，但顶部大面积覆盖着玄武岩，险峰陡壁大都是玄武岩的原生节理造成的，峰峦逶迤秀丽，山势西侧平缓，东侧陡峭，重岩叠翠，有“峨眉天下秀”之称。峨眉山主峰万佛顶海拔 3 099 米，从山麓至峰顶 50 多千米，垂直温差大，并多雾多雨，全山有植物3 000多种，动物 2 000 多种。报国寺、万年寺、伏虎寺是峨眉山的重点寺庙。

2. **五大连池山**

五大连池山是我国近代火山喷发形成的风景区，位于黑龙江省五大连池市。历史上，

峨眉山

五大连池曾有多次火山喷发，流动性较大，玄武岩喷出地表后形成的熔岩流将白河分隔成5个有水道相连的弯月形火山堰塞湖，这就是五大连池名称的由来。14座火山锥如拔地而起的孤峰，耸立在白河两侧的熔岩台地上。五大连池火山地貌景区面积达800多平方千米，是我国近代火山景观中保存最完好的一座天然的火山博物馆。这里不但景观奇特，风光秀丽，而且有众多的温泉、矿泉，极具医疗价值，是我国著名的旅游胜地和疗养场所。

（三）流纹岩名山

流纹岩属于酸性火山岩，其成分与侵入岩中的花岗岩相当，具有流纹状构造，有的流纹岩节理特别发育，构成奇峰异涧。我国名山中的雁荡山、天目山、西湖孤山与宝石山都是由流纹岩构成的。

1. 雁荡山

雁荡山位于浙江省乐清县。雁荡山属于致密坚硬的火山流纹岩山体，在外力作用下，形成了很多拔地而起的岩峰、石柱、奇石。这些峰丛与下切的河谷相配合，便形成丰富多彩的造型地貌和变幻造型地貌景观。雁荡山中著名的灵峰、双鸾峰、展旗峰等造型逼真，被称为我国“造型地貌博物馆”。此外，雁荡山的流泉飞瀑、古洞奇穴也堪称一绝。全山胜景达500余处。

2. 西湖孤山与宝石山

在侏罗纪晚期，杭州地区火山活动频繁，流纹岩和火山碎屑岩组成了横亘于西湖北缘的宝石山、葛岭和孤山，它们自成一体，与西湖西面和南面的群山互不相连，而且地貌景观奇特。宝石山的山岩呈赭红色，岩体中有许多闪闪发亮的红色矿物质，在阳光映照之下，犹如无数熠熠生辉的宝石，故有“宝石流霞”之誉。

二、沉积岩名山

沉积岩是在地表环境下由外力作用形成的一种次生岩石。沉积岩由于在地表附近形成，形成过程中有生物参加，所以含有生物和有机物质。沉积岩主要包括：碎屑岩类、碳酸盐岩类、硅质岩类等。这类岩石中与风景关系最为密切的是石灰岩，其次是砂岩和砾岩。沉积岩最显著的特征是成层性和含有化石。

（一）岩溶风景

岩溶风景又称喀斯特风景。喀斯特原是南斯拉夫西北部高原的名称，那里发育着由石灰岩被溶蚀而形成的奇特景观，因此人们将形成于可溶性岩石地区的地貌统称为喀斯特地貌。这类地貌风景是自然风景中的佼佼者。

典型岩溶景观的基本特征是：山地相对高度不大，石峰造型丰富；多有大型溶洞，洞内多钙质沉淀而形成的多姿多彩的石钟乳、石笋、石柱、石花等；时有地下暗河流过。岩溶作用可以发生于地表，更多的是在地下，因此岩溶风景又可分为地表和地下两大类。地表岩溶风景有多种形态，如石芽、石沟、圆洼地、岩溶盆地、溶斗、落水洞、峰林、峰丛、天生桥等；地下岩溶风景主要指溶洞和洞内的地下河、地下湖及洞穴堆积物，如石钟乳、石笋、石柱、石花等。我国岩溶景观主要集中分布在广西和云贵高原，在南方的其他许多地区，也有不少以溶洞为主体的岩溶景观。

1. 漓江山水

广西桂林至阳朔的漓江两岸是世界上规模最大、风景最优美的岩溶风景区，素有“甲天下”和“碧莲玉笋世界”的美誉。漓江两岸有几百座石峰，呈现出“四野皆平地，千峰直上天”的气势。象鼻山、骆驼山、老人山等山峰造型逼真，是我国峰丛和峰林地貌发育最典型的地区。峰丛是指山峰顶部分离，峰基相连；峰林是指山峰孤立存在所组成的景观。峰丛和峰林是在地壳处于相对稳定条件下，石灰岩遭受强烈溶蚀而成的山峰集合体，往往分布在开阔的岩溶谷地或平原上，形成“平地涌千峰”的景观。

象鼻山

漓江水清澈碧透，逶迤流转于千峰万壑之间，映得群山碧翠，倒影清明。沿岸洞穴三百余处，深邃幽奇，石灰岩沉淀物比比皆是。漓江景区富有“阳川百里尽是画，碧莲笋里住人家”的诗情画意。

2. 路南石林

路南石林位于云南路南彝族自治县，是一处典型的岩溶峰林景区。石林是石芽的一种特殊形态，在岩溶现象较典型的地区，石芽常常密布如林，形成“石林”奇观。云南路南石林景区内怪石嶙峋，奇峰危岩造型生动，是我国一处“造型地貌博物馆”。

（二）丹霞风光

丹霞山地是在红色砂砾岩地区发育而成的。1928 年，我国地质学家冯景兰在粤北一带考察时，在仁化县丹霞山发现了这类赤壁丹崖的峰林地貌，首先将其命名为“丹霞地貌”。“丹霞地貌”一词，现在专指第三纪红色钙质砂岩、砾岩形成的岩溶峰林，其特点是丹山碧水、精巧玲珑。

我国名山中的丹霞山、武夷山、安徽的齐云山、长沙的岳麓山、湘江中的橘子洲、江西贵溪的龙虎山和圭峰、浙江永康的方岩、遂昌的南独山、福建的冠豸山、广东乐昌的金鸡岭等都是著名的丹霞风光。

1. 丹霞山

丹霞山位于广东仁化县城南 8 千米，山势绵亘，红崖丹壁，为我国典型的丹霞风景区。丹霞山诸峰突兀于平地上，且怪石如林，与桂林漓江山水颇为相似，但丹霞山不属于石灰岩构成的喀斯特地形，而是地理学上的假喀斯特地形——丹霞地形，其色渥如丹，灿若明霞。

丹霞山屹立在粤北的千山万壑中，以险、奇、美著称于世。长老峰是丹霞山最早开发的游览区之一，素有“不登长老峰，枉来丹霞山”之说。该游览区分上、中、下三层。下层风景区为锦岩，风景奇特幽静，“石五色，间错如链”，悬崖峭壁间自然生成数间石殿；中层风景区有别传寺殿堂；上层风景区的通天关和登天观汇集了丹霞奇、险、美的精华，登丹霞长老、宝珠和海螺三峰之巅，则可欣赏蔚为壮观的丹霞风景。

2. 武夷山

武夷山风景区位于福建省崇安县，它由以九曲溪为主导的 41 峰、87 岩、63 石、46 洞和 11 涧组成，以“曲曲山回转，峰峰水抱流，碧波千姿影，红岩座座桥”的碧水丹霞而蜚声中外。武夷山的植物种类有 3 000 多种，主要树木有千余种，野生动物达 400 多种，故多奇花异木、珍稀动物。武夷山的茶更有盛誉，元代曾在此专设御茶园。

武夷山

武夷山亦多文物古迹，保留了许多寺院、书舍、摩崖石刻，是世界文化与自然双遗产。

3. 龙虎山

龙虎山不仅有典型的丹霞风光，还是我国道教的发源地之一。龙虎山峰石美景集中在泸溪河两岸，山峰高差虽仅有 200 米左右，但贵在奇诡，龙山虎岭、藐姑山、芙蓉山、天象峰等群峰攒拥，各显风姿。东汉道教创始人张道陵（第一代张天师）之重孙张盛曾携祖传剑印经箓来此炼丹，使龙虎山成为“祖师玄坛”。目前整修开放的嗣汉天师府就是历代张天师宅府，建筑瑰丽，规模宏大。

（三）*石英砂岩*

石英砂岩是一种比较坚硬的砂岩，一般很少形成风景，但在一定的构造条件下也可以出现绮丽的景色，武陵源风景区即是一例。

武陵源风景名胜区位于湘西武陵山区，是由张家界国家森林公园、索溪峪自然保护区和天子山自然保护区三部分组成的国家级风景区。

张家界的特色是“峰三千”“水八百”，树木种类繁多。“峰三千”指石英砂岩峰林中高差达数百米的石柱数量多，造型丰富。这里的石柱峰林有的刚毅挺拔，有的小巧玲珑，有的像顶梁玉柱，有的像金鞭，有的像海螺，有的像罗汉。观赏石柱峰林，以张家界最大的凌空观景台——黄狮寨最好。石柱峰林的形成与质地坚硬的石英砂岩有关，岩层近水平状且厚度大，垂直节理交叉切割岩体，使 300 余米高的石柱较为稳定，矗立不倒。“水八百”指景区内溪流、山泉、瀑布众多，水清景幽，久旱不断流，久雨水碧清。原始森林种属齐全，仅木本植物的种类就比整个欧洲多一倍以上。这里四季常青，山花烂漫，十里飘香。林中还生活着猕猴、大鲵等珍稀动物。

三、变质岩名山

变质岩主要形成于地壳较下层位，是岩石在固体状态下，由于温度、压力及化学活动性流体的作用，矿物成分或结构发生变化而形成的岩石。它在地面分布的范围较小，也不均匀。变质岩质地较坚硬，棱角分明，所形成的山体浑厚雄健、峥嵘苍劲，我国最著名的变质岩名山有泰山和苍山。

（一）泰山

泰山位于山东省泰安市，是由各种片麻岩、混合岩和花岗岩等构成的断块山。泰山至今仍以每年 0.5 毫米的速度在上升，是一座古老而又充满活力的名山。

泰山的地形由南向北逐渐升高，有三个显著的阶梯。泰山的三个天门（红门、中天门、南天门）正好分布在三个阶梯之上。泰山的绝对高度并不高，在五岳中位列第三，但它耸峙于鲁中低山丘陵中，西俯黄河，东眺大海，气势磅礴，景色壮丽，有“登泰山而小天下”之说。

泰山沿山风景名胜较多，如中天门、王母池、斗母宫、南天门等。登顶可观云海玉盘、黄河金带、旭日东升和晚霞夕照等四大名景。历史上，因历代君主登泰山封禅朝拜，致使泰山殿宇众多，碑刻林立，文化景观十分丰富。岱庙为泰山第一名胜，此外还有碧霞祠、普照寺等。泰山是优美的自然风光和人文景观巧妙融合的典型山地风景名胜区。

泰山

（二）苍山

苍山又名点苍山，是横断山脉最东面的一条山脉，坐落在云南大理的洱海之滨，全长约 40 千米。苍山是由片岩、片麻岩和大理岩组成的变质岩名山。苍山十九峰，峰峰相连，最高峰为云弄峰，山顶终年积雪。经夏不消的苍山雪，是素负盛名的“风花雪月”之最。苍山溪水十八条，条条清碧。古往今来，苍山一直是风光游览胜地。

四、其他自然因素形成的地质地貌景观

（一）九寨沟风景区

九寨沟风景区位于四川省九寨沟县，由一连串晶莹澄碧的湖泊（当地称海子）构成风景的主体。九寨沟的众多湖泊多半是由地震、山崩、泥石流形成的堰塞湖，钙华则堆积在沟底、湖底和堤埂上，形成坚实的海子。

九寨沟是岷山山脉万山丛中一条纵深 40 千米的山沟谷地。西侧山峰高达 4 000 米，上部终年积雪；众多湖泊由激流和瀑布串联在一起，湖水湛蓝，水草丛生；山坡上原始森林密布，林中生活着大熊猫、金丝猴等珍稀动物。

（二）黄龙风景区

黄龙风景区位于四川省松潘县宝鼎山脚下，是一处长七八千米的黄色石灰华山谷。东区由岷山主峰雪宝顶及北麓的黄龙沟组成。景区内水源丰富，植被茂密，湖泊瀑布数以千计。其风景特色是世界上最长的钙华流和大量的露天梯池。钙华沉积物白里透红，人们称之为“金沙铺地”；钙华沉积物做堤的“梯池”，在阳光的照射下五颜六色，变幻无穷，被人们称为“五彩池”。

（三）庐山

庐山坐落在江西省九江市，北依长江，东临鄱阳湖，孤峰突起，气势磅礴，为砂页岩山体。自然胜景有断崖峡谷、流泉飞瀑、杉林松海、雨雾烟云。因历代多建书院、寺观等，使该山地具有浓郁的文化气息，成为中国山水文化名山。庐山为山地气候，春来早，秋去迟，夏季凉爽，是著名的避暑胜地。

（四）阿里山

阿里山位于台湾省嘉义市东北，其云海、日出和森林合称三大名景。阿里山植被繁茂，有“天然植物园”之称，其中有三千多年树龄的红桧，被誉为“神木”。

任务二 水体自然景观

学习目标

1. 掌握水的造景功能。
2. 熟悉江河、湖泊、泉、瀑布、海洋的景观特征和形成规律。
3. 能在导游服务中正确灵活地对有代表性的河流、湖泊、泉、瀑布及海洋景观的位置、特点进行讲解。

学习内容

1. 江河。
2. 湖泊。
3. 泉。
4. 瀑布。
5. 海洋。

案例导入

《话说长江》解说词（节选）

长江在这个世界上已经存在了千千万万个春秋，可它还是这样年轻，这样清秀！它总是像初生的牛犊一样不知疲倦，永远充满着青春的活力。长江发源于唐古拉山山脉的主峰各拉丹东雪山的西南侧。它从西到东，流淌在中国大地的中部稍稍偏南一点。

长江流域居住着3亿多勤劳勇敢的各族人民。从广义上讲，我国有1/3的人是“同饮一江水”啊！

长江流域矿藏、物产丰富，交通运输方便，粮食产量高，所以，长江流域出现了许许多多工业基础雄厚的大、中城市。哦，您知道吗？长江流域的工农业总产值占全国的40%。长江和黄河一起，共同养育着世世代代的炎黄子孙，共同孕育着中华民族的灿烂文化。长江还将为我们中华大地的发展贡献无穷无尽的能量。

（资料来源：http：//www.360doc.com/content/12/0821/20/5888378_231585585.shtml.）

水是自然景观中最重要的组成要素之一。浩瀚无垠的海洋、滔滔奔腾的江河、涓涓流淌的涧溪、飞流直下的瀑布、汩汩喷涌的清泉、波光粼粼的湖荡、洁白晶莹的冰雪……都会给人留下深刻的印象。

从旅游鉴赏的角度来看，水体一般有以下造景功能：

形态：水本无一定形态，但当其受到各种地形的约束或控制时，就呈现出多变的形态。泉水的喷涌、瀑布的飞泻、海浪的咆哮、溪流的欢唱……都有特定的形象。

色彩：纯水是无色的，但射入水中的光波受到水分子的选择性吸收与选择性散射，纯水则可呈现出不同的色彩。一般来说，在可见光中，红、橙、黄三种光的光波相对较长，随着水体深度的增加最易被吸收，所以清澈的水常呈现绿色、蓝绿色和蓝色。同时，水体所处的天气状况，周边的山体、建筑、植被所构成的环境因素，或水体自身的纯净程度，也会使水体呈现多种色彩。

倒影：蓝天、白云、红霞、明月、山石、草木、各类建筑乃至人自身映照在水中都会出现倒影。实景与虚影在水中相互辉映，清风徐来，水波闪烁，倒影扑朔迷离。

声音：水在流动过程中或受到外力冲击时，会发出各种声音。如湖波轻轻的拍岸声、海浪猛烈的咆哮声、瀑布隆隆的轰鸣声、泉水清脆的叮咚声……这些声响伴随着水体的各种形态，勾画出一幅幅有感染力的图景。

味觉：纯净水是无味的，许多经砂岩过滤而流出的泉水是泡茶的上好水体，如镇江的中泠泉。当有些矿泉中某些矿物质含量较大时，水则呈现甘、咸、苦、涩等味道。

组合功能：上述形态、色彩、倒影、声音、味觉为水体主要的造景功能，且前四种更为重要。其中，水体造景非常强调与其他人文景观的交融渗透和有机组合，这样才能形成高质量的风景。“山得水而活，水依山而幽”就是这个道理。

水除了有以上造景功能外，有些水体尤其是矿泉、药泉等还有防病、治病的功效，具有保健功能。游客还能利用水体开展多种体育运动，如游泳、冲浪、划船等，这是水体的体育功能。

从旅游观赏的角度来看，水体按其形态可分为江河、湖泊、泉、瀑布和海洋等类型。

一、江河

我国是一个多河川的国家，流域面积超过 1 000 平方千米的河流就有 1 500 多条，大小河川总长度超过 42 万千米。

我国河流可分为内流水系和外流水系两类。外流水系和内流水系的界限，大体为大兴安岭—阴山—贺兰山—祁连山（东端）—巴颜喀拉山—冈底斯山。我国外流水系的河流分别流向北冰洋、太平洋和印度洋，其中以太平洋水系流域面积最大。我国流入太平洋的外流河主要有黑龙江、辽河、海河、黄河、长江、珠江、澜沧江；流入印度洋的外流河主要有怒江、雅鲁藏布江；流入北冰洋的外流河有额尔齐斯河。

我国内流河主要分布在西北部。新疆南部的塔里木河是我国最长的内流河。

（一）长江

长江正源为沱沱河，发源于唐古拉山主峰各拉丹冬雪山西南侧，流经青海、西藏、云南、四川、重庆、湖北、湖南、江西、安徽、江苏和上海市，注入东海，全长 6 300 多千米，是我国第一长河，世界第三大河。源远流长的长江分为三段：从源头到湖北宜昌为上游段，上游景观雄险多峡谷，占长江总长度的 2/3 以上；从宜昌到江西湖口为中游段，中游沃野千里，古遗迹、古战场等文化景观丰富；从江西湖口到入海口为下游段，其中江阴以下为河口区，下游湖荡密布，是有名的水乡泽国、鱼米之乡。

河源以下的长江上游主要由通天河、金沙江和川江三段组成。穿行于横断山地的金沙江两岸雪峰刺天，江中水流湍急，浪声咆哮，江水折过“万里长江第一湾”后，进入长16千米、最窄处仅30米的金沙江虎跳峡，这是世界上最雄奇幽深的峡谷之一。川江经四川盆地自奉节东流，进入我国最著名的风景区——长江三峡，自西向东依次流经雄伟险峻的瞿塘峡、幽深秀丽的巫峡和滩多流急的西陵峡。

流经三峡大坝和葛洲坝，至宜昌以下，长江就进入了中下游平原。长江中下游江面展宽，流速降低，泥沙堆积，形成江边和江中的沙洲。中下游的江边还有几十个抗侵蚀力较强的岩石形成的矶，如武汉的黄鹤矶、马鞍山的采石矶和南京的燕子矶等。矶上林木葱郁，胜迹众多。

江阴以下的江口区，受长江和海洋潮汐的共同作用，江面急速展宽。到南通，江面已宽达18千米，此段江宽天阔，天水一色。

长江流域在历史上孕育了著名的巴蜀文化、楚文化和吴文化，至今仍是我国文化发达、经济富庶的地区之一。长江素有“黄金水道”之称，沿岸名城众多，如重庆、万州、宜昌、荆州、岳阳、武汉、九江、安庆、芜湖、南京、镇江、南通、上海等。

（二）黄河

黄河正源发源于巴颜喀拉山北麓，全长约5 400千米，流经青海、四川、甘肃、宁夏、内蒙古、山西、陕西、河南、山东九省区，注入渤海。黄河曾哺育了中华民族的原始文化，被誉为“中华民族的母亲河”。历史上，黄河流域长期是中国的政治、经济和文化中心，因而保留了众多的古代文化遗存，包括古人类遗址、古都城遗迹、帝都园林、帝王陵墓、宗教圣地等，是发展历史文化旅游的首选之地。

黄河自河源到内蒙古河口镇为上游，上游段的长度接近全长的2/3。河源流经青藏高原，穿过龙羊峡、刘家峡等众多的峡谷，进入著名的河套平原。黄河至河口镇向南进入中游，将黄土高原一分为二。黄河中游两岸绝大部分为陡峭的崖壁，来自黄土高原的支流带来大量泥沙，水流湍急，且多暗礁，其中著名的景观有天桥石峡、壶口瀑布、龙门、三门峡水库、小浪底水库等。自孟津黄河进入平缓的华北平原，一直到入海口为下游。由于大量泥沙堆积，河水被约束在人工堤内，现河床一般高出堤外平地4～5米，局部河段竟高出10米，黄河下游成了举世闻名的“地上河”。

（三）珠江

珠江是西江、北江、东江的总称。三江既无统一的发源地，又无统一的河道，分别从西、北、东三个方向汇流于珠江三角洲。江水互相沟通，最后由虎门、横门、磨刀门和崖门等八个口门注入南海。珠江以西江为主源，全长约2 300千米。西江为珠江的主干，发源于云贵高原，上游多急流瀑布。我国最大的瀑布——黄果树瀑布，就在其支流打帮河上。漓江是其支流桂江的一段，由桂林到阳朔有83千米的水程，酷似青罗带，流转于奇峰之间，构成著名的漓江山水。

珠江支流众多，水量丰盈而平稳，河水含沙量少，流域内多急流峡谷，景色雄险清秀。三角洲平原稻田密布，桑麻蔽野，果木成林，鱼虾满塘，是岭南的鱼米之乡。

（四）黑龙江

黑龙江因河水含腐殖质多，水色发黑得名，其支流松花江穿过哈尔滨市区，为该市造就了冬夏两季不同的观赏景观和活动场所。

（五）京杭大运河

京杭大运河北起北京，南至杭州，流经北京、天津、河北、山东、江苏、浙江六省市，沟通了海河、黄河、淮河、长江和钱塘江五大水系，是世界上最早开凿的运河。京杭大运河在历史上对我国南北经济交流和发展起过重要的作用。

隋大运河大致可以分为三部分：隋炀帝大业元年（公元 605 年）开凿洛阳至江都的运河，该河段除改造疏浚原来的汴渠和邗沟外，还开挖了新的通济渠；大业四年（公元 608 年），为了出征高句丽，便于军事运输，开凿了洛阳至涿郡（现北京）的永济渠；大业六年（公元 610 年），开掘了京口（现镇江）到余杭（现杭州）的江南运河。

元代定都大都（现北京）后，为了缩短京城和东南经济发达地区的交通距离，便于漕运，水利专家郭守敬提出了改造大运河的规划。按此规划，大运河无须绕道洛阳拐大弯，而是从北京南下，经天津、沧州、德州、聊城、济宁、徐州、淮安、扬州、镇江、常州、无锡、苏州、嘉兴，直达杭州。

二、湖泊

我国湖泊众多，天然湖泊面积在 1 平方千米以上的就有 2 800 多个，总面积超过 8 万平方千米。除天然湖泊外，还有数以万计的人工水库。长江中下游平原、淮河下游和山东南部是我国淡水湖最集中的地区。我国主要的淡水湖，如江西的鄱阳湖、湖南的洞庭湖、江苏的太湖和洪泽湖、安徽的巢湖都分布在这些地区。我国的咸水湖主要分布在青藏高原和西北内陆，青海湖和纳木错湖是我国最大的两个咸水湖。

湖泊的形成是多因素的。根据湖泊的主导成因，可将我国旅游功能较好的湖泊大致分成以下三类：

构造湖：在由地壳构造运动产生的洼地或火山喷口积水形成。它主要有三种构造形式：第一，主要由断裂形成的湖泊，一般湖形狭长，水深且清，如滇池、洱海等；第二，在凹陷盆地上积水形成的湖泊，一般面积较大，如青海湖、鄱阳湖等；第三，由死火山口积水而形成的湖泊，面积虽不大，但很深，也称火口湖，如长白山天池等。

堰塞湖：由外来的自然物质或以人工堵塞河道，抬高水位而形成。它可分为自然和人工堰塞湖两类，自然堰塞湖，如火山熔岩阻塞河流而形成的五大连池、镜泊湖以及冰川搬运物堵塞河道而形成的天山天池等；人工堰塞湖主要指水库、塘坝，如松花湖、千岛湖、天目湖、太平湖等，青山绿水和雄伟大坝构成的这类人工湖已成为旅游热点。

河迹和海迹湖：指河流自身演化或海岸演变过程中形成的湖，前者如洪泽湖、瘦西湖、莫愁湖等；后者实为潟湖，如杭州西湖等。

除上述主要的三类湖泊外，还有冰川作用形成的冰川湖、风蚀和溶蚀作用形成的风蚀和溶蚀湖等。

（一）鄱阳湖

鄱阳湖为我国第一大淡水湖，位于江西省北部，北通长江。避暑胜地庐山雄峙于湖的西北边。湖入江口处，有一小山突峙水边，水击山洞，声若洪钟，山因得名为石钟山。石钟山上多名胜古迹，登山远眺，匡庐山色、江湖水光尽收眼底。鄱阳湖因湖面辽阔、饵料丰富、气候温湿，是白鹤、天鹅、白鹳等多种珍禽的理想越冬场所。如今，湖畔开辟了候鸟观赏台，“湖畔观鸟”成为湖区一大胜景。

（二）洞庭湖

洞庭湖为我国第二大淡水湖。湖区水域宽广，登岳阳楼，可饱览“衔远山，吞长江，浩浩汤汤，横无际涯，朝晖夕阴，气象万千”的湖光胜景。君山浮于湖面，风景秀丽，柳毅井等古迹遍布，湖周还有屈子祠等胜迹。湖区融自然风光与文化古迹于一体，已成为国家级风景名胜区。

（三）太湖

太湖为我国第三大淡水湖。碧波荡漾的太湖中有大小岛屿 48 个，连同沿湖山峰，号称 72 峰，湖区盛产枇杷、柑橘、杨梅和名茶碧螺春。太湖烟波浩渺，湖光山色十分绮丽，尤其是东山、西山和马迹山，名景胜迹富集，如马迹山的灵山大佛、东山紫金庵的宋代泥塑罗汉、西山的太湖石等。湖周有苏州、无锡、常州、湖州等城市，名城之繁多也为我国其他湖泊所不及。

（四）洪泽湖

洪泽湖为我国第四大淡水湖。在隋唐之前，洪泽湖地区为淮河流域一系列相互沟通的小湖。1128 年，黄河南岸决口，由泗水夺淮入海。淮河下游因黄河泥沙沉积而淤高，逐渐失去入海流路，淮河上游来水被阻，在小湖中积蓄，湖面逐渐扩大，形成洪泽湖。洪泽湖形成后，黄河泥沙继续入侵，使洪泽湖底逐渐淤高，明清之际屡次在湖东筑堤修坝以御洪水，虽有作用，但洪害未除。清康熙年间的一次洪水将明祖陵和历史名城泗州没入湖底。现湖底高出东部里下河平原 4～8 米，洪泽湖大坝用条石砌成，已从根本上得到加固，大堤总长约 67.25 千米，宛如水上长城，登堤观湖，云水茫茫，白帆点点，已成一大胜景。为了开发旅游业，有关部门已筑堤将湖西部的明祖陵从湖水中隔出，其建筑气势雄伟，石刻形象逼真。

（五）千岛湖

千岛湖为山区人工水库。其特点是湖水质量高，清澈见底；湖周青山蜿蜒，湖中小岛错落有致；绿水、青山、翠林和朴实而有地方风格的粉墙建筑勾画出一幅恬静、淡雅的山水画长卷，富有诗情画意。

千岛湖位于浙江省西部淳安县境内，是 20 世纪 50 年代末为建新安江水电站而形成的一个大型人工湖，平均水深 34 米，最深处 128 米，蓄水量 178 亿立方米。因湖中有岛屿 1 078个而得名。千岛湖是一处以湖泊、岛屿、森林为主体的休闲旅游胜地。风景区总面积 982 平方千米，是全国面积最大的森林公园之一，森林覆盖率达 93%，生态环境一流，湖水透明度在 10 米以上，水质达到国家Ⅰ类地表水标准，被誉为“天下第一秀水”。千岛湖还以锁岛、奇石岛、猴岛、鸵鸟岛、孔雀园（岛）、蛇岛等岛屿闻名。

（六）杭州西湖

西湖又名西子湖、钱塘湖等，因位于杭州城西而得名。西湖水域面积为 6.7 平方千米，湖形呈不规则椭圆形。湖中的白堤、苏堤、杨公堤将水面分为外湖、里湖、西里湖、岳湖、小南湖和湿地型湖面六部分。

西湖

西湖主要有五个景区：湖中著名景观有三潭印月、苏堤、白堤等；北山景区有岳王庙、灵峰、飞来峰、灵隐寺等；南山景区有柳浪闻莺、雷峰塔、虎跑泉、六和塔等；湖西景区有曲院风荷、花港观鱼等；湖滨及市内景区有杭州碑林、胡雪岩故居、南宋官窑博物馆等。

（七）滇池、洱海

滇池位于昆明市西南，南北狭长，面积约 340 平方千米，海拔约 2 500 米，属于高原断层湖。滇池两岸金马、碧鸡二山夹峙，登龙门瞰滇池，堤岬岛屿若隐若现，海天一色，气象万千。

洱海位于云南大理苍山东麓，状似人耳，故得名。洱海中有三岛、四洲、五湖、九曲之景，山湖相映，素有“银苍玉洱”之誉，“洱海观日”是大理四景之一。

三、泉

泉是地下水的天然露头，常在山区的坡麓、沟谷出现，当含水层或含水的通道被侵蚀出露于地表时，地下水便涌出成泉，因而泉是地下水的一种重要排放形式。

泉水是一项重要的旅游资源，它不仅动态、性质各异（有喷射而出的承压水泉，有宁静外溢的潜水泉，还有歇泉、温泉、沸泉、药泉、乳泉、水火泉、湖水泉等），而且具有饮用保健、沐浴医疗价值，泉水经过地下岩石过滤，水质清澈洁净，有的还含有对人体健康有益的微量元素。动态稳定、水量稳定、水质良好的泉水常被工农业部门特别是酿酒行业所采用。

（一）天下第一泉

被誉为天下第一泉的有多处。

1. 北京玉泉

玉泉位于北京西山和颐和园之间的玉泉山南麓。明清两代皇宫中的饮用水均出自玉泉。玉泉由乾隆帝比较各地泉水后，御赐为“天下第一”。玉泉又名“喷雪泉”，泉水自山间石隙喷涌而下，每当旭日照射，喷涌的水汽中呈现出一道彩虹，这就是燕京八景之一的“玉泉垂虹”。

2. 济南趵突泉

泉城济南众泉中首推趵突泉。“趵突”指泉水出露地面的方式为跳跃式。泉自地下溶洞的裂缝中涌出，三眼并发，浪花四溅，声若隐雷，势如鼎沸。乾隆南巡至此，有感于其喷涌的气势，写下《游趵突泉记》，又将其称为“天下第一泉”。

3. 镇江中泠泉

中泠泉在镇江金山之西，为石英砂岩中的裂隙泉，水质甘洌醇厚，表面张力大，注入杯中，可高出杯口而不溢。中泠泉原在长江之中，取泉水要乘船至江心，用一种盖紧盖子的容器沉入江底，打开盖子后才能汲到地道的中泠泉水。清末金山与南岸陆地相连，中泠泉始在陆上出露。自唐以来，此泉素负盛名。茶圣陆羽品中泠泉水为天下第七，名士刘伯刍以煮茗为依据，将其列为天下第一。

相传被陆羽定为“天下第一泉”的是庐山大汉阳峰附近的谷帘泉。另外，被誉为“天下第一”的泉还有碧玉泉，即云南安宁温泉，素被称为“天下第一汤”；避暑山庄之热河泉，也因被乾隆誉为名泉之首而扬名；山东莒县卧龙泉及重庆北温泉也有“天下第一”之誉。

（二）天下第二泉

天下第二泉即无锡惠山泉，相传为茶圣陆羽所评定。水由砂岩中渗流而出，水质甘香重滑，水色透明。惠山泉分上、中、下三池，上池水质最好，池旁大石上有元书法家赵孟頫题写的“天下第二泉”五字。池边建有二泉亭，不远处是著名二胡演奏曲《二泉映月》的曲作者阿炳（华彦钧）之墓。

（三）天下第三泉

1. 陆羽井

陆羽井在苏州虎丘。唐代陆羽曾在此长住，挖井一眼，专门研究泉水水质对煎茶的作用，故泉名陆羽井。井口约 34 米见方，落霞与虎丘塔映入清泉，构成虎丘胜景——“云泉塔影”。唐代张又新和刘伯刍评此泉为“天下第三泉”。

2. 蓝溪泉

茶圣陆羽评定的“天下第三泉”是湖北浠水县蓝溪泉。

另外，被称为天下第四泉的有西陵峡中的黄牛泉、上饶广教寺内的陆羽泉。扬州大明寺井和庐山观音桥招隐泉则分别有“天下第五泉”和“天下第六泉”之名。

我国泉水众多，历代名流评定名泉的依据、标准不一，也受其接触面的影响和品定手段原始性的局限。因此，这些提法不能作为我国名泉排名的科学依据。这些名泉排序的意义，更多地体现在历史文化价值上，对开发旅游的作用不可低估。

四、瀑布

从河床纵断面陡坡或悬崖上倾泻而下的水流称为瀑布。瀑布景观是自然山水结合的产物，由瀑前峡谷、瀑下深潭和瀑布主体（跌水）组成。其景观特征为飞动的形态、洁白的色彩、轰鸣的声响、磅礴的气势。

瀑布的大小和气势主要取决于地形的落差和水量的大小。秦岭、淮河以南，尤其是东南丘陵、云贵高原地区，由于地形多变，降水丰沛，形成的瀑布较多，在雨季山区常可见到“山中一夜雨，处处挂飞泉”的胜景。

按瀑布的景观特点，我国的瀑布大致可分为河流瀑布、山岳瀑布和洞穴瀑布三类。

（一）河流瀑布

河流瀑布主要形成于江河干、支流的中、上游河段。其特点是：水帘宽、水量大、气势宏伟。著名的河流瀑布有黄果树瀑布、黄河壶口瀑布、洒渔河大标水岩瀑布、牡丹江吊水楼瀑布、九寨沟瀑布群等。

1. 黄果树瀑布

黄果树瀑布位于贵州省镇宁布依族苗族自治县打帮河上源白水河上。白水河段有九级大小不等的瀑布，其中黄果树瀑布最大。瀑布落差约 67 米，水帘宽 20～40 米，瀑布直泻犀牛潭，声如巨雷，水雾腾空达百米，在阳光的照射下，彩虹与洁白的水帘相映成趣。其壮观之势，实居我国众瀑之首。

黄果树瀑布

2. 壶口瀑布

壶口瀑布位于山西省和陕西省交界处。黄河在此为两岸山地夹峙，在河底岩石中冲出一条巨沟。河床宽度由上段的 250 米宽收束至瀑布以下的 50 米，落差 15～20 米，像一把特大的茶壶往下倒着开水，激流澎湃，惊涛震天，如隆隆战车，气势壮观，堪称我国第二大瀑布。但此瀑布在枯水季节观赏为佳，丰水期时，水位普涨，落差骤减，瀑布遂成一滩急流。

（二）山岳瀑布

山岳瀑布主要由溪流通过山岳中明显的岩坎或断崖而形成。我国这类瀑布较多，其特点是落差较大，水帘不宽，造型丰富，受降雨影响，流量增减幅度很大。浙江雁荡山的大龙湫，水从190米高的连云嶂凌空而下，为我国单级落差最大的瀑布。其他著名的山岳瀑布还有庐山三叠泉和开先瀑、黄山九龙瀑和人字瀑、天台山石梁飞瀑、崂山龙潭瀑、井冈山碧玉潭等。

（三）洞穴瀑布

这类瀑布多发育于石灰岩溶洞中，与曲折幽深的洞穴、造型丰富的洞穴堆积物和神秘的暗河共同组景。我国南方石灰岩分布区地下溶洞发育，地表水渗漏严重，发育了不少洞穴瀑布，著名的有金华冰壶洞瀑布、宜兴善卷洞瀑布和贵州安顺龙宫瀑布等。

五、海洋

海洋浩渺无际，神秘莫测。海洋中心部分称洋，边缘部分称海。旅游活动一般主要在海岸边进行。我国内海和领海的总面积为921万平方千米，大陆海岸线北起鸭绿江口，南至北仑河口，全长约18 000千米，沿海岛屿6 500多个。我国纵跨温带、亚热带、热带三个气候带，海岸类型十分复杂，一般以钱塘江口为界，其北以泥沙质海岸为主，个别地区如山东半岛、辽东半岛等地为基岩海岸；钱塘江口以南以基岩海岸为主，只有珠江口等少数地区为平原海岸。

泥沙质海岸带具有开发海滨浴场的优越条件。基岩海岸带多形成各种海蚀地貌景观。此外，我国北回归线以南的部分海区还发育了珊瑚礁海岸和红树林海岸，它们均属于生物海岸。

（一）北戴河海滨风景区

北戴河位于河北省秦皇岛市，背依联峰山，面临渤海。夏季气候凉爽宜人，全年适于海水浴的天数有110～120天。北戴河附近海域海水清澈，沙滩绵延十多千米，沙软潮平。海岸地区也发育了海蚀地貌，老虎石、鹰角石、骆驼石、对语石等形象逼真，栩栩如生。联峰山上奇峰异石遍布，松柏竞秀。登望海楼可俯瞰海滨全景，远眺秦皇岛码头及昌黎碣石山。此外，附近还可观览山海关古长城、关城、姜女庙等古迹。

（二）大连-旅顺口海滨

大连市位于辽东半岛南端，是个港口城市，大连海岸线长30千米，山水相接，礁石错落，具有观赏价值的海蚀柱、海蚀崖、海蚀洞、海蚀拱桥等景观甚多。海滩坡度小，潮差不大。夏季海表水温达20℃以上，是优良的海滨浴场。旅顺港地势险要，保留了许多战争遗迹。新开发的金石滩海岸带由四大风景区的50多个景点组成。西南方的老铁山是候鸟的乐园，西北面渤海中的蛇岛是我国唯一的蝮蛇保护区。

（三）青岛海滨风景区

青岛市是山东省胶东半岛东南的港口城市，港阔水深，风平浪静，不冻不淤。青岛市依山而建，高低错落，拥有青山、碧海、绿树、红墙之美景。海滨最热月均温只有25℃，是避暑佳地。在汇泉湾、太平湾一带开辟了广阔的海滨浴场。海岸线曲折，多港湾，岩礁星罗棋布，有“石老人”“玉女盆”等海蚀景观。青岛湾中伸入大海的栈桥及回澜阁是青岛十景之一，也是青岛的象征。栈桥东南面的海中小青岛（琴岛）上有高15.5米的白色八角灯塔，构成“琴岛飘灯”一景。

（四）海南三亚海滨风景区

三亚市位于海南省的最南端。市东南有著名的亚龙湾海滨，海滩长7 000米，沙质细软，海碧天澄，风平浪静，四季可浴，被称为东方夏威夷。海底有美丽的珊瑚景观。三亚市西的天涯海角海滨，海滩上巨石罗列，有立有卧，其中二石上分别镌刻着“天涯”“海角”，另有一巨石上镌刻“南天一柱”四字。海滩平坦，海水洁净，是海水浴和海滨观赏的胜地。

（五）厦门海滨风景区

厦门海滨风景区由厦门半岛和鼓浪屿等组成，兼有山、岛、海之胜。厦门半岛丘陵起伏，五峰并列，高耸天际，构成“五老凌霄”胜景。峰麓的南普陀寺是千年古刹。鼓浪屿面积仅0.71平方千米，层峦叠嶂，环境幽雅。日光岩是一块巨大的花岗岩球状体，其上保留着明代郑成功操练水师的水操台旧址。南麓海滨是菽庄花园，它以《红楼梦》中的怡红院为蓝本，利用天然地形，借山填海，巧为布局，构筑十景，建筑精巧，为闽南名园。

（六）钱塘江潮

潮汐是周期性的海面升降现象，由月球和太阳的引潮力所引起。世界上的喇叭形河口，易受地形收缩和水深骤减的影响，潮头可涌起数米，潮水卷着浪花以排山倒海之势狂奔向前形成潮汐奇观。

我国钱塘江口为典型的喇叭形河口，出海处宽约100千米，到海宁市盐官镇宽约3千米，潮波传到此处，能量高度集中，潮水位暴涨，潮头陡立，流速猛增，形成涌潮，最大潮差曾达8.91米。1953年9月的大潮竟把3 000多斤重的“镇海铁牛”抛出10多米。

自古以来，海宁市盐官镇就是观赏钱塘涌潮的胜地。近年来海宁已形成“一潮三看”的追潮游线：位于盐官以东数千米处，可见到南潮、东潮汇合碰撞的“碰头潮”，潮形似冰山雪峰，声如山崩地裂，十分壮观；在盐官可以看到举世闻名的“一线潮”，即潮到盐官已连成南北雪白一线，十分奇特；到盐官以西约10千米，潮水受挡水大坝阻挡而回身反扑，快如闪电，形成惊涛骇浪的“回头潮”，十分惊险。游人掌握好潮水每小时约25千米的推进速度，驱车追赶，一潮三看，乐趣无穷。

据水文资料统计，农历七月出现大潮的概率超过八月，大潮最早出现在农历五月，最晚出现在农历十月。因此，每年农历五至十月的初一、十五前后几天都是理想的观潮时机。

任务三 气候及天气景观

学习目标

1. 了解天气、气候的基本概念。
2. 了解我国气候环境情况。
3. 了解天气景观的一般特点。
4. 熟悉一些奇特的天气景观的名称、成因。

学习内容

1. 雨景。
2. 云雾景。
3. 冰雪景。
4. 霞景。
5. 日月景。
6. 幻景。
7. 其他气象风景。

案例导入

气象成为旅游资源

刮风下雨会让游客既怕湿了相机又恐自己受了风寒；太阳紫外线太强会让爱美的女士望而却步；突如其来的恶劣天气会让旅客滞留机场，心情从旅程刚开始就大打折扣；雷击、局地暴雨引发的山洪更是可怕，威胁着游客的生命安全。

中国旅游研究学院副研究员吴普认为，气象对旅游的影响仅次于农业。从宏观意义上的淡季、旺季到微观上的酒店等配套设施的布局都受到气象的影响。在他看来，刮风下雨除了会给旅游带来影响之外，气候条件也逐渐成为旅游的稀缺资源。

（资料来源：http：//www.cma.gov.cn/2011xwzx/2011xqxxw/2011xqxyw/201210/t20121004_186762.html.）

气象与气候是两个不同的概念。气象是指大气圈中产生的物理现象和物理过程，其要素是气温、气压、湿度，还有降水以及雾、霜、云、雪、电等现象；气候是指某一地区多年天气特征的综合，包括其平均状况和极端变化。我国幅员辽阔，南北、东西跨度大，因此，造成各地冷热、干湿差异；我国的山多而高，上下相差几千米，具有明显的垂直差异，增加了气候类型的复杂性与多样性。

天气景观的特点有：

（1）季节性。温度、湿度等气象要素总有规律性的日变化和年变化，不同的短期的天气景观在一年内所出现的频率，也有明显的季节变化。

（2）瞬变性。大气中各种物理现象和过程变化迅速，造成天气景观瞬息万变、虚无缥缈和扑朔迷离的特征，其造型、色彩、动态等均极有观赏价值。

（3）组合性。天气常为旅游景区提供一个背景，使各种景物处于不同的光与色中，或在云、雾、雨的氛围中，组合成不同风格的景观。常见的气象风景类型有雨景、云雾景、冰雪景、霞景、日月景和幻景等。

一、雨景

雨景是旅游中经常遇到的一种自然景观。雨景在特定的环境条件下，会给周围的风景增添无限的韵味。

烟雨蒙蒙使山石林木、小桥流水若隐若现，是典型的意境美和朦胧美。“雨丝风片，烟波画船”“小楼一夜听春雨，深巷明朝卖杏花”等都是我国的诗赋中描写雨中景致的名篇佳句。

“雨打芭蕉”“雨滴残荷”，更增添一丝宁静和韵律美。同时，雨景作为美景，配合不同的季节和地形，更是多姿多彩，正如“清明时节雨纷纷，路上行人欲断魂”“雨中看山也莫嫌，只缘山色雨中添”。

二、云雾景

“山无云则不秀。”山地云蒸雾聚，变幻莫测，历来就是极具吸引力的胜景。黄山的云海为四绝之一，苍山的玉带云、庐山的瀑布云、三清山的响云、泰山的云海玉盘等都是奇景。“落日熔金，暮云合璧”“晴空一鹤排云上，便引诗情到碧霄”，常给人一种飘飘欲仙的感觉。

三、冰雪景

冰雪景配合其他自然景观可构成奇异的冰雪风光。自古以来，人们都把雪看作纯洁的象征，冰雪景一直是人们乐此不疲的旅游活动内容。我国哈尔滨的冰雪节是全国最有号召力的冬季旅游项目。古今文人对雪景都有所偏爱，如“窗含西岭千秋雪，门泊东吴万里船”描写的是雪的远景；“孤舟蓑笠翁，独钓寒江雪”描写的是雪的近景；“北国风光，千里冰封，万里雪飘”是将雪与诗人的伟大气魄融为一体的诗句。

此外，冰雪景中还有一种特别罕见的景观——彩雪。我国西藏的察隅地区、新疆的天山就曾降过红雪和黄雪。这一奇特景观的出现，主要是大风把远方大量繁生的藻类或黄沙携带到了降雪地区，使其随雪而下造成的。

四、霞景

霞是太阳的斜射光经空气色散，使云层显现赤、橙、黄等色彩而形成的，多出现在日出或日落时，常与山地水气、云雾相伴，主要形式有朝霞、晚霞、彩云、雾霞等。霞景瞬息万变，五彩缤纷，吸引着古往今来的游客。河南鸡公山的晚霞夕照、浙江东钱湖的霞屿锁岚、江西彭泽的观客流霞等都是以霞景命名的景点。“落霞与孤鹜齐飞，秋水共长天一色”正是描写霞景的佳句。

五、日月景

日月景从本质上说属于天文景观的一种，但由于日月景的观赏常与气候、气象等环境有很密切的关系，加上日月景观与其他天文风景相比，观赏手段十分简单，因此人们常将日月景作气象风景描绘。

日月景包括旭日、夕阳、满月、残月以及日月合璧景。

（一）日景

游人到高山、海滨旅游，都希望能看到日出和日落的景色。有些名山已经形成了固定的观日点，如泰山的观日峰、庐山的含鄱口、黄山的翠屏楼、峨眉山的金顶等。旅游者常不辞辛苦，披星戴月，在日出或日落前赶到上述地点。当然，观日以晴天或少云天气最佳，否则景观效果不佳。

（二）月景

月到中秋分外明。满月象征着团团圆圆、幸福美满，是人人都喜爱的。新月妩媚动人，正如“可怜九月初三夜，露似真珠月似弓”。古人有“人有悲欢离合，月有阴晴圆缺”的诗句，借月色表达情怀。

（三）日月合璧景

日月合璧景又名日月并升，其景霞光缥缈，奇丽无比。“日月合璧，五星如连珠”，早在2 000多年前，我国先人对日月合璧景就有记载，它是太阳光线受大气折射影响而产生的一种假象。

日月并升有四种景象：第一，当太阳初出海平面时，月亮随即跳出，并逐渐地消失在日轮之中；第二，太阳和月亮同时跳出海平面，日轮比月轮直径略大，太阳外围呈现血红色光环；第三，太阳跃出海平面不久，一轮灰暗色月亮紧随其后，并不断地在太阳周围蹦来跳去，太阳被月亮遮住部分光彩，未被遮盖的部分呈现月牙状，闪烁着金光；第四，月亮先出，太阳随后升起，形成一幅美丽的红日托月图。这四种景象中，尤以第三种最为常见。

我国可以观赏到日月并升奇景的地方共有五处，分别是浙江省海盐县南北湖畔高阳山上的鹰巢顶、浙江省平湖市乍浦镇九龙山的临海山顶、浙江省杭州市西子湖畔的葛岭初阳台、江苏省苏州市太湖之滨的洞庭山地和江苏省苏州市西部天平山顶。其中，浙江省海盐县高阳山鹰巢顶是观赏日月并升的绝佳地，只要天气晴朗，在每年农历十月初一黎明，就能观赏到这一奇景。

六、幻景

佛光与蜃景都是由于大气分子或其中的水汽分子对太阳光线的折射或反射作用而形成的，景观均为虚像，虚无缥缈，给人一种神仙境地的感觉。

（一）佛光景观

佛光又称宝光，是山岳巅峰出现的一种特殊的光学现象。峨眉山、庐山、泰山、黄山都是观赏佛光的名山。佛光的出现是云雾中小水滴对光线的折射和衍射作用形成的一种光学现象，但由于各山的环境条件不一，佛光再现的次数及美丽程度也不同，峨眉山云雾天数最多，湿度最高，风速最小，所以出现的次数也最多，景观也最美丽。泰山每年出现佛光七八次，而峨眉山则每年可以看到七八十次。峨眉山金顶佛光是峨眉山十景之一，在无风的晴天下午，日光透过云层，舍身崖下便会出现以金顶上观赏者为中心的七色光环，“光环随人动，人影在环中”的景观神秘莫测，让人心旷神怡。

（二）海市蜃楼

海市蜃楼即蜃景，其形成的机理至今尚不十分清楚。因为传说中龙所生的九子之一蜃能吐气为楼，故名海市蜃楼。山东海边蓬莱阁是最有名的观看海市蜃楼的地方。每逢春夏与夏秋之交，游人立于阁前，凝望雾气蒸腾的海面，若有幸则可观赏到《梦溪笔谈》中所描述的“登州海中，时有云气，如宫室、台观、城堞、人物、车马、冠盖”的景观，由远而近，时隐时现，持续几分钟到几十分钟。

仙境能得几时游，海市能得几回观，蓬莱阁之所以名扬天下，皆因登月崖可望海市。此外，连云港的海州湾、山东渤海长岛县、北戴河东联峰山也能看到这种奇景。

七、其他气象风景

除了上述气象风景外，我国还有一些在特定区域条件下才能出现的气象风景。

（一）雾凇

雾凇又名树挂，是在冬季寒冷的雾天，雾冻结在树枝、电线等物上的晶状物。它是在严寒时因空气过饱和，由水汽凝华而成的。我国雾凇分布的特点是高山多于平原，湿润地区多于干旱地区，北方多于南方。雾凇出现最多的地区是吉林省，吉林省松花湖的滨江两岸，由于气温低，多偏南风，空气湿度大，以及受水电站泄水增温的影响，常在树上结成洁白晶莹的雾凇，在柳条上像白链银丝，在松针上像朵朵白菊，姿态各异，有“江城树挂”之称。

雾凇

（二）雨凇

雨凇是小雨滴在物体上冻结起来形成的透明或半透明的冰层，我国雨凇出现数最多的地方是峨眉山，每年有135天。当大气上层温度高于零度的空气中的雨滴下降到下层气温低于零度的空气中时，雨滴便处于过冷却状态。过冷却水一附着到冰冷的物体表面便立刻冻结成雨凇。雨凇密度小时，为浑浊无光泽冰层，密度大时则形成透明冰层。每当冬季风和日丽形成雨凇时，碧绿的松柏竹杉就会变成银色的“玻璃”世界。

任务四　动植物景观

学习目标

1. 熟悉主要观赏动物景观的类型及其代表。
2. 熟悉观赏植物景观的类型及其代表，了解我国的一级保护植物。

学习内容

1. 动物景观。
2. 植物景观。

案例导入

生物多样性是旅游业的自然资本

在旅游业中，生物景观的构景作用主要是由大范围的森林、草原及栖息于其中的动植物来体现的。比如，北京百花山已知有维管束植物 92 科 800 多种，野生动物 40 多科 150 多种；松山有维管束植物 106 科 783 种及变种，野生动物 53 科 184 种及亚种等。这说明北京的这两个自然保护区拥有丰富的物种，人们到这里来游览可以观赏到这些种类的动植物，感受到自然保护区的气息、氛围和特点。

（资料来源：https：//wenku.baidu.com/view/90412b176c175f0e7cd137d7.html.）

地球上生存着各种各样的生物，人们发现并做了记录的有 200 多万种。生物景观可以分为植物、动物和微生物三大类，其中植物约 30 万种，动物约 150 万种，微生物约 20 万种。动植物风景是所有风景中最富有生气、最惹人爱怜的风景资源。

我国南北跨五个温度带，东西干湿状况不同，气候类型复杂多样。同时，在不同的气候区域内又有不同高度的山地，形成了不同的自然垂直带谱，这样复杂的自然条件决定了我国具有丰富的生物种类和多种多样的生物群落类型。

一、动物景观

动物具有保持优良生态系统、创造美好旅游环境的功能，是旅游资源体系中重要的组成部分，具有娱乐、观赏、狩猎、垂钓、科学考察、维持生态平衡等多种功能。我国对珍贵稀有动物进行保护，分三个保护等级：一级为完全禁止猎取的动物；二级为严格限制猎取的动物；三级为控制猎取的动物。其中，一级保护动物有大熊猫、金丝猴、长臂猿、白唇鹿、丹顶鹤、褐马鸡、野骆驼、亚洲象、白鳍豚、扬子鳄、东北虎、华南虎等。大熊猫与生长在神农架等地的金丝猴、长江中下游的白鳍豚以及青藏高原黄河之源的白唇鹿合称“四大国宝动物”。

动物景观类型主要有以下四种。

（一）特殊动物群落旅游景观

特殊动物群落旅游景观的形成与区域地理环境的演变有关，主要有单一的和综合的特殊动物群落旅游景观。其中，单一的特殊动物群落旅游景观有我国大连近海的蛇岛、青海湖中的鸟岛、台湾的蝴蝶谷等；综合的特殊动物群落旅游景观我国较少，世界上以新西兰岛和马达加斯加岛最为著名。

（二）野生动物自然保护区

野生动物自然保护区可分为综合性野生动物保护区和单一重点野生动物保护区。它们都是特定的自然条件与自然环境演变的产物，故给予重点保护，以维持生态平衡。肯尼亚内罗毕野生动物保护区属于综合性野生动物保护区；单一重点野生动物保护区在我国多达数十处，最著名的有四川卧龙大熊猫自然保护区、江西靖安县潦河大鲵自然保护区和海南省昌江县霸王岭黑长臂猿自然保护区等。

（三）动物园

动物园包括综合性动物园和专门性动物园，具有观赏、科学研究、驯化表演和保护性繁殖等功能。我国各大城市动物园基本都是综合性动物园，如北京动物园、上海动物园等。专门性动物园则包括了水族馆、昆虫馆、鸟园、蝴蝶园、蛇园、猴园、鳄鱼园等。

（四）娱乐、观赏、体育动物旅游资源

这类旅游资源以人工养殖驯化的各种动物作为观赏对象，以娱乐表演和体育活动为工具，从而吸引旅游者并为其服务。娱乐表演包括马戏团各种动物表演以及动物园饲养的大象、海豚、鳄鱼等动物表演的节目。体育项目包括狩猎、钓鱼、赛马、斗牛（如西班牙斗牛，以竞技为主）等。休憩逗趣活动包括斗蟋蟀、斗鸡、斗牛（以娱乐为主）等，能吸引大量的旅游者。

二、植物景观

植物有观赏、食用、造园等多种功能，但最根本的是它在生态环境中所起的作用。植物可以净化空气，吸附粉尘，减小噪声，调节气候，起到美化和净化环境的作用。目前，中国已公布的一级保护植物有 8 种，即金花茶、银杉、桫椤、珙桐、水杉、人参、望天树和秃杉。这些植物不仅具有很高的科研价值，还具有极高的观赏价值。

根据观赏植物中最具美学价值的器官和特征，可将观赏植物分为观花、观果、观叶和观枝冠四类。

（一）观花类植物

花是植物最具观赏价值的器官，花色、花姿、花香和花韵为观赏花卉的四大美学特征。同时具备这四大特征的花卉，其观赏价值最高。上海园林学会等单位曾发起选出了“中国十大传统名花”，即牡丹、月季、梅花、菊花、杜鹃、兰花、山茶、荷花、桂花和君子兰。

牡丹

（二）观果类植物

成熟的果实以其色彩、形态吸引游人。果实的色彩以红紫为贵，如苹果、葡萄、柿、桃、樱桃、荔枝、山楂等；黄色次之，如梨、香蕉、芒果等。不同色彩的果实点缀在绿叶中，会使景观平添几分灵气。

（三）观叶类植物

叶是植物的生命之源。观叶主要是观叶色，自然植被中一些植物叶色随季节而变化，具有极高的观赏价值，这类植物被称为季相观叶植物。夏去秋来，不少落叶树的叶色由绿变为红、橙、黄等色。这是因为叶片中除了含叶绿素、叶黄素、胡萝卜素外，还含有红色的花青素。因叶片中叶绿素含量较高，故叶片通常呈现绿色，深秋后天气转冷，一些树种叶片中的叶绿素在低温下不断分解减少，而红色的花青素含量相对增加，叶片就逐渐变为红色。我国著名的红叶树种有黄栌、乌桕、柿树、槭树、枫树和黄连木等。

（四）观枝冠类植物

树冠是树木轮廓线所包围的部分。有些树木以其独特的树形参与构景，如尖塔形的冲天柏、伞形的雪松、球形的海桐、下垂形的杨柳、柱形的白杨等。

学习评价表

标准等级	优秀	良好	及格	不及格
掌握花岗岩名山、岩溶景观、丹霞风光的景观特征和形成规律，熟悉其各自代表性名山的位置及主要特点				
熟悉江河、湖泊、泉、瀑布、海洋的景观特征和形成规律				
了解天气、气候的基本概念，熟悉一些奇特天气景观的名称、成因				
熟悉观赏动物、植物的类型及其代表				
学习态度				
独立思考能力				
创新能力				
总体评价				
自我总结：				

知识拓展

一、植物的寓意

（1）松柏象征坚贞。松枝傲骨峥嵘，柏树庄重肃穆，且四季常青，历严冬而不衰。《论语》赞曰：“岁寒，然后知松柏之后凋也。”松与竹、梅一起，素有“岁寒三友”之称。文学作品中，常以松柏象征坚贞不屈的英雄气概。

（2）竹象征气节。竹子挺拔秀丽，岁寒不凋，自古以来受到人们的普遍喜爱。古人常以“玉可碎而不可改其白，竹可焚而不可毁其节”来比喻人的气节。

(3) 梅象征坚强不屈。梅的枝干苍劲挺拔，宁折不弯，被人们用来象征刚强不屈的意志。而迎风斗雪怒放的梅花，则最先给人间透露春的气息。

(4) 菊象征不畏风霜。菊花在深秋时节开放，它花期长，千姿百态，深受人们喜爱。它不畏风霜的高尚品格更为人们所称道。

(5) 牡丹象征富贵。牡丹花朵硕大，色泽鲜艳，它以其国色天香、雍容华贵、端妍富丽的特色，被称为“花中之王”。人们视其为荣华富贵的象征。

二、温泉文化

我国温泉有文献记载的多达 972 处，其中温度高于 50℃的就有 229 个。据初步统计，现全国各省、市、自治区已发现温泉达 3 000 多处。我国人民发现和运用温泉治病已有数千年的悠久历史。早在先秦的《山海经》里就有了温泉的记载。

最早记载的泡温泉的帝王，可能要数轩辕黄帝了。在安徽的黄山有一处温泉——黄山温泉，古称“灵泉”“汤泉”“朱砂泉”，由紫云峰下喷涌而出，与桃花峰隔溪相望，传说轩辕黄帝就是在此沐浴七七四十九日羽化升天的。据民间传说，轩辕黄帝在黄山温泉洗过澡后，头发由白变黑，返老还童，黄帝极为高兴，便称黄山温泉为“灵泉”。黄山温泉含有多种对人体有益的微量元素，水质纯正，温度适宜，可饮可浴。唐代诗人贾岛曾有“遐哉哲人逝，此水真吾师”的感慨。

与帝王渊源最深的应属陕西的华清池。秦始皇、唐太宗、唐玄宗等杰出帝王都曾与之结下缘分。唐玄宗每年冬天携杨贵妃来此游宴、沐浴。诗人白居易曾在名诗《长恨歌》中赋：“回眸一笑百媚生，六宫粉黛无颜色。春寒赐浴华清池，温泉水滑洗凝脂。”

案例分享

中国丹霞

1928 年，获美国哥伦比亚大学地质学硕士学位的矿床学家冯景兰在我国广东省韶关市仁化县丹霞山发现了分布广泛的第三纪（6 500 万年～165 万年前）红色砂砾岩层。在丹霞山地区，厚达 300～500 米的岩层被流水、风等风化侵蚀，形成了堡垒状的山峰、峰丛和千姿百态的奇石、石桥、石洞。冯景兰意识到这是一种独特的地貌景观，他把形成丹霞地貌的红色砂砾岩层命名为丹霞层。“丹霞”一词源自曹丕的《芙蓉池作诗》：“丹霞夹明月，华星出云间”，特指天上的彩霞。

丹霞地貌主要分布在中国、美国西部、中欧和澳大利亚等地，以中国分布最广。到 2008 年 1 月 31 日为止，中国已发现丹霞地貌 790 处，分布在 26 个省区。

2010 年 8 月 1 日傍晚，在巴西利亚举行的第 34 届世界遗产大会审议通过了将中国湖南崀山、广东丹霞山、福建泰宁、贵州赤水、江西龙虎山和浙江江郎山联合申报的“中国丹霞地貌”列入《世界自然遗产名录》。

案例分析：中国丹霞地貌是红层地貌发育中一个独特的例证，其丰富的地貌特征展现出大自然无与伦比的美丽景观。中国学者对这一地貌进行了长期深入的科学研究，并首次提出“丹霞地貌”这个概念。丹霞地貌申报世界遗产成功有两层意义：一是申报世界遗产有利于对这种特殊地貌的保护；二是中国学者开创的“丹霞地貌”的概念得到世界认可，其科研成果也将同“喀斯特地貌”一样得到国际社会的普遍承认。

课堂练习

一、单项选择题

1. 我国四大国宝动物是指（　　）。

A. 大熊猫、金丝猴、白鳍豚、藏羚羊

B. 大熊猫、金丝猴、白鳍豚、白唇鹿

C. 大熊猫、藏羚羊、金丝猴、亚洲象

D. 大熊猫、金丝猴、白鳍豚、亚洲象

2. 由地壳构造运动产生的洼地或火山喷口积水而形成的湖泊是（　　）。

A. 构造湖　B. 冰川湖　C. 火口湖　D. 堰塞湖

3. 气候学上用候均温来划分四季。一般来说，候均温高于（　　）为夏季。

A. 20℃　B. 22℃　C. 24℃　D. 26℃

4. 我国单级落差最大的瀑布是（　　）。

A. 诺日朗瀑布　B. 黄果树瀑布　C. 大龙湫瀑布　D. 蛟龙瀑布

5. 历史上有许多皇帝，如秦始皇、汉武帝等，都要登临（　　）祭祀天地，称为封禅大典。

A. 嵩山　B. 黄山　C. 衡山　D. 泰山

二、多项选择题

1. 下列属于构造湖的是（　　）。

A. 五大连池　B. 长白山天池　C. 洱海　D. 滇池

E. 青海湖

2. 下列选项中，不属于丹霞风光的是（　　）。

A. 浙江莫干山　B. 江苏天平山　C. 安徽齐云山　D. 宜兴溶洞

E. 云南石林

3. 下列选项中，属于天气景观一般特点的是（　　）。

A. 季节性　B. 瞬变性　C. 过渡性　D. 复杂性

E. 组合性

4. 在天气景观中，有些不常见的、有很高观赏价值的奇特景观，在旅游活动中非常有吸引力，这些景观主要包括（　　）。

A. 云海　B. 雾凇　C. 烟雨　D. 佛光

E. 霞景

5. 下列关于黄山的叙述，正确的有（　　）。

A. 黄山属安徽黄山市

B. 1990 年被联合国列为世界自然与文化双重遗产

C. 以怪石、奇松、云海、温泉四绝闻名
D. 最高峰莲花峰海拔 1 874 米
E. 代表性的石灰岩名山

三、名词解释

1. 石灰岩
2. 鄱阳湖
3. 雾凇
4. 佛光

四、简答题

1. 喀斯特地貌的基本特征是什么？
2. 我国的花岗岩名山有哪些？
3. 我国四大淡水湖是哪些？

五、论述题

请列举我国主要的动植物景观。

拓展实践

收集当地名山、名水的资料和图片，并到实地考察，尝试对其进行现场讲解。

在线思考

1. 通过本项目学习，思考岩溶风景山地与丹霞风景山地在特征上有何不同。
2. 自制表格，归纳水体景观的类型及其代表。

项目三 宗教旅游资源知识

项目简介

我国第一批公布的180处重点文物保护单位中，宗教名胜即占80处；第一、二批84个国家级风景名胜区中，涉及宗教的有53个。宗教旅游资源涉及面广，展现形式多样，艺术价值较高，文化内涵丰富，并且往往能体现出时代性的审美特征和社会、经济、文化特点。

能力目标

1. 了解中国主要宗教旅游资源的概况。
2. 对宗教旅游资源可以进行科学的讲解。

项目分解

任务一　佛教旅游资源
任务二　道教旅游资源
任务三　伊斯兰教与基督教旅游资源

任务一　佛教旅游资源

学习目标

1. 了解佛教寺庙的主要布局。
2. 掌握佛教四大名山知识。
3. 掌握佛教石窟、佛塔建筑知识。

学习内容

1. 汉语系佛寺主要殿堂和佛塔、石窟。
2. 佛教四大名山及汉语系佛教八宗祖庭。

案例导入

璀璨夺目的莫高窟

小王是某旅行社的导游员，一天，他带领游客去游览莫高窟。小王介绍各窟均是洞窟建筑、彩塑、绘画三位一体的综合性艺术。洞窟最大者200多平方米，最小者不足1平方米。洞窟形制主要有禅窟、中心塔柱窟、佛龛窟、佛坛窟、涅槃窟、七佛窟、大像窟等。塑绘结合的彩塑内容主要有佛、菩萨、弟子、天王、力士像等。彩塑形式有圆塑、浮塑、影塑、善业泥等。圆雕、浮雕除第96、130窟两尊大佛，第148、158两大卧佛为石胎泥塑外，其余均为木骨泥塑。佛像居中心，两侧侍立弟子、菩萨、天王、力士，少则3尊，多则11尊。以第96窟35.6米的弥勒坐像为最高，小则10余厘米。多以夸张的色彩表现人物性格，神态各异。其丰富的内涵，堪称一部中国古代千年佛教彩塑史。壁画内容丰富博大，分为佛教尊像画、佛经故事画、佛教史迹画、经变画、神怪画、供养人画像、装饰图案等七类。种类繁多的壁画，从多方面反映了古代的社会现实生活，为研究我国封建社会历史、文化、政治、经济、科技、军事、宗教、建筑、交通、服饰、乐舞和民俗提供了极其珍贵的形象史料，因而被国际上誉为“墙壁上的博物馆”“世界上最长的画廊”，是一部跨越千年的“形象历史”。

一、汉语系佛寺的主要殿堂和佛塔、石窟

（一）佛寺主要殿堂

1. 山门

寺院的大门一般都是三门并立，一大二小，分别为空门、无相门、无作门，象征三解脱，所以又称三门。通常空门内两侧立有二王尊。

2. 钟楼

钟楼位于天王殿左前侧，悬有洪钟。有的寺院钟下供奉地藏菩萨，道明为其左胁侍，闵公为其右胁侍。

3. 鼓楼

鼓楼位于天王殿右前侧，置有大鼓。

4. 天王殿

天王殿的常见布局为：正中供奉大肚弥勒，两侧供奉四大天王，其背后供奉韦陀菩萨。

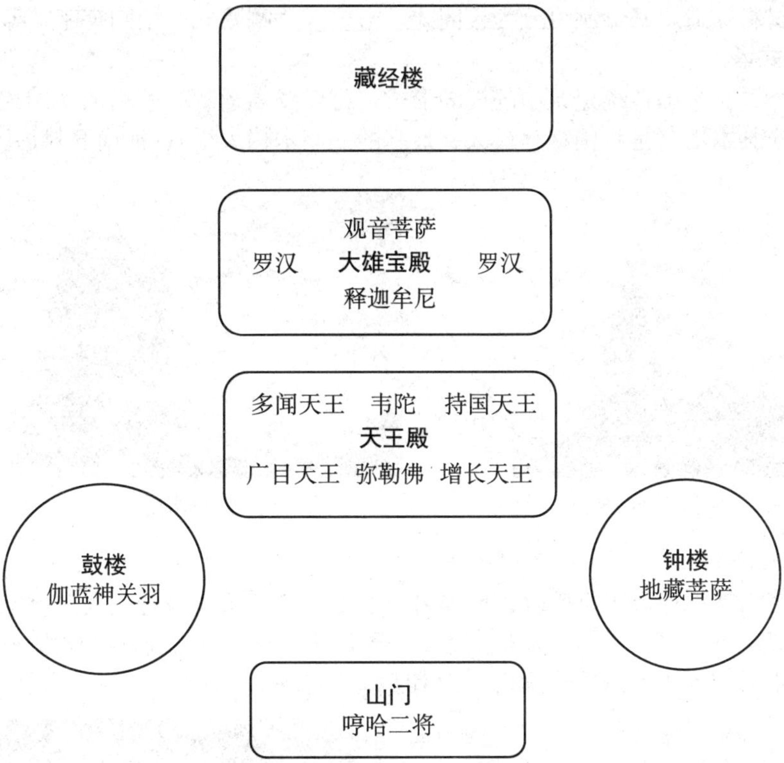

汉传佛教寺院基本布局

5. 大雄宝殿

大雄宝殿为佛寺正殿，又称“大殿”，有供奉一佛、三佛、五佛、七佛等情况，以三佛同殿居多。供一佛常见的为“释家三尊”，即释迦及其两大弟子迦叶、阿难，也称“华严三圣”；也有的大殿供奉“西方三圣”，即阿弥陀佛、大势至菩萨和观世音菩萨。三佛同殿常见的有“三方佛”“三世佛”和“三身佛”，也有的供奉弥勒佛、释迦牟尼佛、阿弥陀佛。供五佛（密宗的五方五佛）和七佛（释迦牟尼佛以前的六佛加上释迦牟尼）的较少，多为历史久远的寺院。

释迦牟尼像背面一般为海岛观音壁塑图。大殿东西两侧常供奉十八罗汉或十六罗汉。

6. 其他建筑

大雄宝殿两侧常有东西配殿。

法堂（亦称讲堂）一般在大殿之后，另设法座、讲台、钟鼓。

自唐代开始，一些大型寺院修建有五百罗汉堂。

方丈室为佛寺住持（方丈）居住、说法与待客之处，有的称华林丈室（净土宗佛寺），有的称般若丈室（禅宗寺院）。

藏经楼为存放佛教经典之处。

（二）佛塔

佛塔起源于印度，与中国原有的传统建筑形式相结合，出现了许多新的塔型。中国佛塔大多用以藏舍利和经卷等，有的塔为和尚墓塔（如少林寺塔林诸塔），佛塔用木、砖、石、琉璃等材料建造，其形制可分为楼阁式、密檐式、喇嘛式、金刚宝座式等类型。

1. 楼阁式塔

楼阁式塔源于中国传统建筑中的楼阁形式，可以登高远眺。著名的楼阁式塔有西安大雁塔、山西应县木塔（是我国现存最久、最高的一座木构大塔）、河南开封祐国寺铁塔等。

西安大雁塔

应县木塔

2. 密檐式塔

密檐式塔以外檐层数多且间隔小而得名。塔下部第一层塔身特别高，以上各层塔檐层层重叠，距离很近。密檐式塔大多是实心，一般不能登临。著名的密檐式塔有河南登封嵩岳寺塔、北京天宁寺塔、西安小雁塔、云南大理千寻塔等。

嵩岳寺塔

小雁塔

3. 喇嘛塔

喇嘛塔也称覆钵式塔，为藏传佛教所常用，流行于元代，明清继续发展。著名的喇嘛塔有北京妙应寺白塔、北京北海白塔、山西五台山塔院寺大白塔等。

北京妙应寺白塔

扬州瘦西湖白塔

4. **金刚宝座塔**

金刚宝座塔的造型仿照印度菩提伽耶大塔而建。其常见形式为：塔的下部为一方形巨大高台，台上建五个正方形密檐小塔（代表密宗五方五佛）。著名的金刚宝座塔有：北京真觉寺金刚宝座塔、北京碧云寺金刚宝座塔、内蒙古呼和浩特市五塔寺金刚座舍利宝塔等。

北京真觉寺金刚宝座塔

（三）*石窟*

石窟这种建筑形式传入我国约在南北朝时期，石窟内的浮雕、塑像和彩画制作精美，具有很高的历史与艺术价值。

1. **敦煌石窟**

敦煌石窟又名莫高窟，俗称千佛洞，位于甘肃省敦煌东南 25 千米的鸣沙山东麓的崖壁上，是我国石窟艺术中规模最大、内容最丰富、艺术价值最高之处。敦煌艺术种类最多、成就最高的是壁画。这些壁画的彩塑技艺造诣之深、想象力之丰富，都是惊人的。其中最著名的是凌空起舞、姿势优美的飞天和反弹琵琶、形象生动的舞女。敦煌石窟 1987 年 12 月被联合国列入《世界文化遗产名录》。

2. **云冈石窟**

云冈石窟位于山西省大同市，开凿于北魏时期，距今已有 1 500 多年的历史。云冈石窟以昙曜五窟最为著名，其中第 20 窟的露天大佛坐像是云冈石窟的象征。该佛像形态端庄，是中原文化传统的表现手法，但其脸部额宽、鼻高、眼大而唇薄，具有外域佛教文化的某些特征。云冈石窟 2001 年被列入《世界文化遗产名录》。

3. **龙门石窟**

龙门石窟位于洛阳城南，2000 年 11 月被联合国列入《世界文化遗产名录》。石窟始凿于北魏，经隋、唐、北宋诸朝凿刻，形成了一个南北长达 1 千米，共有 97 000 余尊佛像、

1 300 多个石窟，以盛唐石造像为代表的艺术宝库。奉先寺是龙门石窟中最大的一个窟。据记载，武则天为营造它“助脂粉钱二万贯”。主像卢舍那佛像丰颐秀目，通高 17.14 米，头高 4 米，耳长 1.9 米，为龙门石窟中最大的造像，也是龙门石窟的象征。

4. 大足石刻

大足石刻位于重庆大足，1999 年 12 月被联合国列入《世界文化遗产名录》。大足石刻存有晚唐、五代、两宋摩崖造像 5 万多个，分布于 40 多处，以两宋石造像为代表。大足宋代石刻造像的审美意趣完全汉化和世俗化。

二、佛教之旅

（一）佛教四大名山

山西五台山、浙江普陀山、四川峨眉山、安徽九华山合称佛教四大名山。明代以来，民间有“金五台、银普陀、铜峨眉、铁九华”之说。中国佛教徒向来有寻师访友、寻法悟证、脚行天下、云游四方的传统，这四大名山是他们集中参拜的圣地。

1. 五台山

五台山位于山西省忻州市，景区总面积达 600 多平方千米，最高海拔约 3 000 米。五台山因五座山峰（东台望海峰、南台锦绣峰、中台翠岩峰、西台挂月峰、北台叶斗峰）环抱整片区域，顶无林木而平坦宽阔，犹如垒土之台，故而得名。

五台山据传拥有寺庙 128 座，现存寺院共 47 处，台内 39 处，台外 8 处，其中有多处敕建寺院，多朝皇帝前来参拜，著名的景点有显通寺、塔院寺、菩萨顶、南山寺、黛螺顶、广济寺、万佛阁等。2009 年 6 月 26 日，在西班牙塞维利亚举行的第 33 届世界遗产大会上，五台山被正式列入《世界遗产名录》。五台山也是中国佛教寺庙建筑最早的地方之一。自东汉永平年间（公元 58 年—公元 75 年）起，历代修造的寺庙鳞次栉比，佛塔摩天，殿宇巍峨，金碧辉煌，是中国历代建筑艺术荟萃之地，雕塑、石刻、壁画、书法遍及各寺，均具有很高的艺术价值。唐代全盛时期，五台山共有寺庙 300 余座。显通寺、塔院寺、菩萨顶、殊像寺、罗睺寺被列为五台山五大禅处。台怀镇是寺庙集中分布的地方，是五台山佛事活动和经济生活的中心。相传五台山是文殊师利菩萨讲经弘法的场所。历史上，印度、尼泊尔、朝鲜、日本、蒙古、斯里兰卡等国的佛教信徒来此朝圣求法的甚多，是当今中国唯一兼有汉地佛教和藏传佛教的佛教道场。每逢盛夏，海内外前来游览观光、烧香拜佛的游人香客络绎不绝。

2. 普陀山

普陀山位于浙江省舟山市舟山群岛中的一个小岛上，因《华严经》中有观音菩萨住在普陀洛迦山之说，故以普陀命名此山，素有“海天佛国”之称。普陀山每年逢观音菩萨生日都有香会，来自国内、日本、韩国和东南亚的佛教徒络绎不绝，成为近现代中国佛教最大的国际性道场。

普陀山四面环海，寺庙建筑错落有致地分布在山间海滨，与海天景色浑然一体。山石林木、寺塔崖刻、钟声涛音，皆充满佛国的神秘色彩。以海天佛国名扬四海的普陀胜景，历来为名人学士所青睐。唐代神童王勃赞誉普陀“宝陀随意金鳌载，云现兜罗银世界”。

宋代文学家王安石赞“补落迦山传得种，阎浮檀水染成花”。明代江南四才子之一的文徵明赞誉普陀“想见鱼慈无限好，怪来诗画不胜情”。学者蒋维乔在《普陀山》摄影画册中说：“山与水二者不易并美。以山而兼湖之胜，则推浙之西湖，以山而兼海之胜，当推定海普陀。”

普陀风光，四时景变，晨昏各异，为其他名山所少见。前人曾有“普陀十二景”“普陀十景”“普陀十六景”之说。最早载于志书者，是明代戏曲家、文学家屠隆诗咏之普陀十二景：梅湾春晓、茶山夙雾、古洞潮音、龟潭寒碧、天门清梵、磐陀晓日、千步金沙、莲洋午渡、香炉翠霭、钵盂鸿灏、洛迦灯火、静室茶烟。清代裘琏所编山志亦有十二景：短姑圣迹、佛选名山、两洞潮声、千步金沙、华顶云涛、梅岑仙井、朝阳涌日、磐陀夕照、法华灵洞、光熙雪霁、宝塔闻钟、莲池夜月。

普陀山素有“海上植物园”之称，全山古树名木繁多，高大参天、华盖如伞的樟树遍布全岛。随着时间的推移和人文景观的新建、重修，普陀山景色更加迷人。如今，旧有景点面貌一新，新辟景点风采更神。普陀山凭借其特有的幽邃、神秘的海上风光，吸引着众多国内外游人。

3. 峨眉山

峨眉山位于四川省峨眉山市，公元 1 世纪中叶，佛教经南丝绸之路由印度传入峨眉山，药农蒲公创建普光殿。公元 3 世纪，普贤信仰之说在峨眉山中传播，僧人慧持在观心坡下营造普贤寺（今万年寺）。6 世纪中叶，世界佛教发展重心逐步由印度转向中国，四川一度成为中国佛教禅宗的中心。公元 8 世纪，禅宗独盛，全山禅宗一统。9 世纪中叶，宋太祖赵匡胤派遣以僧人继业为首的僧团去印度访问。回国后，继业到峨眉山营造佛寺，译经传法，铸造重 62 吨、高 7.85 米的巨型普贤铜佛像供奉于今万年寺内，成为峨眉山佛像中的精品，文化、艺术价值极高。

在过去漫长的岁月中，峨眉山不仅积累了丰富的佛教文化瑰宝，也遗存了大量珍贵的文物。景区内现存寺庙 30 处，建筑面积约 10 万平方米。佛教文物品类繁多，其中高 5.8 米、7 方 14 层、内外铸全本《华严经》和佛像 4 700 余尊的铜塔，万年寺明代铜铸佛像，以及明代暹罗国王所赠《贝叶经》等都是精品。峨眉山有文物古迹点 164 处，寺庙及博物馆的藏品 6 890 多件，其中属于国家定级保护的文物 850 多件，它们都具有不同的历史、文化和艺术价值。

峨眉山千百年来得以闻名也与骚人墨客的咏赞、记述和传播有着密切关系。诗人李白、苏东坡留下了不少赞美峨眉山的诗篇。在二峨山（古绥山）下不远处的沙湾镇，有现代文豪郭沫若的故居。郭沫若写下了不少与峨眉山有关的诗篇，曾为峨眉山书写了“天下名山”的题名。

4. 九华山

九华山位于安徽省池州市境内，是以佛教文化和自然与人文胜景为特色的山岳型国家级风景名胜区，是中国佛教四大名山之一、国家首批 5A 级旅游景区。

九华山有“莲花佛国”之称。境内群峰竞秀，怪石林立，九大主峰如九朵莲花，千姿百态，各具神韵。景区内处处清溪幽潭、飞瀑流泉，构成了一幅幅清新自然的山水画卷。还有云海、日出、雾凇、佛光等自然奇观，气象万千，美不胜收，素有“秀甲江南”之誉。

峨眉山金顶

九华山以地藏菩萨道场驰名天下，现存寺庙99座，僧尼近千人，佛像万余尊。

九华山文化底蕴深厚。晋唐以来，陶渊明、李白、费冠卿、杜牧、苏东坡、王安石等文坛大儒游历于此，吟诵出一首首千古绝唱，黄宾虹、张大千、刘海粟、李可染等丹青巨匠挥毫泼墨，留下了一幅幅传世佳作。唐代大诗人李白三上九华，写下了数十首赞美九华山的不朽诗篇，尤其是“妙有分二气，灵山开九华”的诗句，成了九华山的“定名篇”。九华山现存文物2 000多件，历代名人雅士的诗词歌赋500多篇，书院、书堂遗址20多处，其中唐代《贝叶经》、明代《大藏经》、血经，明万历皇帝圣旨和清康熙、乾隆墨迹等堪称稀世珍宝。

九华山地藏王菩萨像

（二）汉语系佛教八宗祖庭

八宗祖庭是指中国佛教八个主要宗派的创始者各自开创或住过的寺院，它们分别为：

天台宗—浙江省天台山的国清寺；三论宗—陕西省鄠邑区的草堂寺、江苏省南京市郊栖霞山栖霞寺；法相宗—陕西西安的慈恩寺、陕西长安区的兴教寺；华严宗—陕西长安区的华严寺、陕西鄠邑区的草堂寺；律宗—江苏扬州的大明寺；密宗—陕西西安的大兴善寺和青龙寺；净土宗—山西交城西北石壁谷中的玄中寺、陕西长安区的香积寺、江西庐山的东林寺；禅宗派系众多，祖庭多达十几处，数量居各派之首，如河南登封的少林寺、广东韶关的南华寺、安徽潜山的山谷寺、湖北黄梅的四组寺、浙江宁波的天童寺、江苏南京的清凉寺等。

1. 天台宗祖庭

国清寺是隋代古刹，为智者大师开创教义之地。隋梅、隋塔、七佛塔、寒拾亭、丰干桥皆是朝山者拜谒的胜迹。湖北的玉泉寺也是天台宗的祖庭，智凯曾在此寺讲经。

2. 三论宗祖庭

栖霞寺位于南京东北的栖霞山上。三论宗初祖僧朗、二祖僧诠、三祖法朗相继在此寺修行。三论宗实际创始人吉藏在这里完成三论的注疏，创立了三论宗。南朝在寺后凿千佛岩。隋代在寺旁建舍利塔。唐代增建琳宫梵宇 49 座，极为壮观。

3. 法相宗祖庭

慈恩寺在西安城南，这里曾是玄奘译经处。

位于西安东南长安区少陵原畔的兴教寺是玄奘的遗骨迁葬地。唐肃宗李亨为表彰玄奘及其弟子的坚忍不拔的弘道精神，特题塔额“兴教”二字，从此就名为“兴教寺”。兴教寺内有三塔，中间一座最高，是玄奘的舍利塔，底层内有玄奘塑像。两侧为玄奘大弟子窥基和圆测的墓塔，上面均有石刻、塔铭和泥塑像。

4. 华严宗祖庭

华严寺位于陕西长安区少陵原的半坡上，始建于唐太宗贞观年间（627 年—649 年），为华严宗的道场之一。现存砖塔两座，东面是华严初祖杜顺禅师的灵塔，方形七层，上层石刻“严主”两字。西面一座为华严四祖清凉国师塔。

草堂寺位于陕西鄠邑区东南的圭峰山下。华严宗五祖宗密曾住此起草《圆觉经疏》，死后葬于东小圭峰，世称“圭峰禅师”。现存有唐代大书法家裴休撰写的《禅师传法碑》一通。寺中还有鸠摩罗什舍利塔，造型殊异，八面十二层，全用玉白、砖青、墨黑、乳黄、淡红、浅蓝等八种颜色的大理石雕刻镶砌而成，上面浮雕蔓草花纹及阴刻佛像，工艺极其精美，世称“八宝石塔”。

5. 律宗祖庭

江苏扬州的大明寺曾是鉴真和尚讲律之地。鉴真和尚为律宗主流南山宗创始人道宣的再传弟子，唐天宝年间（742 年—756 年）赴日本传授戒法，大弘律学，开日本佛教和文化的先河。鉴真还在日本奈良建唐招提寺，其墓塔即在该寺的后院。鉴真东渡后，大明寺几经兴废，现大雄宝殿东侧建有鉴真纪念堂，堂内有鉴真楠木雕像，仿照日本唐招提寺鉴真干漆夹苎坐像雕刻而成。

6. 密宗祖庭

密宗以大日如来为初祖，金刚萨埵为二祖，龙树为三祖，龙智为四祖，善无畏、金刚智为五祖，金刚智传弟子不空。大兴善寺始建于晋武帝泰始二年（226 年），唐开元年间

(713 年—741 年)，印度僧人善无畏、金刚智和狮子国（今斯里兰卡）僧人不空，即“开元三大士”来此翻译佛经，传授密法，于是大兴善寺一时成为长安城内佛经三大译场之一，也是密宗的发源地。现存寺院为明清时建筑，仅存唐刻青石龙头和历代整修寺院的碑碣。西安市东南的青龙寺在唐代也是密宗的道场，不空的弟子慧果曾住此寺东塔院。

7. 净土宗祖庭

玄中寺位于山西交城县西北的石壁山中，四面石壁陡立，所以也称“石壁寺”，为净土宗发源地之一。北魏延兴二年（472 年）兴建，当时名僧昙鸾大师住此弘布净土信仰，后隋代道绰和其弟子善导相继住持此寺。唐代重修，改名为石壁永宁寺。日本净土真宗因奉昙鸾、道绰、善导为净土宗三宗，也奉该寺为祖庭。

香积寺在西安长安区神禾原西，建于唐神龙二年（706 年），为净土宗四祖善导法师的道场。香积寺东侧有善导墓塔。

江西庐山西麓的东林寺为东晋慧远于太元九年（384 年）所建。慧远提倡弥勒净土信仰，曾在庐山邀集十八高贤成立“白莲社”，因此慧远被尊为净土宗初祖。东林寺作为东晋以后南方佛教的重地，在历史上曾极盛一时，名扬天下。寺内有唐代大书法家柳公权真迹残碑。鉴真和尚东渡之前曾来东林寺约智恩和尚同赴日本，于是慧远的学说也随之东传，所以日本的东林教也奉东林寺为祖庭，慧远为始祖。

8. 禅宗祖庭

少林寺位于河南登封市西北少室山的密林中，故名。北魏孝昌三年（公元 527 年），印度僧人菩提达摩历时三年来此传授禅法，被尊为初祖，寺亦为禅宗祖庭。在西北五乳峰上有初祖庵、达摩洞，传说达摩在此面壁九年，洞前石坊额上刻有“默然处”三字。寺西南的钵盂峰上有二祖庵，传为二祖慧可为从达摩学禅，立雪断臂后养伤之处。寺西有塔林，为历代和尚墓塔，共有砖、石墓塔 220 座，造型各异，反映了不同时代造塔的艺术风格。

南华寺位于广东韶关南，原名宝林寺，有“东粤第一宝刹”之称。唐代禅宗六祖慧能弘法于此。寺内有六祖肉身塔、六祖殿等。

任务二　道教旅游资源

学习目标

1. 了解道观的主要殿堂。
2. 掌握道教主要旅游资源。
3. 掌握道教旅游资源讲解方法。

学习内容

1. 道观的主要殿堂。
2. 道教名山大观及发祥地。

案例导入

“游”是道教精神的象征

从道教神仙思想产生伊始，帝王和方士们就发动了大规模的旅游寻仙活动。在被道教奉为南华真经的《庄子》一书中，庄子赋予了“游”极其崇高的地位，提出“游心于道”“逍遥游”，将“游”作为观照大道的手段、目的及得道的精神象征。这种从理论高度和精神高度对“游”的提升，使旅游在后世道教的实践中占据了重要地位，形成了道教游方问道的传统，并产生了重要的宗教意义和社会意义。

（资料来源：胡锐．道教与旅游——道教旅游文化初探［J］．宗教学研究，1999（12）．）

一、道观的主要殿堂

道观的名称有宫、观、庙、道院等，其中称“宫”的一般为有特殊地位的道观。道观的主要殿堂有：山门殿，一般供奉青龙神和白虎神，相当于佛寺的二王尊。有的道观山门殿即为灵官殿。灵官殿供奉王灵官，相当于佛教的天王殿。三清殿供奉道教最高神三清，相当于佛教的大雄宝殿。玉皇殿供奉玉皇大帝，有的供奉四御。三官殿供奉天官、地官和水官。

二、道教之旅

历代道教中的著名道士修炼处和所建的宫观，部分在都邑内，但大多数都选择在所谓具有“仙境”的峰高林密、山水奇绝的风景地。

（一）五岳

五岳是指东岳泰山、中岳嵩山、西岳华山、南岳衡山和北岳恒山。五岳是远古山神崇拜、五行观念与帝王巡猎封禅相结合的产物，后被道教视为道家的名山。

1. 东岳泰山

泰山又名岱山，道教因东方为阴阳交替之地，遂以泰山为五岳之首，又称为“第二小洞天”。古代皇帝一般都在泰山举行封禅礼。山麓下的岱庙又名东岳庙，是泰山的主庙，供奉东岳大帝（泰山神）。道教认为东岳大帝主人的生死及人生贵贱，为冥府众鬼的主帅。岱庙是东岳大帝的祖庭，也是全国各地东岳庙的主庙。它与北京故宫、曲阜三孔、承德避暑山庄并称为我国四大古建筑群。泰山极顶南面的碧霞元君祠建于宋大中祥符年间（公元1008—公元1016年），为道教著名的女神碧霞元君的祖庭。

2. 中岳嵩山

嵩山位于河南省登封西北，道教称“第六小洞天”。黄盖峰下的中岳庙是嵩山主庙，供奉中岳大帝（嵩山神），宫观规模宏大。历史上中岳嵩山为道、佛（以少林寺为代表）、儒（以嵩阳书院为代表）三教荟萃之处。

3. 西岳华山

华山位于陕西省华阴市南，道教称“第四小洞天”。西岳庙在华山下岳镇的东端，其前身为汉武帝时在华山脚下黄埔峪口所建的集灵宫，东汉时迁于现址。西岳庙为历代帝王祭祀华山之神的要地。玉泉院在华山北麓谷口，传为五代、宋初陈抟老祖修行之所。华山是五岳中唯一为道观独占的名山。

4. 南岳衡山

衡山位于湖南省中部，道教称“第三小洞天”，其主要宫观有南岳大庙、黄庭观、祝融殿等。主庙南岳大庙供奉南岳大帝（衡山神）。祝融殿在祝融峰上，以祀祝融火神。中唐以后，佛教在衡山占压倒优势，取代了道教的地位。儒家开辟了多家书院，故衡山也是佛、道、儒三教荟萃之地。

5. 北岳恒山

恒山位于山西省东北部浑源县。相传4 000年前舜帝巡狩四方，北巡至此，见山势雄伟，遂封为北岳。据载茅山派祖师西汉茅盈18岁时入恒山修道数载，后隐于句曲山（茅山）。相传八仙之一的张果老也曾修道于此。

（二）道教发祥地

1. 青城山

青城山位于四川都江堰市西南，人们赞誉称“青城天下幽”。青城山是中国著名的道教名山，中国道教的发源地之一。东汉顺帝汉安二年（公元143年），道教创始人“天师”张道陵来到青城山，看中青城山的深幽涵碧，结茅传道，青城山遂成为道教的发祥地，被道教列为“第五洞天”，全山的道教宫观以天师洞为核心，包括建福宫、上清宫、祖师殿、圆明宫、老君阁、朝阳洞等。

2. 终南山

终南山位于陕西西安市南，为北方道教名山。山内有楼观台、老子墓、重阳宫等道教圣迹，是道教的发祥地之一。重阳宫（又名重阳万寿宫）为全真道祖庭，是全真道祖师王重阳早年修道之所，该宫与北京白云观、山西芮城永乐宫并称全真道三大祖庭，其建筑早已倾圮，但遗下祖庵碑林。

（三）道教名山大观

1. 符箓派名山

（1）龙虎山：在江西鹰潭市西南，风光旖旎，山色秀丽，为正一道（原为天师道）祖庭。它是道教创始人张道陵最初修道炼丹肇基之所。嗣汉天师府是第四代天师张盛移居龙虎山后，历代张道陵子孙起居之所。

(2) 阁皂山：位于江西樟树市东南，为道教灵宝派祖庭。宫观于元代后大多毁于兵火，现仅存遗迹多处。

(3) 茅山：位于江苏句容，主峰大茅峰海拔 372.5 米。相传西汉景帝时，有渭城的茅盈、茅固、茅衷兄弟来大茅峰、二茅峰、三茅峰修道，得道成仙，山因此得名。茅山是中国东南道教圣地，为上清派祖庭。

2. 丹鼎派名山

葛仙岭为道教丹鼎派名山，位于浙江杭州，为东晋葛洪结庐炼丹处。葛洪是中国道教著名炼丹家、医药学家和养生家，其代表作《抱朴子》为道教重要经典。道院内外有葛洪炼丹台、炼丹井等古迹。

3. 武当山

武当山位于湖北省十堰市境内，为道教真武大帝祖庭。历代道教名流如汉阴长生、晋谢允、唐吕纯阳、五代陈抟、宋孙寂然、明张三丰均在此修炼，是著名的道教圣地。紫霄宫为武当山八宫之首。规模最大的道观是武当天柱峰顶的金顶，建成于明永乐十四年（公元 1416 年），全为铜铸鎏金，仿木构建筑，殿内神像、几案、供器均为铜铸。武当山古建筑群 1994 年 12 月被联合国列入《世界文化遗产名录》。

武当山金顶

4. 芮城永乐宫

山西芮城永乐宫原名大纯阳万寿宫，相传为道教八仙之一吕洞宾的诞生地。吕洞宾死后，道教徒将其原居宅改建为吕公祠以祀之，金末扩建为观。因全真道将吕洞宾列为北五祖之一，故芮城永乐宫为全真道三大祖庭之一。它尤以 960 平方米的元代道教壁画著称于世。

5. 北京白云观

北京白云观位于北京西便门外，是道教全真道三大祖庭之一。新中国成立后，中国道教协会、中国道教学院及中国道教文化研究所等全国性道教组织、院校和研究机构先后设在这里。在广大道教徒的心目中，它有着崇高的地位。同时，它又以收藏道教文物最丰富、保存最完整而吸引着国内外大批信徒和游人。

6. 广州三元宫

传晋葛洪妻鲍姑曾在广州越秀山结庐修道行医，后羽化，当地人建鲍仙姑祠纪念她。明代加建三元殿供奉三元大帝，并改为三元宫，是岭南香火最盛、信众最多的道观。

7. 苏州玄妙观

苏州玄妙观始建于西晋咸宁二年（公元 276 年），名真庆道院；唐开元二年（公元 714 年）改名开元宫；宋真宗大中祥符时改名天庆观；元成宗元贞元年（公元 1295 年）改现名。玄妙观历来是正一道的主要道观。玄妙观主殿三清殿是江南现存最大的宋代木构建筑。玄妙观中藏有唐吴道子画老君像及颜真卿书迹等碑刻。

任务三 伊斯兰教与基督教旅游资源

学习目标

1. 了解伊斯兰教主要旅游资源。
2. 了解基督教主要旅游资源。

学习内容

1. 中国主要清真寺概述。
2. 中国主要教堂概述。

案例导入

扬州仙鹤寺

仙鹤寺又名清白流芳清真寺，位于江苏扬州南门街，是中国著名的清真寺。仙鹤寺的主体建筑是园北的一列长楼。楼广七楹，横贯东西，把两座一具北方之雄、一具南方之秀的假山和谐地连为一体。一楼抱两山，因名抱山楼。楼下有平台，有山石，珍卉丛生。楼上有长廊，环观园中景物，参差错落，高下相间，隔水有屋宇相峙。园内的其他建筑物有宜雨轩、桂花厅、佳秋阁、清漪亭、觅句廊、透风漏月等，堂以宴、亭以憩、阁以眺，布置有序，为园内假山助胜增趣，各具匠心。

一、伊斯兰教旅游资源

中国传统式建筑清真寺为几进四合院，有明显中轴线，主要建筑有大殿（礼拜正殿）、经堂、浴堂（作大、小净用）等。少数大型清真寺有望月楼（斋月观察新月用，以定斋月起讫的确切日期）和宣礼楼。

（一）东南地区四大古寺

1. 广州怀圣寺

广州怀圣寺是中国现存最早的清真寺，1996 年被国务院公布为第四批全国重点文物保护单位之一。该寺的阿拉伯式邦克塔（宣礼塔，清代后称“光塔”）充分显示了伊斯兰教的独特建筑风格。

广州怀圣寺

2. 泉州清净寺

泉州清净寺整体为石构建筑，仿照叙利亚大马士革伊斯兰教礼拜堂的建筑形式，留存的主要建筑为门楼、礼拜殿、明善堂等。寺内存有的汉文和阿拉伯文 2 方石碑尤为珍贵。清净寺是我国沿海清真古寺中建筑规模最大、艺术水平最高的一座。

3. 扬州礼拜寺

扬州礼拜寺又称仙鹤寺。据称于南宋德祐元年（1275 年）由穆罕默德十六世裔孙普哈丁来我国传教时所建，明洪武年间（1368—1398 年）重建。寺院属中国传统式建筑，按仙鹤形布局以体现寺名。

4. 杭州真教寺

杭州真教寺因原建筑群布局状似凤凰，故又名“凤凰寺”。该寺现存元代无梁殿。

（二）其他著名清真寺

1. 北京牛街礼拜寺

北京牛街礼拜寺是北京地区规模最大、历史最悠久的清真寺，明代奉敕赐名“礼拜寺”。其整体布局集中、严谨、对称，主要建筑有礼拜大殿、望月楼、宣礼楼等。

2. 西安化觉巷清真寺

西安化觉巷清真寺原名清修寺，应为明代所建。全寺沿东西向中轴线建造，主体建筑为前后大殿、省心楼、凤凰亭、朝阳楼，合称五凤朝阳殿，体现明代风格中国建筑制式。

二、基督教旅游资源

基督教各教派举行宗教活动的场所称教堂，亦称礼拜堂。在基督教约 2 000 年的历史中，各国教堂建筑千千万万，在建筑风格上经历了最初几个世纪的宫殿式（长方形）、11 世纪的罗马式、12 世纪的哥特式、15 世纪的文艺复兴式及近现代的建筑风格，基督教新教的教堂趋于简朴。基督教各教派传入中国后，其教堂建筑的原则与特色亦引入中国。

（一）中国的天主教著名教堂

1. 北京南堂

北京南堂位于北京宣武门内，是北京最古老的天主教堂，为朴素的巴洛克式建筑。明万历三十三年（公元 1605 年），意大利耶稣会传教士利玛窦始建经堂。清顺治七年（公元 1650 年），德国耶稣会传教士汤若望改建经堂。北京南堂现为中国天主教北京教区主教座堂。

北京南堂

北京北堂

2. 北京北堂

北京北堂位于北京西城区西什库，又名西什库天主教堂。清康熙年间原建于府右街，光绪年间迁建现地，是北京地区最大的天主教堂，属哥特式建筑。

3. 天津老西开教堂

天津老西开教堂又称法国教堂，包括天主教总堂和大教堂，分别建于 1914 年和 1917 年。大堂采用法国罗马式建筑，是天津最大的天主教堂。

4. 上海徐家汇天主堂

清道光二十七年（1847 年），上海天主教耶稣会将主院安置于徐家汇。清咸丰元年（1851 年）兴建希腊式圣依纳爵堂。清光绪年间兴建哥特式大教堂，建成后成为上海地区最大的教堂，也是远东地区最大的教堂之一。它的钟楼高约 60 米，整幢建筑用红砖砌成，花岗石镶边。主体墙上有巨大的圆形花窗，其上镶嵌彩色玻璃，建筑造型庄严挺拔。

（二）中国著名的新教教堂

1. 上海沐恩堂

上海沐恩堂原名慕尔堂，位于上海市中心西藏中路汉口路口，原属基督教监理会教堂。它始建于清光绪十三年（1887 年），初名监理会堂，1929 年该堂向西迁移至今地，建筑风格为美国哥特式，于 1931 年落成。1958 年改为今名。

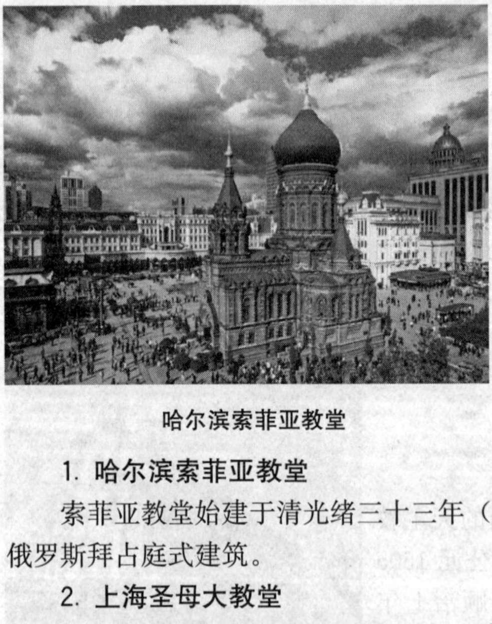
哈尔滨索菲亚教堂

2. 上海国际礼拜堂

上海国际礼拜堂位于上海市衡山路，是目前上海新教规模最大的教堂。它始建于 1923 年，属近代哥特式砖木建筑。

（三）中国著名的东正教教堂

东正教传入中国后，传教中心分别在北京、哈尔滨、上海、天津和新疆，现存东正教教堂主要在哈尔滨和上海。

1. 哈尔滨索菲亚教堂

索菲亚教堂始建于清光绪三十三年（1907 年），是哈尔滨现存最大的东正教教堂，属俄罗斯拜占庭式建筑。

2. 上海圣母大教堂

上海圣母大教堂又称新乐路教堂，建于 1931 年。当时为东正教上海教区主教座堂，属俄罗斯拜占庭式建筑。

学习评价表

标准等级	优秀	良好	及格	不及格
了解汉语系佛寺的主要殿堂和佛塔、石窟，佛教四大名山和汉语系佛教八宗祖庭				
掌握道观的主要殿堂、道教名山大观及发祥地				
熟悉伊斯兰教和基督教旅游资源				
学习态度				
独立思考能力				
创新能力				
总体评价				
自我总结：				

知识拓展

道德经

《道德经》又称《道德真经》《老子》《五千言》《老子五千文》，是中国古代先秦诸子分家前的一部著作，为其时诸子所共仰，传说是春秋时期的老子（李耳）所撰写，是道家哲学思想的重要来源。道德经分上下两篇，原文上篇《德经》、下篇《道经》，不分章，后改为《道经》37 章在前，第 38 章之后为《德经》。文本以哲学意义之“道德”为纲宗，论述修身、治国、用兵、养生之道，而多以政治为旨归，文意深奥，内涵广博。

案例分享

神仙思想产生与旅游的关系

神仙之说由来已久。早在战国时，神仙就已为世人所乐道和探求。神仙思想传播广泛，最终形成了一种心理暗示：神仙可学、仙境可寻、仙药可求。于是，寻仙活动频繁出现，这可以认为是道教早期的旅游文化。它有两大主流。主流之一是由帝王发起，以方士的鼓吹和活动为主干、以成仙为目的寻仙活动。据《史记 · 封禅书》载，战国时，燕齐滨海一带的方士说海中有蓬莱、方丈、瀛洲三神山及仙人和不死仙药。齐威王、齐宣王和燕昭王都曾使人入海求之，“终莫能至”，故“世主莫不甘心焉”。及至秦始皇一统天下，又遣童男童女入海求之。其时寻仙热的始作俑者，都是扬言服食不死方药，可以长生不老、肉身成仙的方士。他们鼓动王者寻药访仙并不是单纯出于政治目的。实际上，在当时神仙思潮泛滥的社会背景下，人人皆信而向往之，方士只是其中受影响最深、信念最坚定、行动最彻底者。后来道教中择清幽处服食丹药修行及游历寻仙的做法与神仙思潮影响下方士的思维和行为方式有很大关系。他们可谓是道教道士的前身。在神仙思潮影响下，出现了以文人和哲人为主的、以追求神仙意境为目的的、带有审美特点的游仙活动。主流之二是文人的寻仙活动。与方士相比，文人们的寻仙没有太明显的功利性。他们没有专为寻仙药长途跋涉以求肉体上的长生不死，他们更感兴趣的是仙人的人格魅力、生存和生活方式，向往和仙人一样在精神上徜徉纵横。这种向往更多地内化在他们的精神追求中。伟大爱国诗人屈原在他的《楚辞》中有不少反映这类思想的诗句："闻赤松之清尘兮，愿承风乎遗则。贵真人之休德兮，美往世之登仙。"

案例分析：神仙思想的产生离不开旅游经验，并且促使更多的旅游行为出现；旅游行为反过来又进一步丰富了神仙思想。

课堂练习

一、单项选择题

1. 山西五台山、四川峨眉山相传为（　　）两位菩萨的道场。

A. 文殊菩萨、观音菩萨　　B. 大势至菩萨、地藏菩萨

C. 普贤菩萨、大势至菩萨　　D. 文殊菩萨、普贤菩萨

2. 我国佛教四大名山，在浙江境内的是（　　）。

A. 九华山　　B. 五台山　　C. 普陀山　　D. 峨眉山

3. 下列名山中，全属道教名山的是（　　）。

A. 泰山、天台山、武当山　　B. 华山、终南山、鸡足山

C. 青城山、龙虎山、华山　　D. 雪窦山、衡山、普陀山

4. 北京地区最大的天主教教堂是（　　）。

A. 北京北堂　　B. 北京南堂　　C. 北京西堂　　D. 北京东堂

二、多项选择题

1. 全真道的三大祖庭是（　　）。

A. 草楼观　　B. 龙虎山天师府　　C. 重阳宫　　D. 永乐宫

E. 白云观

2. 下列我国著名的基督教教堂中，属于天主教教堂的是（　　）。

A. 北京西堂　　B. 北京北堂

C. 上海沐恩堂　　D. 天津老西开教堂

E. 哈尔滨索菲亚教堂

三、名词解释

1. 三身佛
2. 全真派
3. 扬州仙鹤寺

4. 天主教堂

四、简答题

1. 道德经的主要内涵是什么?
2. 佛教四大名山各有什么特点?

五、论述题

导游如何在讲解中避免封建迷信等内容?

拓展实践

1. 通过对佛寺的参观，了解佛教文化知识，能够在佛教旅游场所有针对性地讲解佛教文化知识，能够辨别佛像所在的位置、名称。

2. 通过网上调查、社会考察、采访等方式和收集相关资料、图片等方式了解当地宗教旅游资源，并进行课堂汇报。

在线思考

比较中国的主要宗教建筑的风格和布局特点。

项目四 综合建筑类旅游资源知识

项目简介

中国建筑历史悠久，种类繁多，是一类重要的旅游资源。古代建筑与历史进程密切相关，是凝固的历史，也是凝固的艺术。本项目主要介绍了宫殿与坛庙建筑、陵寝建筑、古典园林、其他传统建筑、古城及城市风光。

能力目标

1. 比较全面地了解中国综合建筑类旅游资源的知识，并进一步对建筑类文化做深入了解。

2. 在了解综合建筑类旅游资源的基础上，为创作导游词积累素材。

3. 提高对建筑类旅游资源的审美能力和艺术鉴赏能力。

项目分解

任务一　宫殿与坛庙资源
任务二　陵寝建筑资源
任务三　古典园林资源
任务四　其他传统建筑资源
任务五　古城及城市风光

任务一　宫殿与坛庙资源

学习目标

1. 了解中国的宫殿和坛庙资源的历史和发展变化。
2. 熟悉宫殿和坛庙资源的布局和类型。
3. 掌握比较有代表性的宫殿和坛庙，能进行文化鉴赏。

学习内容

1. 宫殿资源。
2. 坛庙资源。

案例导入

梁思成（1901—1972），广东新会人，生于日本东京，毕生致力于中国古代建筑的研究和保护，是建筑历史学家、建筑教育家和建筑师。从1937年起，他和妻子林徽因等人先后踏遍中国15省200多个县，测绘和拍摄2 000多件唐、宋、辽、金、元、明、清各代保留下来的古建筑遗物，包括天津蓟州区辽代建筑独乐寺观音阁、宝坻辽代建筑广济寺、河北正定辽代建筑隆兴寺、山西应县辽代木塔、大同辽代寺庙群华严寺和善化寺、河北赵县隋朝建造的赵州桥等，并将这些重大考察结果写成文章在国外发表，引起国际上对这些文物的重视，为梁思成日后注释《营造法式》和编写《中国建筑史》奠定了良好的基础。中国古典建筑文化博大精深，梁思成曾以北京故宫为蓝本研究中国古典建筑。

作为导游员，我们要能从文化的角度去欣赏并讲解中国的建筑资源。

一、宫殿资源

宫殿建筑是古代统治者进行政治活动的中心，是皇帝为了巩固自己的统治，突出皇权的威严，满足精神生活和物质生活的享受而建造的规模宏大、气势雄伟的建筑物。它是国家财力与国内能工巧匠智慧的结晶，代表了当时建筑艺术的最高水平。宫殿虽豪华壮丽，但大多数都在王朝更替或是争夺王位时，毁于战火或被拆毁，变成了废墟，只留下史书记载和遗址供人研究与欣赏。我们今天能看到的保存完好的明清宫殿建筑以北京故宫、沈阳故宫以及拉萨的布达拉宫为代表。

（一）宫殿的布局

1. 中轴对称

中国古代宫殿建筑采用严格的中轴对称的布局方式。中轴线上的建筑高大华丽，轴线两侧的建筑相对低小简陋。这种明显的反差，突出了皇权的至高无上；中轴线纵长深远，彰显了帝王宫殿的庄严华贵。

2. 左祖右社

崇敬祖先、提倡孝道、祭祀土地神和农神是中国古代礼制中的重要内容。古人认为，"民以食为天""有粮则安，无粮则乱""风调雨顺，则国泰民安"。所谓"左祖"，是指在宫殿左前方设祖庙，祖庙是帝王祭祀祖先的地方，又称"太庙"；所谓"右社"，是指在宫殿右前方设社稷坛，社为土地，稷为粮食，社稷坛是帝王祭祀土地神和粮食神的地方。古代以左为上，所以左在前，右在后。

3. 前朝后寝

宫殿是帝王处理国家大事与日常生活的地方。这两种不同行为的活动空间，在宫殿建筑组群布局中有着严格的规定。宫殿根据外朝为阳、内寝为阴的原则，形成了前朝后寝的布局，即用于各种朝会的建筑位于整座建筑群的前部，称为前朝；帝王及其妻妾、子女们生活起居的建筑位于后部，称为后寝。

4. 三朝五门

帝王朝事活动根据内容的不同，分别在不同规模的殿堂内举行，自古就确立了三种朝事活动的殿堂，名为三朝制。所谓五门制，是指在举行大型朝事活动的宫殿庭院前，沿中轴线以五道门及辅助建筑构成四座庭院，作为大朝宫殿的前导空间。这五道门由内向外依次称为朝门、宫门、宫城前导门、皇城门和皇城前导门。

（二）宫殿内陈设

1. 藻井

藻井是一种高级的天花，位于殿堂明间的正中，穹然高起，如伞如盖，有的藻井中部还有一个浮雕蟠龙，口衔一球，即"轩辕镜"，悬球与蟠龙又构成"游龙戏珠"的形式。

藻井

2. 轩辕镜

轩辕镜即宫殿藻井中浮雕蟠龙口衔之珠，铜胎，中空，外涂水银，光亮如镜，据说最早为轩辕氏所制，为避邪正统之器。轩辕镜与蟠龙一起构成游龙戏珠，悬挂于皇帝御座上方，表示中国历代帝王都是轩辕氏的后裔，是黄帝的正统继承者。

3. 太平有象

太平有象即皇帝御座旁大象形状的陈设品。该大象造型高大威严、躯体粗壮、表情温和，粗大的四条腿直立在地，稳如泰山，象征着社会安定和政权的稳固。大象身上驮着一个宝瓶，盛着五谷和吉祥之物，表示五谷丰登、吉庆有余、天下祥和。

4. 甪端、仙鹤

甪端是古代传说中的神异之兽，能日行一万八千里，通晓四夷之路，侍于皇帝座旁，显示皇帝是圣明之君。仙鹤亦为传说中的神鸟，能青春常在，置其于帝座侧，表示江山永世长存。

5. 如意

如意的制作较讲究，颜色、品种也多，用材考究，有金、玉、翡翠、珊瑚、玛瑙、蜜蜡、沉香木等。其图案多是吉祥如意，如寓意长生不老的灵芝如意、五福捧寿如意、事事如意、岁岁平安如意等。

（三）宫殿外陈设

1. 华表

华表是古代设在宫殿、城垣、桥梁、陵墓前作为标志和装饰用的大柱，一般为石制，柱身通常雕有蟠龙等纹饰，上为方板和蹲兽。华表历史悠久，最早可以追溯到尧舜时代，起初为指示道路的木柱，后来君主又让人们在上面刻写意见，称“诽谤木”。到了汉朝，诽谤木的作用已完全没有了，仅剩下路标的作用，并且改名为“桓表”。因古代“桓”“华”二字的读音相近，故桓表逐渐又被称作“华表”。汉代以后，华表的应用范围越来越广，宫殿、桥梁、陵墓、城垣的前面往往皆有华表矗立，而且渐渐改木为石，建造也日益精美。高耸挺拔的华表矗立在皇宫内外，不仅给人以崇高纯洁之感，更体现了皇家的高贵与尊严，已成为皇家建筑的特殊标志。

2. 石狮

宫殿大门前都有一对石狮（或铜狮）。狮子是兽中之王，所以又有显示“尊贵”和“威严”的作用。石狮雕刻在我国最早见于东汉，随佛教从印度传入，开始时被排列在陵墓前，象征凶猛、威武，以示辟邪，后出现在石窟和桥头，分别表示佛力浩大、无物不降和桥的结实耐用。至明清时期，石狮移于宫殿和庭院的大门前，不仅可以把守门阙，以示辟邪，还用以显示主人的威严和势力。宫殿大门前的石狮都是一对，一般为左雄右雌。爪下踏球的是雄狮，象征着统一寰宇和无上权力；爪下踩着幼狮的是雌狮，象征着子孙绵延。

3. 日晷与嘉量

日晷即日影，它利用太阳的投影和地球自转的原理，借指针所成阴影的位置来显示时间。嘉量为我国古时的标准量器。全套量器从大到小依次为斛、斗、升、合、龠，含有统一度量衡的意义，象征着国家的统一和强盛。

4. 吉祥缸

吉祥缸是置于宫殿前、庭院中盛满清水以防火灾的一个个“腹大口收、两耳加兽面铜环”的金属大缸。古人认为，门前有大海就不怕火灾，故吉祥缸又称“门海”，一般有铜、

日晷

铁、鎏金三种。缸内平时盛满水，以备消防之用。每年到农历小雪，还要在缸外套上特制的棉套，上加缸盖，并在缸下的汉白玉石基座里放置炭火，以防缸内的水结冰，直到来年惊蛰时才解套、撤火。

5. 鼎式香炉

鼎式香炉也是宫殿外重要的陈设，有盖者为鼎，无盖者为炉，是古代的一种礼器，举行大典时用来燃檀香和松枝。鼎的造型既沉稳又坚固，体现了国泰民安，象征着政权稳固，是传国重器。

6. 铜龟、铜鹤

龟寿命很长，再加上龟壳坚硬，因而自古就被当作灵兽，与龙、凤、麒麟齐名，称为“四灵兽”，又与龙、虎、凤合称“四神兽”。太和殿前的铜龟抬着头，张着嘴，仰望青天，露出一副扬眉吐气的神态。古代也把鹤当作一种长寿的仙禽，有“鹤寿千岁”之说。古代建筑和一些工艺品上也多用仙鹤作装饰，表示吉祥和长寿。

（四）现存主要宫殿

1. 北京故宫

北京故宫旧称紫禁城，位于北京市中心，占地 72 万平方米，始建于明永乐四年(1406 年)，历时 14 年，于永乐十八年（1420 年）建成。故宫是明清两代的皇宫，是中国现存最大、最完整的宫殿建筑群，也是世界上最大的木结构宫殿建筑群。北京故宫先后经历明清两代 24 个皇帝，直到 1924 年溥仪被逐为止。现已成为我国历史博物馆，对民众开放。

故宫建筑群以中轴线为对称轴，沿中轴线、东西内路、东西外路五条纵向轴线展开。

中轴线上自皇城前导门大明门（清称大清门）开始向北依次是天安门、端门、午门、太和门；太和门内庞大的太和广场北面，是坐落在三级“土”字形须弥座上的三大殿，即太和殿、中和殿、保和殿；三大殿北面是乾清门，其内是坐落在一级须弥座上的乾清宫、交泰殿、坤宁宫；出坤宁门，进入中轴线的第九进院落御花园；最北端为神武门；内东路上自北向南依次是东六宫、斋宫、奉先殿、文华殿；内西路自北向南依次是西六宫、养心殿、武英殿；外东路上，北是宁寿宫，南是南三所；外西路上是慈宁宫、慈宁花园、寿康宫、英华殿等。

三大殿与其东侧的文华殿、西侧的武英殿以南为前朝部分，后三宫及东西六宫、养心殿、奉先殿、慈宁宫、宁寿宫等为后寝部分。

故宫建筑群的总体规模与建筑形制是封建宗法礼制和皇权思想的充分体现，它所营造出的帝王赫赫权威的环境氛围，以及所产生的精神震慑作用，远大于它的实际使用功能。

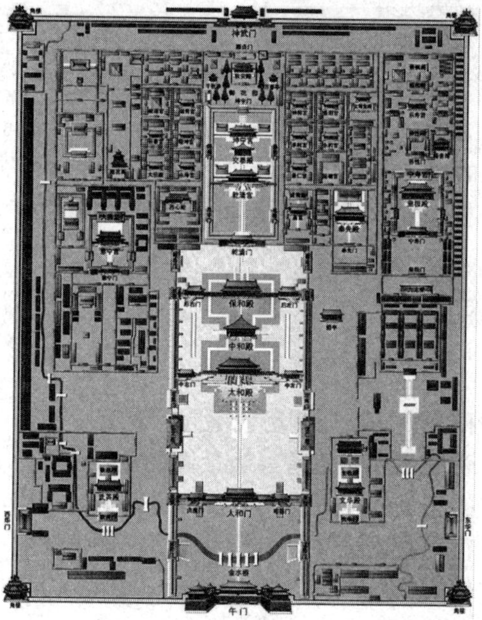

故宫平面图

2. 沈阳故宫

沈阳故宫为清朝初期的皇宫，清军入关前称盛京宫阙，清军入关后称奉天行宫。沈阳故宫始建于 1625 年，历时 11 年建成，乾隆、嘉庆年间有所扩建，占地面积约为 6 万平方米。

这是一座融汇了满汉民族建筑风格的宫殿建筑群，是我国现存仅次于北京故宫的最完整的皇宫建筑。整座建筑群分东、中、西三路。中路是中轴主体建筑部分，为传统的中轴对称格局，共三进院落。前院以崇政殿（金銮殿）为中心，与两边配殿构成前朝部分，中院过渡，后院以凤凰楼、清宁宫为中心，加上左右四宫构成后寝部分。东路以大政殿为中心，两侧呈雁翅状排列着十座方亭。大政殿为八角重檐攒尖顶的亭子建筑，是皇帝举行大典的地方。十座方亭通称“十王亭”，是左右翼王和八旗大臣办公的地方。西路以文溯阁为中心，前有戏台，后有书斋，是藏书与娱乐的地方。

二、坛庙资源

坛庙是祭祀性建筑物，它是遵从“礼”的要求而产生的建筑类型，因此也称礼制建筑。坛庙在中国古建筑中占有很大比重，其建筑规模之大，建筑造型之精美，达到了相当高的程度。同为祭祀建筑的坛和庙，在建筑形式、祭祀对象和使用者身份方面均有所区别。

（一）坛和庙

坛是中国古代用于祭祀天、地、社稷等活动的台型建筑。最初的祭祀活动在林中空地的土丘上举行，后逐渐发展成用土筑坛。早期，坛除用于祭祀外，也用于举行会盟、誓师、封禅、拜相、拜帅等重大仪式。后来，坛逐渐成为封建社会最高统治者专用的祭祀建筑，规模由简而繁，造型随天、地等不同祭祀对象的特征而有圆有方，做法由土台变为砖石包砌，并且发展成为宏大建筑群。

庙主要是用于供祀祖宗、圣贤、山川的屋宇建筑，建制类似于宫殿，有严格的等级规定，在早期称“明堂建筑”，是中国古代又一类祭祀性建筑。《礼记・曲礼》载：“君子将营宫室，宗庙为先，厩库为次，居室为后。”古人将庙祠建筑置于重要的地位，甚至皇家宫殿都形成“左祖右社”的建筑布局，将祖宗置于社稷之上，以强化“宗法血缘”礼义的家天下文化传统。中国庙祠祭祀文化包括皇家太庙祭祀、臣民宗庙祭祀、祖先祭祀和先圣、神灵祠庙祭祀等。

（二）坛庙建筑的分类

1. 祭祀祖先的宗庙

中国古代帝王的宗庙称为太庙。庙制历代不同，夏有 5 庙，商周有 7 庙。东汉以后只立一座太庙，分供各代皇帝神主。太庙是等级最高的礼制建筑，后世惯用庑殿顶。贵族、显臣、世家大族奉祀祖先的建筑称家庙或宗祠，仿照太庙的方位，设于宅第东侧，规模不一。广州的陈家祠堂是现存祠堂建筑中保存最为完整、规模较大、建筑极为精美的世家宗祠，具有很高的艺术观赏价值。

2. 祭祀圣贤的宗庙

祭祀圣贤先哲的宗庙遍布全国，其中以祭祀孔子的文庙和祭祀关羽的武庙最多。孔庙以曲阜孔庙最大、历史最久、规格也最高，是我国现存的仅次于北京故宫的巨大古建筑群，也是中国古代大型祠庙建筑的典型，保存着宋金以来的总体布局和金元以来的 10 座古建筑。祭祀武圣关羽的庙以山西省运城市解州镇的关帝庙最大。

3. 祭祀山川神灵的庙

这类建筑包括天、地、日、月、风、云、雷、电、社稷、先农之坛，五岳、四海之庙等，以北京的天坛为代表。我们的祖先在生产生活中，看到高大的山像柱子立在大地上，支撑着苍穹，与天相接，因而产生了对大山的敬仰。中原大地以黄河为中心，西有华山、北有恒山、南有衡山、东有泰山、中有嵩山，其中泰山是历代帝王巡狩、封禅、设神祭祀的场所。

（三）古今著名坛庙

1. 太庙

太庙是皇帝祭祀祖先的场所。早期的宗庙没有一座留存至今，我们今天能见到的最早的只有北京皇城内明代的太庙了。太庙位于皇城内天安门与端门的左方，里外有三层围墙，西边有门与端门内庭院相通。在第一、二道院墙之间植有成片的柏树，形成太庙内肃穆的环境。在第二、三道院墙的南面正中设有琉璃砖门与戟门，戟门之内才是太庙的中心部分，并有三座殿堂前后排列在中轴线上。前为正殿，是皇帝祭祖行礼的地方，每年在岁末大祭时，将寝宫中供奉的祖先牌位移入殿内举行隆重的祭祀仪式。大殿面阔原为 9 间，清朝改为 11 间，重檐庑殿顶，坐落在三层须弥座上，说明了祭祀祖先在封建制度中的重要性。正殿之后为寝宫，是平时供奉皇帝祖先牌位的地方。最后为祧庙，按礼制，这里供奉着皇帝的远祖神位。清军入关进北京后，把清朝在东北未称帝时期的几位君主追封为皇帝，其神位就供奉在这里。在中轴线的两侧各有配殿，殿中存放祭祖的用品。

2. 天坛

天坛是明清皇帝祭天和祈祷丰年的地方，是保存下来的封建帝王祭祀建筑中最完整、最重要的一组建筑，也是现存艺术水平最高、最具特色的优秀古建筑群之一。天坛整个组群由内外两重围墙环绕。围墙的平面接近正方形，但北面两角采用圆形、南面则为方角，以附会“天圆地方”之说。天坛的建筑按使用性质主要分为四组，在内墙内，沿南北轴线，南部有祭天的圜丘，北部有祈祷丰年的祈年殿，内墙西门南侧是皇帝祭祀前斋宿的宫殿斋宫，内墙西门以内有饲养祭祀用牲畜的牺牲所和舞乐人员居住的神乐署，其中圜丘和祈年殿是建筑群的主体，中间为甬道，称“丹陛桥”。

天坛

3. 社稷坛

帝王祭祀社稷由来已久，《周礼·考工记》中的“左祖右社”反映了古代把祭社稷放在仅次于祭祖先的重要位置。中国传统的治国思想是“以农为本”，因为“民以食为天”，发展农业生产与土地密切相关，所以祭祀社稷十分重要。早期将太社与太稷分置两坛而祭，直到明代定都北京后，才把社与稷合而祭之，设社稷坛于紫禁城之右，按古制形成“左祖右社”的格局。

4. 曲阜孔庙

现存曲阜孔庙总平面为一个不等边的近似长方形，东西宽 141～153 米，南北宽 637～651 米，总面积约 327 亩。其建筑仿皇宫建制，共分九进庭院，中轴线两侧对称排列。整个建筑包括五殿、一阁、一坛、二庑、二堂、十七座碑亭、三祠、二斋，共 466 间。四周围以高墙，配以门坊、角楼，成为我国古代建筑、雕刻、绘画、书法之集锦。这一庞大建筑群面积之广大、气势之宏伟、历史之久远、保存之完整，被古建筑学家称为世界建筑史上的“孤例”，是我国规模最大、建筑最早、保存最完整的孔庙，也是我国四大古建筑群之一，它同孔府、孔林（简称“三孔”）被联合国列为世界文化遗产。

孔庙

5. 中华世纪坛

中华世纪坛坐落于北京西长安街延长线上，在中国人民革命军事博物馆西侧，其北侧是玉渊潭公园，南与北京西客站相望。中华世纪坛坐北朝南，总建筑面积 3.5 万平方米，由主体结构、青铜甬道、圣火广场、过街桥、世纪大厅、艺术大厅等组成。中华世纪坛是为了迎接 21 世纪新千年而兴建的，现在主要作为中华世纪坛世界艺术馆使用。

任务二　陵寝建筑资源

学习目标

1. 掌握中国古代陵墓形制的演变过程。
2. 掌握陵寝内外的布局与内容。
3. 学会鉴赏我国具有代表性的著名陵寝。

学习内容

1. 中国古代陵寝制度。
2. 古今著名陵寝。

案例导入

一群外国游客跟着导游员小李参观南京明孝陵，走在孝陵神道上时，外国游客纷纷被神道上的石人石兽吸引住了，问小李："这些是什么啊？装饰用的吗？"小李给游客们讲述了中国古代陵墓的布局、神道的作用、眼前这些石人石兽的作用等。

本任务将系统阐述陵寝建筑资源。

陵寝建筑是中国古代建筑的重要组成部分，中国古人基于人死而灵魂不灭的观念，普遍重视丧葬。因此，任何阶层对坟墓皆精心构筑。帝王的坟墓称为陵寝、陵墓。在战国时，人们将高大的坟丘称为"陵"。所谓"寝"，是指皇陵上的宫殿建筑，它是由前朝后寝的宫殿建筑布局形式发展而来的。

一、中国古代陵寝制度

（一）陵墓形制

形制即封土形式，封土就是指墓上堆筑的土丘。在春秋战国以前，墓葬是没有坟丘的。春秋晚期才出现封土为坟的墓，目的是便于识别，成为墓的标志。中国帝王陵墓的封土形式主要有以下几种。

1. 覆斗方上式

覆斗方上式是早期的陵墓封土形式，就是在地宫之上用黄土层层夯筑，形成一个上小下大的锥体。因其上部像是被截去顶部的方形平顶，故名"方上"。方上在秦汉时期最为盛行。陕西的秦始皇陵和汉代的帝王陵墓均属此类。

2. **以山为陵**

以山为陵即利用山峰作为陵墓坟头，这样既能体现帝王的浩大气魄，又可以防止盗挖和水土流失。这种形式在唐代最为盛行。唐乾陵就采用了这种封土方法。

3. **宝城宝顶**

这是明清时期所采用的一种封土形式，在地宫砌筑高大的砖城，在砖城内填土，使之高出城墙形成一个圆顶。城墙上设垛口和女儿墙，犹如一座城，称为“宝城”；高出的圆顶，称为“宝顶”。宝城上建有明楼，明楼上刻有皇帝的庙号、谥号，是陵墓的标志。明十三陵、清东陵和清西陵是典型的代表。

（二）墓室结构

随着时代的发展，墓室的结构形式也在发生着变化，使用的材料也逐步由木向砖、石发展，墓室结构主要有四种。

1. **土穴墓室**

在原始社会早期，墓葬的形式很简单，只是在地下挖一个小而浅的墓坑，仅能容纳尸体，既无棺椁，也无墓室，尸体也无特殊东西加以包裹。到了父系氏族公社后期，贫富开始分化，埋葬方式有了发展，墓坑除了土壁之外，又加了木板围护。如山东泰安大汶口氏族墓葬的坑内四壁用天然木料垒砌，上面用天然木材铺盖，它虽与后来春秋、战国、西汉时期的木椁还有很大的距离，但已经开始向墓室建筑迈进了。

2. **木椁墓室**

进入阶级社会后，严格的阶级和等级制度也存在于墓葬制度中，统治阶级不惜花费大量的人力、物力，竞相营造规模宏大的陵墓。大型木椁墓室是春秋、战国、西汉时期奴隶主和帝王陵墓的特点。“椁”是盛放棺木的“宫室”，即棺外的套棺，是将排列整齐的大木枋或厚板，用榫卯构成一个方形的大套箱，下有底盘，上有大盖。在套箱内分成数格，正中是放置棺材的地方，两旁和上下围绕着几个方格，称为厢，分别安放随葬品。

3. **砖筑墓室**

砖筑墓室是墓室结构的重要形式，砖筑墓室分为空心砖砌筑和型砖砌筑两类。空心砖墓室始于战国末期，型砖墓室始于西汉中期，南北朝和隋唐时期应用渐广。

4. **石筑墓室**

石筑墓室多采用拱券结构，如五代十国时期的前蜀国主王建墓的墓室由多道半圆形拱券组成。宋陵墓室虽然是由石料构成，但顶部由木梁承重，为木石混合结构。明清陵墓室全部用高级石料砌筑拱券，与无梁殿相似。数个墓室之间相互贯通，形成一组华丽的地下宫殿。

（三）陵园建筑

帝王的陵墓建筑是中国古建筑中最宏伟、最庞大的建筑群之一。这些建筑规模大、布局严谨，主要由祭祀建筑区、神道、护陵监三部分组成。

1. **祭祀建筑区**

这是陵园的主体部分，供祭祀之用，其主要建筑物是祭殿。早期的祭殿称“享殿”

"献殿""寝殿""陵殿"等，明代时称"祾恩殿"，清代称"隆恩殿"。明朝以后，陵园建筑区大致由祾恩殿（隆恩殿）、配殿、廊庑、祭坛、朝房、值房等建筑物组成。

2. 神道

神道又称"御路""甬路"，是通向祭殿和宝城的导引大道，是陵园的前导部分。神道两侧立有两两相对的石人石兽，即石像生。明十三陵神道全长约 7 千米，清东陵的神道长约 5 千米。

3. 护陵监

为了防止陵墓被盗和被破坏，每个皇帝的陵墓都设有保护和管理陵园的机构，即护陵监。监的外面由城墙围绕，里面有衙署、市街、住宅等建筑。

二、古今著名的陵寝

（一）秦始皇陵

秦始皇陵位于陕西省临潼区，是中国历史上规模最大的陵墓之一。作为我国历史上第一个统一封建王朝的统治者，秦始皇从即位时就开始为自己筑建陵墓，前后长达 37 年，动用刑徒 72 万人，其封土呈方上形，原高 115 米，底部南北长 515 米，东西长 485 米，经两千年风雨冲刷仍有 76 米，如山峰般屹立于骊山北麓。

秦始皇陵兵马俑

秦始皇陵有许多珍贵文物出土，首推被誉为"世界第八大奇迹"的兵马俑坑。兵马俑坑位于秦始皇陵东侧，主向朝东，是秦军阵势的真实再现。其中一号坑为步兵和战车组成的主力军阵，埋葬陶俑6 000余件；二号坑是由战车方阵、步兵方阵、骑兵方阵和车步混合方阵四个单元组成的机动军阵；三号坑是军阵的指挥中枢——军幕；四号坑估计因秦末战乱未能放俑品而成为空坑，但它应是计划中的三军之一。另外出土的铜车马、青铜剑、石铠甲等都是举世无双的珍贵文物。

（二）汉茂陵

汉茂陵

汉茂陵位于今陕西省兴平市境内。茂陵仍沿承秦制：一是在帝王登基的第二年即开始兴建其陵墓；二是墓室仍深埋地下，上起土丘以为陵体。汉武帝于公元前 140 年登位，在位 54 年，其茂陵就建造了 53 年。

在茂陵陵园的东西侧还有卫青墓、霍去病墓、李夫人墓等陪葬墓 20 多座，其中霍去病墓的封土为祁连山形，寓意其西征匈奴收复河西的丰功伟绩。霍去病墓前有系列石雕，主要有脚踏匈奴的立马、前蹄腾越的跃马、伏地的卧马、舐犊的母牛、长鼻的卧象、机警的伏虎、矫健的卧牛、尖嘴的野猪以及石蟾、石鱼等16件石雕。该系列石雕展现了早期粗犷而写意的石雕风格，是我国石雕艺术的珍贵遗产，其中的“马踏匈奴”石雕更是我国石刻文物中的瑰宝。

（三）唐乾陵

唐乾陵位于今陕西省乾县北约6千米的梁山上，是唐高宗李治和皇后武则天的合葬墓。梁山有三峰，其中北峰最高，南面另有两峰较低，乾陵地宫即在北峰之下，南二峰东西对峙，构成陵园的天然门户。北峰四周筑方形陵墙，四面各开一门，按方位分别为东青龙门、西白虎门、南朱雀门、北玄武门，四门外各有把门的石狮一对。朱雀门内建有祭祀用的献殿，陵墙四角建有角楼。北峰与南面两峰之间布置神道。神道两旁依次排列着华表、飞马、朱雀各1对，石马5对，石人10对，碑1对。神道上有武则天著名的无字碑。无字碑北40米处，还立有当年臣服于唐朝的外国君王石雕群像61座，每一座雕像的背后都刻有国名和人名。这些外国臣民与中国臣民一样，都要恭立在皇帝墓前致礼，有所不同的是，在他们头顶上建有房屋可以避风雨。至于乾陵地宫内的情况至今未能详知。经过考古探测，可以得知隧道与墓门是用大石条层层填塞，并以铁汁浇灌石缝，坚固无比。

唐乾陵

在乾陵的东面，有李氏家族、僚臣的陪葬墓17座，墓内有许多珍贵文物，尤其引人注目的是永泰公主、懿德太子、章怀太子这三座墓中的一百多幅绚丽多彩的壁画。

（四）中山陵

中山陵是中国近代伟大的民主革命先行者孙中山先生的陵墓（含附属纪念建筑群），占地面积8万余平方米。中山陵1926年春动工，至1929年夏建成，1961年成为首批全国重点文物保护单位，2006年被列为首批国家重点风景名胜区和国家5A级旅游景区。

中山陵

中山陵位于南京市东郊钟山南麓的钟山风景区内，前临平川，背拥青嶂，东毗灵谷寺，西邻明孝陵，整个建筑群依山势而建，由南往北沿中轴线逐渐升高，主要建筑有博爱坊、墓道、陵门、石阶、碑亭、祭堂和墓室等，排列在一条中轴线上，体现了中国传统建筑的风格，从空中往下看，像一座平卧在绿绒毯上的“自由钟”。融汇了中国古代与西方建筑之精华，庄严简朴，风格别具。

任务三　古典园林资源

学习目标

1. 熟悉中国古典园林的起源和发展。
2. 掌握中国古典园林的特色和分类。
3. 掌握中国古典园林的构景要素和手段。

学习内容

1. 古典园林的起源和发展。
2. 古典园林的特色。
3. 古典园林的分类。
4. 古典园林的构景要素。
5. 古典园林的构景手段。

案例导入

美国纽约大都会艺术博物馆的明轩庭院建于1979年，是中国第一个园林出口工程，开创了中国园林工程出口的先河。明轩庭院建于美国纽约大都会艺术博物馆内，布局设计吸收苏州古典园林网师园殿春簃小院的精华，建造精巧完美，是境外造园的经典之作，被誉为中美文化交流史上的一件永恒展品，获得了高度评价。

如何让世界了解中国园林的“天人合一”理念，是导游在讲解过程中的一项重要工作。本任务我们将细述中国古典园林。

我国自古就有“知山乐水”的文化渊源，中国的造园艺术具有悠久历史，被公认为“世界园林之母”，它以追求自然精神境界为最终和最高目的，从而达到“虽由人作，宛自天开”的审美旨趣，是中国五千年文化历史造就的艺术珍品。

一、中国古典园林的起源与发展

园林，在中国古籍里根据不同的性质也称作园、圃、苑、园亭、山庄等。它们的性质、规模虽不完全一样，但都具有一个共同的特点，即在一定的地段范围内，利用并改造天然山水地貌或者人为地开辟山水地貌，结合植物的栽植和建筑的布置，从而构成一个供人们观赏、游憩、居住的环境。大约从公元前11世纪的奴隶社会后期到19世纪末叶封建社会解体为止，在这大约3 000年漫长的、不间断的过程中，形成了世界上独树一帜的风景式园林体系——中国园林体系。

二、中国古典园林的特色

（一）分隔空间融于自然

中国古典园林用各种办法来分隔空间，其中主要是用建筑来围蔽和分隔空间。分隔空间力求从视觉上突破园林实体有限空间的局限性，使之融于自然，表现自然。为此，必须要处理好形与神、景与情、意与境、虚与实、动与静、因与借、真与假、有限与无限等种种关系。如此，才能把园内空间与自然空间融合和扩展开来。

（二）园林建筑顺应自然

中国古典园林中，有山、水、堂、廊、亭、榭、楼、台、阁、馆、斋、舫、墙等建筑。人工的山，石纹、石洞、石阶、石峰等都显示自然的美色；人工的水，堤岸曲折自如，水中波纹层层递进，也都显示自然的风光。所有的建筑，其形与神都与天空、地面的自然环境吻合，同时又使园内各部分自然衔接，以使园林体现自然、淡泊、恬静、含蓄的艺术特色，并起到移步换景、渐入佳境、小中见大等观赏效果。

（三）树木花卉表现自然

与西方园林系统不同，中国古典园林对树木花卉的处理与安设讲究自然。松柏高耸入云、柳枝婀娜垂岸、桃花数里盛开，乃至树枝弯曲自如、花朵迎面扑香，其形与神、意与境都十分注重表现自然。

三、中国古典园林的分类

中国古典园林一般有如下两种分类法。

（一）按所有者身份分类

1. 皇家园林

皇家园林是专供皇家休憩享乐的园林。在统治者看来，国家的山河都是属于皇家所有的，所以皇家园林的特点是规模宏大，真山真水较多，园中建筑富丽堂皇，建筑体型高大。现存的著名皇家园林有北京的颐和园、北海公园，河北承德的避暑山庄等。

2. 私家园林

私家园林是供皇家的宗室外戚、王公官吏、富商大贾等休闲居住的园林。其特点是规模较小，常用假山等构景，建筑小巧玲珑，表现出淡雅素净的色彩。现存的私家园林有北京的恭王府，苏州的拙政园、留园、沧浪亭、网师园等。

（二）按园林所处地理位置分类

1. 北方园林

北方因地域宽广，所以园林范围较大，又因北方大多为古都所在，所以建筑富丽堂皇。但北方园林受自然气象条件局限，河川湖泊、园石和常绿树木都较少。北方园林风格粗犷，但秀丽媚美稍显不足。北方园林的代表大多集中于北京、西安、洛阳、开封等地，尤以北京为代表。

2. 江南园林

南方人口较密集，所以园林地域范围小，又因河湖、园石、常绿树较多，所以园林景致较细腻精美。其特点为明媚秀丽、淡雅朴素、曲折幽深，但面积小，略显局促。南方园林的代表大多集中于南京、上海、无锡、苏州、杭州、扬州等地，其中尤以苏州为代表。

3. 岭南园林

岭南地处亚热带，终年常绿，又多河川，所以造园条件比北方、江南都好。其明显的特点是具有热带风光，建筑物都较高而宽敞。现存岭南园林中著名的有广东顺德的清晖园、东莞的可园、番禺的余荫山房等。

四、中国古典园林的构景要素

中国古典园林主要由山、水、植物、动物、建筑、匾额、楹联、刻石等要素组成。这些要素被造园艺术家们有机地组合在有限的空间内，体现出不同的特点和情趣。

（一）筑山

苏州留园冠云峰

为表现自然，筑山是造园最主要的因素之一。在园林中筑山的根本目的是起到登高望远、扩大空间的作用。园林中的假山一般有土山、石山、土石混合三种类型。筑山的石材主要有青石、黄石、太湖石、宣石等，其中以黄石和太湖石品质最优。黄石质地坚硬，不容易受风雨侵蚀。太湖石具有皱、瘦、漏、透、丑五大特点。以石砌筑的假山，可以得到高耸、陡峭、嶙峋的自然效果。假山中的佼佼者有上海豫园的玉玲珑、苏州留园的冠云峰、杭州竹素园的绉云峰，它们被誉为“江南三大奇石”。

（二）理水

为表现自然，理水也是造园最主要的因素之一。有了水，园林就生机盎然，情趣倍增。在表现中国古典园林的静态水景时，以水面平静如镜或烟波浩渺的意境取胜。中国古典园林理水之法有以下三种：

（1）掩。以建筑和绿化将曲折的池岸加以掩映，以营造池水无边的视觉效果。

（2）隔。大的水面显得空旷，宜于分隔，或筑堤横断于水面，或架曲折的石板小桥，或涉水点以步石等分割水面，如此则可增加景深和空间层次，使水面有幽深之感。

（3）破。当水面很小时，即用乱石为岸，怪石纵横，并植以细竹野藤、朱鱼翠藻，使一洼水池亦有深幽的山野风致。

（三）植物

植物是造山理池不可缺少的因素。选择花木的标准，一为姿美，二为色佳，三为味香。花木对园林山石景观不仅起衬托作用，而且还与园主的志趣和追求的精神境界密切相关。如竹子象征人品清逸和气节高尚，松柏象征坚强和长寿，莲花象征洁净无瑕，兰花象征幽居隐士，玉兰、牡丹、桂花象征荣华富贵，石榴象征多子多孙等。

除花木外，草皮的布置也十分重要。或平坦、或起伏、或曲折的草皮，能令人陶醉于向往中的自然。

（四）动物

中国古典园林重视饲养动物。园中的动物主要有鸟兽、金鱼等。园中动物可以观赏娱乐，可以隐喻长寿，还可令人通过视觉、听觉产生联想，扩大和深化自然境界。如杭州西湖的“花港观鱼”，园中的鱼乐园是全园的主景。鱼乐园中放养着数万尾金鳞红鲤，游人在观鱼池的曲桥上投入食饵，群鱼就会从四面八方游来，争夺食饵，纷纷跃起，染红半个湖面，颇为壮观。

（五）建筑

古典园林都采用古典式建筑，它不仅以形体美为游人所欣赏，还与山水林木相配合。园林建筑一方面要可行、可观、可居、可游；另一方面还起着点景、隔景的作用，使园林移步换景，渐入佳境，以小见大，显得自然、淡泊、恬静、含蓄。园林建筑不像宫殿庙宇那般庄严肃穆，而是采用小体量分散布景，特别是私家园林里的建筑更是形式活泼，装饰性强，因地而置，因景而成。中国古典园林的建筑主要有厅堂、楼阁、馆轩、斋、榭、亭、廊、桥、墙等。

1. 厅堂

厅堂是园林主人宴聚宾客的场所，建筑体量较大，空间相对开阔，是园林的主体建筑。厅堂的位置确定后，全园的景色布局才依次衍生变化。厅堂一般坐北朝南，向南望，是全园的主要景观，通常是厅前凿池，隔池堆山，左右曲廊回环，大小院落穿插渗透，构成一个完整的艺术空间。如苏州拙政园的中园以远香堂为主体建筑，构造出了明媚、幽雅的江南水乡景致。

颐和园佛香阁

2. 楼阁

楼阁是中国古代建筑中的多层建筑物。楼与阁在早期是有区别的。楼，本义是指两层以上的房屋，只在需要的部位开窗；阁，是中国传统建筑物中一种架空的小楼房。阁的特点是四周设隔扇或栏杆回廊，供远眺、游憩、藏书和供佛之用。楼阁体量较大，造型丰富，多设于厅堂之后或依山傍水之处，在园林中起到重要的点景作用。北京颐和园的佛香阁位于万寿山前山中央建筑群中的高处，既是前山景区的艺术构图中心，也是远眺昆明湖的最佳地点。

3. 书房斋馆

书房多建于偏僻、幽静或高爽之处，是休息、静养、读书和存书之所。斋供读书静养，环境隐蔽清幽，建筑式样简朴，常附以小院，植芭蕉、梧桐等树木花卉，以营造清净、淡泊的情趣。馆用于园居或宴客，体量有大有小，与厅堂稍有区别。

4. 榭

榭建于水边或花池边，借以成景，平面为长方形，多开敞或设窗扇，供人游憩、眺望、赏鱼、观花等。水榭是三面临水，在水中有立柱支撑、架空于水面之上的亭阁。

煦园不系舟

5. 轩

轩是小巧玲珑、开敞精致、形似车厢的建筑物。其两头有门框而不上门，可随意进出，两旁墙上开有窗户，以便观景。

6. 舫

舫是园林中仿造舟船造型的建筑物，在体量上模仿船头、船舱的形式。根据形态和位置分两种，全在岸上靠近水边的，称为船厅或旱船；半在水中和全在水中的称作舫或不系舟。皇家园林中的石舫，更是独具特殊意义。著名的舫有颐和园的汉白玉石舫、南京煦园的不系舟、苏州拙政园的香洲等。

7. 亭

亭专指有屋顶而四周没有墙体封护的点景建筑。亭是供人休憩、纳凉、避雨与观赏四周景色的地方。亭在中国古代建筑中最富有民族特色，凡有佳景处都可建亭，正所谓“有亭即成景”。亭子的种类繁多，式样奇特。按平面形状分，有三角亭、方亭、矩形亭、六角亭、八角亭、圆亭、梅花亭、扇面亭、套方亭；按屋顶形式分，有单檐亭、重檐亭、攒尖亭、歇山亭；按所处的位置分，有桥亭、路亭、井亭、廊亭。安徽滁州醉翁亭、北京先农坛陶然亭、湖南长沙爱晚亭、浙江杭州西湖的湖心亭被称为“中国四大名亭”。

8. 廊

廊是有顶无墙的带形建筑。古典园林里通常都是由一个主体建筑，附以一个或几个副体建筑，中间用廊连接，形成一个建筑组合体。这种手法能够突出主体建筑，其使用功能和欣赏价值兼而有之。园林中的廊既可引导人们观景，同时它自身也是景。廊可以分为单廊、复廊、直廊、曲廊。北京颐和园著名的长廊长达 700 多米。苏州沧浪亭的复廊、拙政园的水廊、留园的曲廊被誉为“江南三大名廊”。

9. 桥

园林中的桥，形式上有拱桥、平桥、廊桥、曲桥等类型；材质上有石制、砖制、竹制、木制等，富有民族特色。桥不仅有交通功能，而且还有增添景色的作用，用它隔景，在视觉上能产生扩大空间的作用。扬州瘦西湖的五亭桥，桥平面为“H”形，在桥面上四角和中央各修一亭，“五亭”名称由此而来。五亭桥桥墩分为四翼，共有大小拱形桥洞 15 个，每当中秋游湖赏月，“每洞各衔一月，金色荡漾”，其景色可与杭州西湖的“三潭印月”媲美。

沧浪亭复廊

扬州五亭桥

10. 园墙

中国的园林都有围墙，且具有民族特色。比如上海豫园的五条龙墙蜿蜒起伏，将豫园分割成若干院落，气派非凡。为了增添景观效果，人们通常在园墙上开设漏窗、洞门、空窗等，形成虚实对比和明暗对比的效果。漏窗的形式有方、长、圆、六角形、扇形等；空窗的花纹图案灵活多样，有几何形和自然形两种；洞门除供人出入，空窗除采光通风外，它们又可作为取景的画框，让人在游览过程中不断获得生动的画面。

（六）匾额、楹联、刻石、书画

中国古典园林的特点，是在幽静典雅当中彰显物华文茂。“无文景不意，有景景不情”，园中恰到好处地运用书画墨迹，能使“寸山多致，片石生情”，从而把由山水、建筑、树木花草构成的景物形象，升华到更高的艺术境界。

墨迹在园中的主要表现形式有题景、匾额、楹联、题刻、碑记、字画。匾额是指悬置于门楣之上的题字牌，楹联则是柱子上的对联，刻石指山石上的题诗刻字。园林中的匾额、楹联及刻石的内容，多数是直接引用前人已有的现成诗句，或略作变通。如苏州拙政园浮翠阁的匾额，就引自苏东坡诗中的“三峰已过天浮翠”。还有一些内容是即兴创作，或是出自名家之手。书画主要用于厅馆布置。厅堂里张挂几幅书画，自有一股清逸高雅、书郁墨香的气氛。

无论是匾额、楹联、刻石，还是书画，它们与园中景色浑然交融，都具有点景的功能，能够起到陶冶情操、抒发胸臆、增加诗意、拓宽意境的作用。

五、中国古典园林的构景手段

在处理人与自然的关系上，中国文化强调“天人合一”。这种思想体现在造园构景中，即运用多种手段来表现自然，以求得渐入佳境、小中见大、步移景异的理想境界，从而获得自然、淡泊、恬静、含蓄的艺术效果。中国古典园林常用的构景手法有以下几种。

（一）抑景

中国传统艺术历来讲究含蓄，因此园林造景不会让人一走进门口就看到最好的景色，最好的景色往往通过某种途径隐藏在后面，“先藏后露”“欲扬先抑”，称为抑景。抑景手段有山抑、树抑、曲抑之分，以产生“山重水复疑无路，柳暗花明又一村”的艺术效果。

（二）添景

当风景点在远方，若没有其他景点在中间或近处作过渡，就显得虚空而没有层次。如果在中间或近处用乔木、花卉作过渡景，景色就会显得有层次，这就是添景。如在颐和园昆明湖上观赏万寿山景时，万寿山会因为有倒挂的柳丝作装饰而变得生动起来。

（三）夹景

当风景点在远方，尽管它本身很有审美观赏价值，但如果视线无所遮挡，就会使观赏者感到单调乏味。若两侧用建筑物或树木、花卉屏障起来，就会突出该风景点，使其显得更有诗情画意，这种构景手法就是夹景。如在颐和园后山的苏州河中划船，远方的苏州桥主景为两岸起伏的土山和美丽的林带所夹峙，从而构成明媚动人的景色。

（四）对景

对景是指在造园时设法使园林中的两处风景点可以从此观彼，也可以从彼观此，形成一种对应关系。如北京颐和园昆明湖上的南湖岛和十七孔桥与万寿山形成对景。中国古典园林更讲究诸如高与低、柔与刚的对衬效果，而不是西方园林的几何图形对称。比如“雷峰如老衲，保俶如美人”，就是杭州西湖北面的保俶塔与南面重建的雷峰塔形成的一组绝妙对景。

框景

（五）框景

园林中建筑的门、窗、洞或乔木树枝抱合成的景框，往往把远处的山水美景或人文景观包含其中，这便是框景。景色一经框住，就如同展现一幅镶嵌在镜框中的优美画卷，给人耳目一新的感觉。杜甫的名句“窗含西岭千秋雪，门泊东吴万里船”，表达的就是框景的效果。

（六）漏景

园林的围墙或走廊（单廊或复廊）一侧或两侧的墙上，常常雕以具有民族特色的各种几何图形，或雕以民间喜闻乐见的葡萄、石榴、老梅、修竹等植物和鹿、鹤、兔等动物的漏窗。透过漏窗的窗隙，可见园外或院外的美景，这种构景手段称漏景。这样的处理，可使内外空间隔而不绝，浑然一体，让游客在有限的空间内欣赏到无限的风光。

漏景

（七）借景

大至皇家园林，小至私家园林，空间都是有限的。造园设计者有选择地将园林景观以外视线可及的景色“借”进来，组织到园内所能看到的画面中，与园内景物融为一体，以突破园林有限空间的限制，在横向或纵向上扩展视野，让人产生联想，从而丰富园景层次，这种构景方法便是借景。借景有远借、邻借、仰借、俯借、应时而借之分。比如借远方的山，称远借；借邻近的大树，称邻借；借空中的飞鸟，称仰借；借池塘中的鱼，称俯借；借四季的花或其他自然景象，称应时而借。

借景

任务四　其他传统建筑资源

学习目标

1. 了解中国古代著名的水利桥梁、城防、民居建筑。
2. 熟悉这些传统建筑的分类及特色。
3. 学会鉴赏著名的古代水利工程、桥梁、城防、民居建筑。

学习内容

1. 古代水利桥梁建筑资源。
2. 古代城防建筑资源。
3. 古代民居建筑资源。

案例导入

一个旅游团正在参观福建土楼，大家都被土楼奇特的造型、神奇的居住和防御功能所折服。导游员给大家讲解了中国古代的城防系统、我国民居的类型和特点，游客们纷纷赞扬导游员讲得既具体又透彻。

我国古代的城防、民居建筑资源非常有特点，本任务将详细阐述。

一、古代水利桥梁建筑

（一）古代著名水利工程

我们的祖先很早就开始治理江河并利用江河资源，其中有些水利工程至今仍保留并发挥着经济效益，它们充分显示了我国古代劳动人民在水利建设方面的才华。

1. 京杭大运河

京杭大运河沟通了钱塘江、长江、淮河、黄河和海河五大水系，流经浙江、江苏、山东、河北、天津和北京六省市，是世界上开凿最早、规模最大、线路最长的人工大运河。京杭大运河的开凿成功，是中国水运史及运河史上的一大创举，具有极其重要的意义。

2. 都江堰

都江堰

都江堰地处四川成都平原西部灌县境内岷江上，是战国时期秦国蜀郡太守李冰父子在吸取前人治水经验的基础上主持修建的著名水利工程，是我国现存最古老的大型水利工程。

都江堰的三大部分工程，科学地解决了江水自动分流、自动排沙、控制进水流量等问题，消除了水患，成都平原从此沃野千里，成为“水旱从人”的天府之国。这项工程直到今天还在起作用，目前灌溉面积超过 1 000 万亩。

（二）古代著名桥梁工程

在中国古建筑文化里，桥的地位十分显著，它是连接空间、沟通山水、刚柔相济、曲直相通、虚实相邻、动静相辅、可渡可游的景观文化。中国古桥的历史悠久，早在原始社会时期，我们的先民为了解决水陆交通问题，就开始建造桥梁。随着工程技术的提高，古代工匠创造了各式各样结构、材料和造型的桥梁。在 13 世纪以前，中国一直处在世界桥梁建造的领先地位，直到今天，仍为世界工程界所重视。

赵州桥是我国古代桥梁的典范，它位于河北省赵县城南 2.5 千米的汶河之上，原名安济桥。赵县古称赵州，故人们习惯上称此桥为赵州桥。在漫长的历史时期，赵州桥历经车马重轧、战乱之祸、地震水患、风雨侵蚀，至今仍安然雄踞于汶河之上，这在桥梁建筑史上堪称为一大奇迹。

二、古代城防建筑

中国古代城防建筑主要是指古代城市城垣建筑和长城建筑。

（一）城市城垣建筑

古代都邑四周用作防御的城垣一般有两重，里面的称城，外面的称郭，城郭外的护城河称池，所以有城郭、城池之称。

1. 南京明城墙

南京明城墙整体包括明朝时期修筑的宫城、皇城、京城和外郭城四重城墙，现多指保存完好的京城城墙。南京明城墙始建于 1366 年，全部完工于 1393 年，历时达 27 年。南京明城墙的营造一改以往都城城墙取方形或矩形的旧制，在六朝建康城的基础上，根据南京山脉、水系的走向筑城。它南以外秦淮河为天然护城河，东以钟山为依托，北以后湖为屏障，西纳山丘入城内，形成独具防御特色的立体军事要塞。南京明城墙依山傍水而建，是中国礼教制度与自然相结合的典范，也是古代都城建设的杰出代表。

南京明城墙

2. 西安城墙

西安城墙位于西安市中心区，是全国重点文物保护单位，是明朝初年在明太祖朱元璋“高筑墙、广积粮、缓称王”的政策指导下，在唐皇城的基础上建成的。西安城墙呈长方形，墙高 12 米，底宽 18 米，顶宽 15 米，总周长 13.7 千米，有城门四座。现存城墙建于明洪武七年至十一年（1374—1378 年），至今已有 600 多年历史。西安城墙不仅是保存最完整的中国古代城垣建筑，也是世界上现存规模最大、最完整的古代军事城堡设施。

（二）古长城建筑

长城是人类历史上罕见的伟大工程、世界最著名的军事防御体系，是我国劳动人民智慧与创造性的见证，也是世界上任何其他文化遗留所无可比拟的，被称为世界七大奇迹之一。

长城修筑的历史相当久远。从修筑开始至明末，先后有 20 多个王朝和诸侯国进行过修筑，其总长度达十余万里，今天保存下来的长城基本上是明代修筑的。长城是我国历史上各族劳动人民共同创建的一项伟大工程，是前人为我们留下的一份珍贵遗产。长城本身及其沿线的名胜古迹、民俗风情，也是最有吸引力的旅游资源之一。

三、古代民居建筑

（一）古代民居建筑的起源

民居是指宫殿、官署以外的居住建筑。从历史上看，至少在新石器时代，中国居室已经是真正意义上的建筑。距今六七千年前就开始出现的干栏木构建筑是华夏建筑文化之源，也是中国民居建筑之源。从陕西岐山凤雏村西周遗址中，发掘出一座相当完整的四合院式建筑，它由二进院落组成，是我国已知最早、最严整的四合院实例。

中国民居建筑文化受宫殿建筑思想的影响，同样依照中国“风水利害”和“整体思维”的传统文化理念布局安置，建筑基本上遵照坐北朝南的方向布置，按四合形式设计，以整体组合成群。民居建筑中，同样也体现着等级文化，强烈地传达着经世济生的市侩哲学。

（二）古代民居建筑的特征和类型

1. 中国古代民居建筑传统习俗文化

中国古代民居建筑传统习俗文化与风水文化息息相关，如负阴抱阳、背山面水、上栋下宇、前后两坡、木架大屋顶等。

我国古代民居建筑传统习俗文化以有利于生活为原则。例如：以居安适体为原则的建筑地址、朝向的选择，一般“坐北朝南”；主建筑和次建筑体现了“尊卑嫡庶之礼”“长幼妻妾之礼”“雅俗高低之分”等；居室内供奉祖先的神位与老幼长次的安排都有一定的规矩，相沿成制，不可随便。同时，我国古代民居还体现了中国文化的精神理念，如“柱梁构架”式是为了达到“形散精气在”“墙倒屋不塌”的骨气。

2. 中国古代民居建筑的主要类型

（1）四合院式民居。

这类住宅是中国住宅的主流，是一种由几幢单体建筑组合而成的典型北方住宅形式。四合院的“四”表示东南西北四面；“合”是围聚的意思。整个院子一般由门、廊、厅堂、寝室、厢房、耳房、倒座、花园等相互配合组成。这些建筑功能分明，主次有序。由于建筑面积的大小以及方位不同，也可以由多进、多排的四合院组成一座大型的四合宅院——四合院组群。

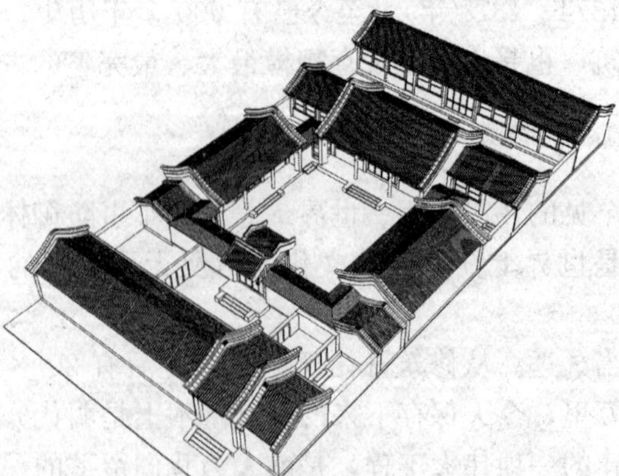

四合院

(2) 干栏式民居。

干栏式民居主要分布在云南、贵州、广东、广西地区，是用竹、木等构成的单栋独立的楼居形式。干栏式住宅分上下两层，由堂屋、卧室、晒架和前廊组成，四周有空地。底层架空，用来饲养牲畜或存放东西，上层住人。这种建筑隔潮功能明显，并能防止虫、蛇、野兽的侵扰。苗族、壮族、傣族的民居均属此类建筑。

(3) 毡帐式民居。

毡帐式民居是以游牧生活为主的蒙古族、藏族等民族的住房形式。毡帐是一种便于装卸运输的可移动的帐篷，其主要建筑材料为毛毡，形状为圆形，顶部留有圆形天窗，以便采光通风。蒙古包是典型的毡帐式民居，它装卸灵活，外表简洁朴素，里面铺挂色彩艳丽的地毯和壁毯，蒙古包内冬暖夏凉，阻风御雪。在茫茫大草原上，灰白色的蒙古包点缀其间，如散落于草原的珍珠，成了草原的一道美丽风景。

(4) 碉房式民居。

碉房式民居是青藏高原的住宅形式，为羌族、藏族民众的传统住房。碉房宛如城堡，非常壮观，故名。碉房大多依山而建，平面一般呈方形，下宽上窄，平顶，多数为 2～3 层，上层堆物，底层饲养牲畜，中层住人。屋顶还作脱粒和晒粮食之用，是良好的晒台。碉房与碉房之间的屋顶上搭有木板，以便各家往来。碉房为两层的人居楼下，楼上贮粮及堆杂物，牲舍另设置于屋外。碉房一般用极不规则的乱石建造，不用石灰而只用黏土泥巴接缝，堆砌难度极大，但羌族人民可信手砌成笔直光滑、高达 10 余丈的房墙，历经百年风雨而不倒塌，堪称少数民族建筑艺术方面的一个奇迹。

蒙古包

碉房

(5) 窑洞式民居。

窑洞式民居主要分布于黄河中游的豫、晋、陕、甘一带，是向山体横向挖掘而成的洞穴式居住空间，尤以黄土高原上分布的数量最多。这一地区土质坚实，气候干燥少雨，加之经济不发达，于是挖洞造屋成了当地百姓取得住房最为方便、经济的一种手段。由于自然环境、地貌特征和地方风土的影响，窑洞形成各种各样的形式。从建筑的布局结构形式来看，窑洞一般可划分为沿崖式、天井式、地坑式三种。

(6) 土楼式民居。

土楼式民居主要分布在福建、广东和江西南部，是自三国两晋以来为逃避北方战乱而迁移南方的中原移民客家人的住宅。客家人有着聚族而居的习俗，人们在宗族的感召下共同生活、共同劳作。客家土楼的建筑体量庞大，占地可达上千平方米，墙体高达 15 米，墙厚 1 米左右，楼高 3～5 层，一般可容纳几十甚至上百人居住，其主要材料是当地质地黏重的红壤加工而成的土砖。土楼的分布很广，各地的建筑形式也略有区别，有圆形、方形、组合型等。其主要特征是以祠堂为中心，采用中轴对称形式，基本居住模式为沿周边布置并分割成一个个单独的房间。

窑洞

土楼

任务五　古城及城市风光

学习目标

1. 了解中国城市的起源、功能与优势。
2. 熟悉中国古城的沿革、特点。
3. 理解中国城市风光类型。

学习内容

1. 中国城市的起源、功能与优势。
2. 中国古城的沿革和特点。
3. 中国城市风光的主要类型。

案例导入

张笑笑是一名刚入行的新导游，第一次带团来到丽江古城。游客们对丽江的花草树木、文化历史都特别好奇，很多游客都向她询问丽江古城是怎么建起来的，有什么样的历史，等等。张笑笑带团前做了充分的准备，解答了游客的疑问。当然，导游员除了知道所去景点的历史渊源以外，还要能够点、线、面结合进行引导讲解，详细介绍中国城市的起源、发展等知识。

一、城市的起源、功能与优势

（一）城市的起源

城市是人类文明发展到一定阶段的产物。人类进入奴隶社会后，产生了第三次社会大分工，出现了专门从事产品等价交换的商人，形成了一些人口相对集中、规模大小不等、以产品交换为中心的场所——集市。集市的发展促进了集镇的形成，并为城镇的产生奠定了基础。由于阶级的出现以及部落之间的战争，人类开始在聚集区周围筑城，进而产生了最早的城市。

（二）城市的功能

早期城市的功能是以政治、军事为主。城市是商品加工、集散与流通的基地。经济的发展推动了文化的发展，必然带来政治的变化，城市逐渐成为统治阶级、富豪、商贾的集中地。因此，城市成为社会的中心，成为不同等级、不同规模的政治、经济和文化的中心，是各个历史时期物质财富与精神财富的集中地，是最大的历史载体，也是一定时期的社会状况的代表。

（三）城市的优势

城市的起源及其随后的功能演化决定了其所具备的各种优势。首先是地理位置优势。一座城市的兴建必然要选择在水源充足、气候宜人、环境优美、物产丰富、交通便利的地方，这些优越的自然条件为城市的延续与后期的发展奠定了雄厚的基础。其次是比较完备的基础设施和接待设施。再次是历代遗留下来的丰富的历史古迹。最后是伴随社会的发展而不断发展和完善的文化、体育与娱乐设施。

二、中国古城的沿革和特点

（一）中国古城的沿革

夏商周时期是我国古代城市，特别是都城发展的最初阶段。春秋战国时期，王权衰落，诸侯争霸，各国为防御别国，纷纷掀起了筑城的高潮。秦汉时期，城市的建设有了较大的发展，秦代在咸阳建有规模宏大、建筑雄伟的都城。魏晋南北朝时期是我国城市发展的一个新的阶段，出现了一批规划整齐的新型城市。隋唐时期，城市建设日渐成熟，出现了中国历史上最为宏大，也是当时世界上规模最大、最繁华的城市——长安城。宋都汴京虽然规模较小，但由内外三重方城组成。明清时期是我国古代城市建设的最后发展阶段，建设了雄伟、宏大的北京城。

（二）中国古城的特点

中国古代城市早期主要是用来防御外敌的，具有城郭分明、防御体系严密、结构与布局完整、基础设施完善的特点。

三、中国城市风光类型

结合历史的沿革和现代城市的发展，中国的城市风光可以归纳为古代都城、历史文化名城、东方大都会和现代生态城市四种类型。

（一）古代都城

古代都城是历代帝王居住的地方，是各个历史时期地位最高的城市，因此历史遗迹丰富，旅游价值高，故古代都城都是重要的旅游城市。中国历史上曾有200多座城市做过都城，其中沿用朝代比较多、在历史上影响比较大的有七座，有“中国七大古都”之称。

1. 中国七大古都

中国七大古都是指安阳、西安、开封、洛阳、杭州、南京、北京。其中，城市规模最壮观、城市布局最典型、世界影响最大的是唐都长安（西安）和元大都（北京）。都城景观相对完整，对世人吸引力最大的是北京。

2. 古代都城风光的特色

古代都城风光主要是以皇家建筑群为核心的帝王文化景观，包括：由都城、皇城和宫城层层相套的回字形城墙建筑；庞大的宫殿建筑群；以坛庙为主的礼制建筑群；皇家寺庙群；皇家陵墓群和皇家园林。还有与帝王生活有关的传统习俗，包括服饰、饮食、娱乐以及传统节庆等。

（二）历史文化名城

历史文化名城是指在历史上的某一时期或某些时期有着重要的政治、经济、文化或交通地位，至今仍有较大的城市规模，并保存了较多的一代或几代文物古迹的城市。截至2018年5月，中国国家历史文化名城已达134座。其中有历代古都，有自古繁华的都会、商埠、府郡州县治所、文化古城、旅游胜地和革命圣地等，分布在全国各地。除了在城市的基本格局上遵照古制外，这些城市的景观更多地体现了地方文化和民族文化的特色。它们以实物构成了一幅幅光彩夺目的名城历史画卷，从各自不同的侧面和领域，反映了中华民族源远流长的历史文化。

（三）东方大都会

“大都会”一词是引进词，源于古希腊，原意为“母城”，即除自己之外还包括周围的子城。其范围除市区外围的郊区外，还包括受其经济、社会影响所支配的地区。在西方，大都会是一个极普通的词，东方大都会是西方人对中国上海的专称。上海是1840年鸦片战争后，帝国主义强行在长江三角洲地带开辟的商埠，是西方列强对中国进行资本侵略、经济殖民的基地。伴随经济入侵的是文化移植，自南京路到外滩，十里洋场一带是西方城市建筑景观。“大都会”一词不仅道出了旧上海洋务对长江三角洲的控制，也体现出中国领土上的一座典型的西方城市景观特色。与西方洋楼伴生的是东西文化交融的、新型的民居建筑群——石库门。上海也是一座具有光荣革命历史的城市。现存的革命遗址有中共一大会址、孙中山故居、鲁迅墓、宋庆龄墓、龙华革命烈士纪念地等。文物古迹有龙华塔、松江方塔与江南古典园林豫园等。改革开放后，浦东的开发使上海的城市风貌更加体现了现代国际化大城市的特点。

（四）现代生态城市

现代生态城市又称生态园林城市。这种城市景观的最大特征是绿地面积大，绿色的植物多，硬化路面与绿地相间。绿地以乔木、灌木、草坪协调搭配组合，构成和谐的立体绿化景观。这是 20 世纪 80 年代以来一些小型的新兴城市规划建设的模式，其典型代表是广东的珠海和深圳。20 世纪 90 年代以来，为改变日益恶化的城市环境，创造良好的旅游条件，一些历史文化名城在加强文物古迹保护的同时，提出向生态园林城市发展的努力目标。20 世纪 90 年代中期后，一些城市相继获得国家园林城市的称号，如大连、合肥、南京、厦门、南宁等。

学习评价表

标准等级	优秀	良好	及格	不及格
了解中国的宫殿和坛庙资源的历史和发展变化				
熟悉宫殿和坛庙资源的布局和类型				
掌握比较有代表性的宫殿和坛庙，能进行文化鉴赏				
掌握中国古代陵墓形制的演变过程				
掌握陵寝内外的布局与内容				
学会鉴赏我国具有代表性的陵寝				
熟悉中国古典园林的起源和发展				
掌握中国古典园林的特色和分类				
掌握中国古典园林的构景要素和手段				
了解中国古代著名的水利工程、桥梁、城防、民居建筑				
熟悉我国古代水利工程、桥梁、城防和民居建筑的分类及特色				
学会鉴赏著名的水利工程、桥梁、城防、民居建筑				
了解中国城市的起源、功能与优势				
熟悉中国古城的沿革、特点				
熟悉中国城市风光的类型				
学习态度				
独立思考能力				
创新能力				
总体评价				
自我总结：				

知识拓展

一、著名民居建筑

1. 北京四合院

四合院式住宅以北京四合院最具特色，它主要分布在京城的胡同内。胡同一般呈东西走向。北京四合院在宗法礼教支配下，按南北中轴线对称设计，前堂后寝布局，主轴线上建正厅正房，左右对峙建东西厢房。正房为一家的主人居室，两边厢房供子孙辈居住，前院倒座为客房和男仆人住房，后罩房为女仆住房及厨房、杂物间。内院四周有围廊相连，便于雨天和炎热的夏季行走。

2. 徽州民居

徽州民居是江南民居建筑中的典范。其形制多为楼房，以单元院落形成群体，符合徽人崇尚几代同堂、几房同堂的习俗。徽州民居因是徽商巨贾归乡的杰作，故建筑文化中按照阴阳五行学说处处表现商人意识。徽州民居大都毗邻幽水，面对街巷，层层跌落的马头墙高出屋脊，看起来巍峨堂皇、气度不凡，增强了建筑的体量感和建筑的完整性，营造了庞大的空间氛围。黑、白两大建筑色块的运用，既蕴含无穷的审美遐想，又以代表空无的“白”与代表玄奥的“黑”暗合中国传统文化的原型——阴阳太极。徽州民居将山水、田野、屋舍组合成一幅江南乡野园林的写意画，与徽州明清祠堂、牌坊合称为徽派“古建三绝”。

二、中国世界遗产

自1985年12月12日中华人民共和国加入《保护世界文化与自然遗产公约》的缔约国行列以来，截至2018年7月，经联合国教科文组织审核，被批准列入《世界遗产名录》的中国世界遗产共有53项（包括自然遗产13项，文化遗产36项，自然与文化双遗产4项），含跨国项目1项（丝绸之路：长安—天山廊道路网）。在数量上居世界第二位，仅次于意大利（54项）。

案例分享

九城市共同打造世界级运河旅游产品

2015年9月29日，江苏省旅游局和扬州市人民政府联合中国太平洋经济合作全国委员会和世界运河历史文化城市合作组织举办“世界运河名城旅游论坛”，论坛以“互联网十时代下的运河旅游资源开发”和“如何打造‘一带一路’框架下互联互通的运河旅游业”为主题，邀请近10位国内外运河城市专家做主题演讲。

江苏运河遗产资源居全国之首。2014年6月，中国大运河正式被录入《世界文化遗产名录》。京杭大运河全长1 000多千米，在江苏境内有690千米，流经江苏省8个城市，在江苏段拥有14个5A景区、117个4A景区，是江苏旅游资源最为集中的地区。江苏省被列为世界文化遗产的河段长度为325千米，遗产区7个，占遗产区总面积的46%；遗产点22处，占总数的40%。江苏省的运河遗产资源数量最多、价值最高、类型最全、分布最密，综合规模居中国大运河全线各省市之首。大运河在江苏段最长，扬州作为大运河的发源地和运河申遗的牵头城市，被称为“中国运河第一城”。

案例分析：因为有如此丰富的运河旅游资源，江苏省旅游部门早在 2009 年就开始编制运河旅游发展规划。目前，江苏省旅游局已组织全省 46 家旅行社，设计推出了 56 条大运河旅游精品线路，开通了“运河旅游直通车”。由各市旅游局（委）组织当地旅行社，制定惠民措施，组织开展互送客源活动。之后，旅游部门从中遴选出 5～8 条最具特色的精品线路，作为江苏旅游的主打产品推向国内市场以及欧美市场。此外，旅游部门还邀请世界级“智囊团”为大运河江苏段旅游产品的开发和旅游形象的打造出谋划策。

课堂练习

一、单项选择题

1. 中国古代陵寝制度的一次划时代的大变化是基本放弃木椁墓室而普遍采用砖石砌筑墓室，它始于（　　）。

A. 东汉　　B. 西晋　　C. 南朝　　D. 唐朝

2. 建于水边或花畔，借以成景，平面常为长方形，开敞或设窗扇的建筑是（　　）。

A. 舫　　B. 榭　　C. 轩　　D. 厅

3. 扬州园林的主人多为（　　）。

A. 失意文人　　B. 官僚　　C. 富商　　D. 寺观主持

4. 美国纽约大都会博物馆里的明轩庭院的原型殿春簃在苏州著名园林(　　)内。

A. 拙政园　　B. 狮子林　　C. 网师园　　D. 留园

二、多项选择题

1. 下列选项中，对宫殿布局的说法正确的是（　　）。

A. 左社右祖　　B. 前朝后寝

C. 中轴对称　　D. 上下一致

2. 下列属于中国古代民居类型的是（　　）。

A. 干栏式　　B. 窑洞式　　C. 四合院式　　D. 土楼式

三、名词解释

1. 如意

2. 神道

3. 榭

4. 历史文化名城

四、简答题

1. 简述我国古代宫殿的布局。

2. 我国古代陵墓形制的变化是什么？

3. 简述中国古典园林的特色。

4. 中国古代民居建筑传统习俗文化有哪些？

五、论述题

1. 请论述中国古典园林的分类，并举例说明我国古典园林构景手法的运用。

2. 中国古代民居的主要类型有哪些？请分析不同地区民居的特点。

拓展实践

1. 结合本项目的学习，请选择一例园林中的小品，设计一篇有文化内涵的导游词。

2. 通过网上调查、社会考察、采访等方式，收集相关资料、图片，了解中国的建筑类旅游资源，并进行课堂汇报。

在线思考

1. 通过本项目的学习，你是如何理解“天人合一”思想的？

2. 请通过查阅相关资料，将中国古典建筑和西式建筑进行对比。

项目五 艺术作品类旅游资源知识

项目简介

新时代的导游要做一名“杂家”，要涉猎中国传统文化的各个领域。本项目介绍了旅游文学基础知识，中国书法及绘画的发展历程、名家及流派，丝织绣品的派别，中国著名的陶器与瓷器、文房四宝、景泰蓝、漆器等传统手工艺品的特点，还介绍了一些珠宝玉石的鉴别方法。

能力目标

1. 了解中国丰富多彩的艺术作品旅游资源，在未来的工作中，能够理论联系实际，能用精彩的讲解使游客的旅途生活更精彩。

2. 在了解艺术作品的基础上，激发对导游基础知识学习的兴趣和对旅游事业的热爱。

项目分解

任务一　文学作品资源
任务二　书法及绘画作品资源
任务三　织造类工艺作品资源
任务四　陶瓷类工艺作品资源
任务五　其他类型工艺作品资源

任务一　文学作品资源

学习目标

1. 了解对联的起源与发展，熟悉一些著名的名胜古迹对联。

2. 了解我国诗词的起源与发展，理解一些重点山水名胜诗词，能够掌握著名诗词作者的朝代、姓名，名篇与风景名胜的联系，能够背诵、解释有名的诗词。

3. 理解散文游记、匾额的概况，熟悉我国古代著名散文游记的名称及作者。

学习内容

1. 对联。
2. 诗词。
3. 散文。
4. 匾额。

案例导入

山东泰安导游小王在接团时，因交通堵塞，未能及时到达接团地点，让游客等了他十几分钟。上车后，尽管小王做了诚恳的道歉，可仍有部分游客耿耿于怀，导致小王工作开展得不太顺利。到了泰山，小王在做好服务工作的同时，以一句“山莫大于泰山，史亦莫古于泰山，文更莫多于泰山”作为开篇，从吟泰山的诗词，到描写泰山的游记，再到记述泰山的神话故事娓娓道来，其旅游文学知识之丰富和深厚，深深吸引了游客。小王精彩的讲解让团里的游客早已忘记了先前的不快，并纷纷为小王竖起了大拇指。

中国的旅游是具有深厚文化底蕴的旅游。中国是诗文的国度，旅游文学浩如烟海、博大精深，要想成为优秀的导游，对旅游文学的精通是绝对不可缺少的。

一、对联

（一）概况

对联是我国文学领域一种独特的文学形式，又称楹联、对子，是写在纸上、布上或刻在竹子上、木头上、柱子上的对偶句。对联对仗工整、平仄协调，是中华语言独特的艺术形式，它广为流传，同时也是风景名胜中装点景观、表现景观文学韵味不可缺少的元素。

它的内容是对某一景区的全体或局部进行描写、概括，与景点融为一体，给人知识，引人联想，助人游兴。

（二）风景名胜对联选

故宫太和殿联

佚名

龙德正中天，四海雍熙符广运；

凤城回北斗，万邦和协颂平章。

北京故宫太和殿

【题解】太和殿俗称金銮殿，是专置皇帝宝座的宫殿。太和殿在故宫的中心部位，是三大殿之一，是皇帝举行重大典礼的地方。

【简析】皇权至上，一言九鼎，太和殿本是皇帝发号施令的地方，该对联对皇帝极尽称颂之意。

北京潭柘寺弥勒殿联

佚名

大肚能容，容天下难容之事；

开口便笑，笑世间可笑之人。

北京潭柘寺弥勒殿

【题解】潭柘寺为北京西郊著名佛寺，在门头沟潭柘山麓，因寺后有龙潭，山间有柘树而得名。

【简析】该对联用浅显的文字，生动地勾画出一位宽厚、明察、超然世外的长者形象。写得通俗、幽默，读起来发人深省。

应县木塔联

佚名

俯瞩桑干，滚滚波涛萦似带；

遥临恒岳，苍苍岫嶂屹如屏。

【题解】应县木塔本是佛宫寺释迦塔，坐落在山西省应县县城内西北角。它建于辽清宁二年（1056 年）。塔为八角形，纯木结构，未用任何金属材料，是国内保存最完好的木结构古塔。这副对联是古塔的门贴。

【简析】上下两联明喻看似平常，然而细细品味其“似带”“如屏”，是将大水视为系腰的腰带，又把大山看成挡风的家什，能有如此开阔的眼界，无非是登塔而“俯瞩”“遥临”的结果，从而写出木塔之高。古人常常用“百尺”来形容高，而应县木塔高约 200 尺，对联中竟未提及，但又巧妙地点出了木塔之孤标凌空、无所遮拦的景况。

山海关孟姜女庙联

佚名

海水朝朝朝朝朝朝朝落，

浮云长长长长长长长消。

河北山海关孟姜女庙

【题解】孟姜女庙在山海关东面的凤凰山上，面临渤海，背靠燕山。传说孟姜女跳海后，海里立刻出现两块礁石，低的是坟，高的是碑，不管潮水如何涨落，两块礁石露出水面永远那么高。这副对联依据传说而写，悬挂在孟姜女庙的两边。

【简析】本对联利用汉字一字多音的特点，采用谐音假借的手法，巧妙地构成一副谜一样的联语。构思巧妙，切合题处景物，成为世人传颂的名联。

苏州寒山寺联

清·邹福保

尘劫历一千余年，重复旧观，幸有名贤来作主；

诗人题二十八字，长留胜迹，可知佳句不须多。

江苏苏州寒山寺

【题解】寒山寺在苏州阊门外枫桥旁，建于梁天监年间（502—519 年）。唐代有高僧寒山在此任住持，改名寒山寺。该寺屡毁屡建，清光绪年间苏州知府集资重建，才有今天的规模。唐代诗人张继《枫桥夜泊》诗碑存在寺内，原为明代的文徵明所书，后字已残缺不清，清光绪年间由俞樾重写。

【简析】这副对联把长留人世的寒山寺与脍炙人口的《枫桥夜泊》互为因果地紧紧结合在一起，既推崇了佳句，又赞颂了胜迹。全联无一字直写寒山寺，而字字又离不开寒山寺，别具匠心。

扬州二十四桥联

清·江峰青

胜地据淮南，看云影当空，与水平分秋一色；

扁舟过桥下，闻箫声何处，有人吹到月三更。

江苏扬州瘦西湖二十四桥

【题解】二十四桥位于扬州旧城西门外，但究竟是一座桥呢，还是二十四座桥呢？对此说法不一。作者江峰青（生卒年不详），字湘岚，江西婺源县人，曾在浙江嘉善为官。

【简析】上联写二十四桥白天的景色，下联描绘二十四桥月夜的风情，借用王勃与杜牧名句，切合题处风貌，诗情画意，令人神往。

杭州岳王庙岳飞墓联

清·松江女史

青山有幸埋忠骨，

白铁无辜铸佞臣。

浙江杭州岳王庙

【题解】岳王庙位于杭州市西湖畔栖霞岭下，岳飞墓在岳王庙中侧，墓阙照壁嵌明代洪珠所写的“尽忠报国”四个字。墓前露台下有铁铸的秦桧、王氏、万俟卨、张俊四人的跪像，跪像背后墓阙上便刻着这副对联。作者松江女史，徐姓，清代松江（今上海）人。

【简析】这副对联通过“青山有幸”与“白铁无辜”的对照与比拟，表达出忠贞的爱国英雄永远受到人们的尊敬，而奸佞小人将永远受到人们唾骂的真理。

南昌滕王阁联

清·刘坤一

兴废总关情，看落霞孤鹜，秋水天长，幸此地湖山无恙；

古今才一瞬，问江上才人，阁中帝子，比当年风景如何？

江西南昌滕王阁

【题解】滕王阁在江西南昌市沿江路赣江边。唐高宗显庆四年（659 年），太宗之弟滕王李元婴都督洪州（今南昌）时营建，阁以其封号命名。一千多年来，滕王阁屡建屡毁，1926 年被北洋军阀烧毁，近年重建。作者刘坤一（1830—1902），湖南新宁人，清末大臣，湘军将领，曾屡次参与镇压太平天国运动，又与李鸿章等创办洋务，官至两江总督。

【简析】上联写滕王阁的兴废与风景，一个“幸”字，传达出作者对此胜地的关切之情。下联以设问追忆古人，通过古今对比，赞颂滕王阁风景的佳丽。

昆明滇池大观楼联

清·孙髯

五百里滇池，奔来眼底，披襟岸帻，喜茫茫空阔无边。看东骧神骏，西翥灵仪，北走蜿蜒，南翔缟素。高人韵士，何妨选胜登临。趁蟹屿螺洲，梳裹就风鬟雾鬓，更苹天苇地，点缀些翠羽丹霞。莫辜负四围香稻，万顷晴沙，九夏芙蓉，三春杨柳。

数千年往事，注到心头，把酒凌虚，叹滚滚英雄谁在。想汉习楼船，唐标铁柱，宋挥玉斧，元跨革囊。伟烈丰功，费尽移山心力。尽珠帘画栋，卷不及暮雨朝云，便断碣残碑，都付与苍烟落照。只赢得几杵疏钟，半江渔火，两行秋雁，一枕清霜。

云南昆明滇池大观楼

【题解】大观楼在云南昆明市大观公园内，南临滇池，与太华山隔水相望。清初为观音寺，后在寺址建楼，名大观楼。清咸丰七年（1857 年）毁于兵火，清同治五年（1866 年）重建。此联在大观楼前门柱上，孙髯于乾隆年间所作，陆树堂以草书刻联于楼前，咸丰七年与楼同毁。现存联是光绪十四年（1888 年）云贵总督岑毓英托赵藩以工笔楷书刻成的。作者孙髯（1685—1774 年），字髯翁，号姬庵，原籍陕西三原县，自幼定居昆明，清康熙至乾隆时期的民间诗人。

【简析】上联突出一个“赏”字，欣赏美景，描绘了一幅颇富滇池风物特色的风景画。下联勾勒云南的历史，重在一个“叹”字。作者追根溯源，道出了历史发展变化的必然规律，展示了一幅颇为耐人寻味的历史画卷。

二、诗词

（一）概况

诗词是指以古体诗、近体诗和格律词为代表的中国汉族传统诗歌。中国诗起源于先秦，鼎盛于唐代。中国词起源于隋唐，流行于宋代。

（二）山水名胜诗词选

黄鹤楼

唐・崔颢

昔人已乘黄鹤去，此地空余黄鹤楼。
黄鹤一去不复返，白云千载空悠悠。
晴川历历汉阳树，芳草萋萋鹦鹉洲。
日暮乡关何处是？烟波江上使人愁。

【作者】崔颢（？—754 年），唐朝诗人，汴州（今河南开封）人。唐玄宗开元进士，官司勋员外郎。早期诗多写闺情，流于浮艳，后历边塞，诗风变为雄浑奔放。严羽《沧浪诗话》誉本诗为“唐人律诗第一”。

【赏析】诗歌前四句以黄鹤楼的神话开篇，寓古今变化之感慨于其中。后四句写登临黄鹤楼所见所感，晴川、绿树、小洲、芳草，一览无余的天光水色尽收眼底。最后，触景生情，望着烟波浩渺的大江，不禁寻家乡之所在，乡愁无限。作者写景流畅自然，抒情真挚深沉，全诗突破格律，不事雕琢，起伏波澜，一片神行，被推为“黄鹤楼的绝唱”。

送元二使安西

唐・王维

渭城朝雨浥轻尘，客舍青青柳色新。

劝君更尽一杯酒，西出阳关无故人。

【作者】王维（一说 701—761 年，另一说 699—761 年），唐朝河东蒲州（今山西运城）人，祖籍山西祁县，唐朝著名诗人、画家，字摩诘，号摩诘居士，世称“王右丞”。早年信道，后期因受打击彻底禅化。存诗 400 余首，代表诗作有《相思》《山居秋暝》等。王维参禅悟理，学庄信道，精通诗、书、画、音律等，与孟浩然合称“王孟”。苏轼评价其：“味摩诘之诗，诗中有画；观摩诘之画，画中有诗。”

【赏析】这是一首著名的送别诗。在柳色青青的春天，在微雨过后的早晨，诗人在渭城举杯送别友人，唱出“劝君更尽一杯酒，西出阳关无故人”的叙别调子，语淡情浓，真挚动人，情与景融为一体。这首诗当时就谱入乐曲，成为流行的送别曲，世称“渭城曲”“阳关曲”“阳关三叠”。渭城、阳关等地，也因这首诗而声名远扬。

黄鹤楼送孟浩然之广陵

唐・李白

故人西辞黄鹤楼，烟花三月下扬州。

孤帆远影碧空尽，唯见长江天际流。

【作者】李白（701—762 年），字太白，号青莲居士，又号“谪仙人”，是唐代伟大的浪漫主义诗人，被后人誉为“诗仙”。李白与杜甫并称为“李杜”，为了与另两位诗人李商隐与杜牧即“小李杜”相区别，李白与杜甫又合称“大李杜”。李白为人豪爽大方，爱饮酒作诗，喜交友。李白有《李太白集》传世，诗作中多有醉时而作的诗，代表作有《望庐山瀑布》《行路难》《蜀道难》《将进酒》《越女词》《早发白帝城》等。

【赏析】此诗描写两位大诗人分别时充满了诗情画意的送别场景。诗歌以景抒情，把别情表达得深远悠长。“烟花三月下扬州”一句，描写了扬州繁华迷人的春景，向往之情溢于字里行间。此句意境优美，文字绮丽，被誉为“千古丽句”。“孤帆远影碧空尽，唯见长江天际流”两句，描绘了浩浩长江流向天边，一片孤帆消失在水天相接处，是一幅绝妙的图画，作者的依依惜别之情正体现在这神驰目注之中。

望岳

唐・杜甫

岱宗夫如何？齐鲁青未了。

造化钟神秀，阴阳割昏晓。

荡胸生层云，决眦入归鸟。

会当凌绝顶，一览众山小。

【作者】杜甫（712—770 年），字子美，自号少陵野老，唐代伟大的现实主义诗人，与李白合称“李杜”，杜甫也常被称为“老杜”。杜甫在中国古典诗歌中的影响非常深远，被后人称为“诗圣”，他的诗被称为“诗史”。后世称其杜拾遗、杜工部，也称他杜少陵、杜草堂。杜甫创作了《春望》、《北征》、“三吏”、“三别”等名作。杜甫的思想核心是儒家的仁政思想，他有“致君尧舜上，再使风俗淳”的宏伟抱负。杜甫在世时名声并不显赫，但后来声名远播，对中国文学和日本文学都产生了深远的影响。杜甫共有约 1 500 首诗歌被保留了下来，大多集于《杜工部集》。

【赏析】这是杜甫诗中现存最早的一首，字里行间洋溢着青年杜甫的朝气和热情。全诗以问句开篇，对泰山的惊叹仰慕之情跃然纸上，接着三句描写远远望去泰山巍峨高大、神奇秀丽，再写细望和久望中见到山中的层云飘荡、鸟儿还巢。最后以向往登岳作结束。尾句富有启发性和象征意义，表达了作者勇登绝顶、俯视一切的气魄，成为鼓舞人们攀登自然高峰和生命高峰的千古名句。

枫桥夜泊

唐・张继

月落乌啼霜满天，江枫渔火对愁眠。

姑苏城外寒山寺，夜半钟声到客船。

【作者】张继（生卒年不详），字懿孙，湖北襄州（今湖北襄阳）人，唐代诗人，天宝十二年（公元 753 年）进士。他的诗爽朗激越，不事雕琢，比兴幽深，事理双切，对后世颇有影响。可惜他的诗流传下来的不到 50 首。他最著名的诗便是这首《枫桥夜泊》。

【赏析】诗中用月落、啼鸟、霜天、江枫、渔火来烘托羁旅愁思，更以夜半寺钟揭示夜的静谧和深幽，含不尽之意在言外。寒山寺因这首名绝扬名天下。这首绝句的诗碑藏在寒山寺内，原为明代文徵明所书，后因字迹缺损，清代俞樾重写再镌。

泊秦淮

唐・杜牧

烟笼寒水月笼沙，夜泊秦淮近酒家。

商女不知亡国恨，隔江犹唱《后庭花》。

如今的秦淮夜景

【作者】杜牧（803—852 年），字牧之，号樊川居士，京兆万年（今陕西西安）人。杜牧是唐代杰出的诗人、散文家，是宰相杜佑之孙，杜从郁之子。因晚年居长安南樊川别墅，故后世称“杜樊川”，著有《樊川文集》。杜牧的诗歌以七言绝句著称，内容以咏史抒怀为主，其诗英发俊爽，多切经世之物，在晚唐成就颇高。杜牧人称“小杜”，以别于杜甫，与李商隐并称“小李杜”。

【赏析】诗歌通过夜泊秦淮所见所感，对醉生梦死的统治者提出尖锐的讽刺。作者清醒的认识、深沉的悲痛、无限的感慨寓于其中，委婉沉郁。诗中也呈现出月色笼罩下的秦淮河的繁华景象。

题临安邸

宋·林升

山外青山楼外楼，西湖歌舞几时休？

暖风熏得游人醉，直把杭州作汴州。

【作者】林升（生卒年不详），字云友，又名梦屏，南宋诗人，生平无考，生平事迹亦不详。

【赏析】诗歌写尽西湖的山光、水色、暖风、楼台、宴乐、歌舞，讽刺与鞭挞了统治阶级的偏安忘耻、腐朽荒淫，对人们醉生梦死的悲愤之情也寓于诗中。

兴安

清·袁枚

江到兴安水最清，青山簇簇水中生。

分明看见青山顶，船在青山顶上行。

广西漓江山水

【作者】袁枚（1716—1797 年），字子才，号简斋，晚年自号仓山居士、随园主人、随园老人，清代诗人、散文家、文学评论家，钱塘（今浙江杭州）人。乾隆四年（1739年）进士，授翰林院庶吉士。袁枚与纪晓岚素有“南袁北纪”之称，袁枚倡导“性灵说”，为乾嘉时期代表诗人之一，与赵翼、蒋士铨合称为“乾隆三大家”；与赵翼、张问陶并称“乾嘉性灵派三大家”；为清代“骈文八大家”之一。袁枚有《小仓山房集》《随园诗话》《补遗》《子不语》《续子不语》等著作传于世。

【赏析】作品抓住漓江的水清来写，着笔于水中的倒影，幻化出船行江中如行山顶的感觉，构思新奇，为写漓江的名绝。

忆江南

唐·白居易

其一

江南好，风景旧曾谙。日出江花红胜火，春来江水绿如蓝。能不忆江南?

其二

江南忆，最忆是杭州。山寺月中寻桂子，郡亭枕上看潮头。何日更重游!

【作者】白居易（772—846 年），字乐天，号香山居士，又号醉吟先生，祖籍太原。随其曾祖父迁居下邽，生于河南新郑，是唐代伟大的现实主义诗人，唐代三大诗人之一。白居易与元稹共同倡导新乐府运动，世称“元白”，与刘禹锡并称“刘白”。白居易的诗歌题材广泛，形式多样，语言平易通俗，有“诗魔”和“诗王”之称，有《白氏长庆集》传世。

【赏析】第一首的三四句抓住春花、春水，用色调鲜明的比喻，表现江南明媚鲜艳的春景。最后以反问句结尾，表达出对江南的无限眷恋。第二首接第一首，把记忆的场景移向杭州，抓住桂子、潮头这两个最有特色的景物，抒发出对杭州无限的怀念，发出“何日更重游”的深情呼唤。

三、散文

散文常用来记叙游览经历的旅途风物，内容涉及名胜古迹、山川景色、社会生活、风土人情等，描述生动，笔调清新，情景交融，常给人以美的享受。

唐代散文大家众多，初唐四杰之一王勃的《滕王阁序》描写了江西南昌滕王阁的景观，韩愈在《新修滕王阁记》中十分推崇此文。柳宗元非常擅长写峻山秀水，他的《永州八记》历来有“山水屏条”之称。

安徽滁州琅琊山醉翁亭

宋代游记散文的成就很高，这首先有赖于欧阳修等人提倡诗文革新，倡导“文章所宗，必以理实为要”，于是一批状物写景的游记散文应运而生。

范仲淹的《岳阳楼记》写出了岳阳楼上观看洞庭湖的乐趣；欧阳修的《醉翁亭记》写安徽滁州琅琊山的醉翁亭，亭本来很平常，但一经巨匠渲染，意境就迥然不同了。

四、匾额

匾额是古建筑的必然组成部分，相当于古建筑的眼睛。匾额中的“匾”字古代也作“扁”

江苏苏州狮子林真趣亭匾额

字，《说文解字》中对“扁”做了如下解释：“扁，署也，从户册。户册者，署门户之文也。”而“额”即悬于门屏上的牌匾。用以表达经义、感情之类的属于匾，而表达建筑物名称和性质之类的则属于额。因此，可以这样理解匾额的含义：悬挂于门屏上作装饰之用，反映建筑物名称和性质，表达义理、情感之类的文学艺术形式即为匾额。但也有说法认为，横着的称匾，竖着的称额。在历史长河中，匾额以其多变的式样、高超的书法艺术以及与雄伟壮观的建筑的相互辉映，成为建筑中不可分割的部分。

一般情况下，匾额的写作文字很少，也无复杂的结构款式，主要是讲求适情应境、文辞精粹。题书时要求高水平的书法艺术，上款下款的书写位置得当，字的大小适当。匾额大致可分为以下几种题材：

（1）楼堂殿阁的名称。如“滕王阁”“长生殿”“望月亭”“望江楼”等。

（2）商家字号的名称。如“同仁堂”“内联升”“老凤祥”“荣宝斋”等。

（3）歌功颂德的题词。如“桃李满园”“爱民如子”“高山仰止”等。

（4）绘景抒情的题词。如“清风徐来”“山清水秀”“一碧万顷”“春和景明”等。

（5）述志兴怀的题词。如“天道酬勤”“海纳百川”“与时俱进”等。

（6）庆典开张的题词。如“大展宏图”“生意兴隆”“财源广进”等。

任务二　书法及绘画作品资源

学习目标

1. 了解各个历史时期书法艺术的特点，熟悉其代表人物及作品。
2. 掌握各个历史时期中国画的特点，熟悉其代表人物及作品。
3. 了解木版年画的由来及产地，了解烙画的艺术特点。

学习内容

1. 中国书法。
2. 中国画。

3. 木版年画。

4. 烙画。

案例导入

相传，五百多年前，明宪宗亲自降旨，要在山海关城楼上挂一块题为“天下第一关”的大匾。当地官员请已年老辞官在家赋闲的两榜进士萧显书写。那萧老先生每日在偏院里练功，并未急于写字。眼见期限将至，官员急催。待那大匾挂上，萧显才发现“下”字少了一点，他便命书童端来墨盆，让人从酒楼找来麻团和抹布捆好，浸在墨盆当中，待全部浸透，再用二尺见方的棉布包好。一切准备就绪，只见萧显凝神静气片刻之后，用尽平生之力，将抹布朝箭楼上的匾额甩去，只听“叭”的一声，抹布正好落在了“下”字的右下角，补上了那一“点”。众人齐声喝彩，同声赞道：“神来之笔！”

（资料来源：http：//www. sbkk8. com/ertonggushi/minjiangushi/151320. ht. ）

中国书画以它黑白醒目、笔走龙蛇、形象生动、色彩耀眼的本体特征，总是能吸引人们的眼球。除本体特征之外，它又艺术地融合着文史哲传统文化的诸多要素，总能引来观者情绪的互动和思想的回应。因此，它能显而易见地、能动地提升大众的文化水准。

一、中国书法

中国书法是一门古老的汉字书写艺术，从甲骨文、石鼓文、金文（钟鼎文）演变为大篆、小篆、隶书，至定型于东汉、魏、晋的草书、楷书、行书等，书法一直散发着艺术的魅力。

（一）为中国书法奠定基础的先秦书法

虽然书法艺术的自觉化至东汉末才发生，但书法艺术的萌芽在汉字形成的同时就已产生了。汉字的形成经历了很长的历史时期。目前发现的关于原始汉字的资料，主要是原始社会在陶器上遗留下来的刻画符号，但它们还不是文字，只是对原始文字的产生起了引发的作用。学术界公认的我国最早的古汉字资料，是商代中后期（约公元前 14 世纪—公元前 11 世纪）的甲骨文和金文。

甲骨文发现于 1899 年，是殷商时期刻写在龟骨、兽骨上记载占卜、祭祀等活动的文字。严格来讲，直到出现了甲骨文，才称得上有了书法。因为甲骨文已具备了中国书法的三个基本要素：用笔、结字、章法。而此前的图画符号并不全有这三种要素。

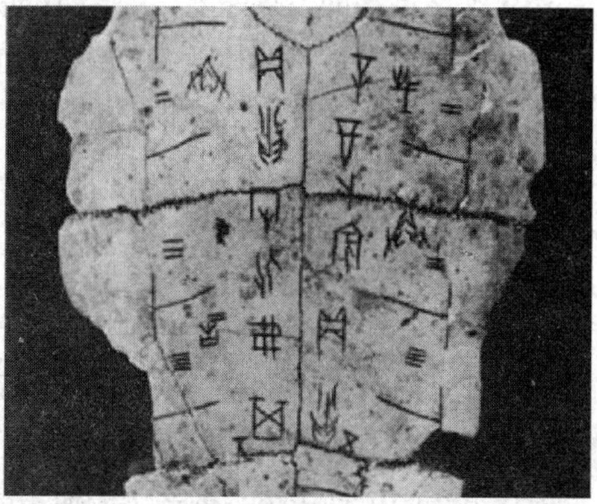

甲骨文

金文是指古代铜器上铸的或刻的文字，又称铭文，其典型代表是西周的《毛公鼎铭文》。从商代后期到秦统一中国（公元前 221 年），汉字演变的总趋势是由繁到简。这种演变具体反映在字体和字形的嬗变之中。西周晚期金文趋向线条化、战国时期民间草篆向古隶的发展，都大大削弱了文字的象形性，同时，书法的艺术性随着书体的简化而愈加丰富起来。

（二）开创先河的秦代书法

秦始皇兼并天下，丞相李斯主持统一全国文字，使之整齐划一，这在中国文化史上是一项伟大功绩。秦统一后的文字称为秦篆，又称小篆，是在金文和石鼓文的基础上删繁就简而来。秦代书法在我国书法史上留下了辉煌灿烂的一页，与雄伟的万里长城和壮观的兵马俑一样，气魄宏大，堪称开创先河，是中华民族无穷智慧的结晶。

（三）隶书大盛的汉代书法

汉代是汉字书法发展史上关键性的时期。两汉四百余年间，书法由籀篆变为隶分，由隶分变为章草、真书（楷书）、行书，直至汉末，我国汉字书体已基本齐备，不但笔法日臻纯熟，而且书体风格多样。汉代书法艺术的不断变化发展，为以后晋代流畅的行草及笔势飞动的狂草开辟了道路，而金文、小篆渐趋衰微，只是还在玺印、瓦当和嘉量上使用。

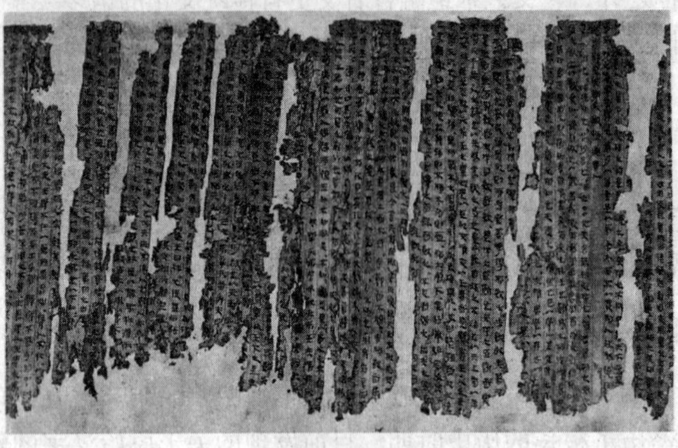

马王堆帛书

（四）完成书体演变的魏晋书法

从汉字书法的发展来看，魏晋时期是完成书体演变的承上启下的重要历史阶段，是篆、隶、真、行、草诸体兼备俱臻完善的时期。汉隶奠定了迄今为止的方块汉字的基本形态。隶书产生、发展、成熟的过程就孕育着真书，而行书和草书几乎是在隶书产生的同时就已经萌芽了。真书、行书、草书的定型是在魏晋两百年间。它们的定型、美化，无疑是汉字书法史上的又一次巨大变革。这一时期造就了两位承前启后的大书法革新家——钟繇、王羲之。

（五）民间书家大显身手的南北朝书法

南北朝时期的书法继承了东晋的风气，上至帝王，下至士庶都非常喜好书法。他们继承了前代书法的优良传统，创造了无愧于前人的优秀作品，也为形成唐代书法百花竞妍、群星争辉的鼎盛局面创造了必要的条件。南北朝书法以魏碑最为有名。魏碑是北魏以及与北魏书风相近的南北朝碑志石刻书法的泛称，是汉代隶书向唐代楷书发展的过渡时期书法。唐初的几位楷书大家，如欧阳询、褚遂良等，都是直接继承智永笔法取法六朝的。智永是这一时期主要的书法家，他是王羲之的七世孙，其主要作品有《千字文》。

（六）书学鼎盛的唐代书法

唐代文化博大精深、辉煌灿烂，达到了中国封建文化的最高峰，可谓“书至初唐而极盛”。整个唐代书法对前代既有继承又有革新。初唐书家有虞世南、欧阳询、褚遂良等人，此后有创造性的还有李邕、张旭、颜真卿、柳公权、释怀素。唐太宗李世民和诗人李白也是值得一提的大书法家。楷书、行书、草书发展到唐代都跨入了一个新的境地，时代特点十分突出，对后代的影响远远超过了以前任何一个时代。其中唐代的欧体、颜体、柳体和元代的赵体并称“楷体四家”。

（七）存唐遗风的五代书法

五代十国期间兵戈叠起，书法艺术虽承唐末之余绪，但受兵火战乱的影响，转向了凋落衰败的总趋向。五代之际，在书法上值得称道的当推杨凝式，他的书法在书道衰微的五代可谓中流砥柱。此外，还有李煜、彦修等有成就的书家。至此，唐代平正严谨的书风已告消歇，渐变入欹侧纵肆，以后北宋“四家”继之而起，又掀起了新的时代波澜。

（八）帖学大行的宋代书法

两宋三百多年间，书法发展比较缓慢。宋太宗赵光义留意翰墨，购募古先帝王名臣墨迹，命侍书王著摹刻禁中，厘为十卷，故有《淳化阁帖》。宋初的书法多从《淳化阁帖》翻刻。这种辗转传刻的帖与原迹的差别会越来越大。宋代书法帖学大行，出现了以帝王的好恶、权臣的书体为转移的趋势，影响和限制了宋代书法的发展。宋代为后世所推崇者有苏轼、黄庭坚、米芾和蔡襄，此四人合称“宋四家”。四家之外，宋徽宗赵佶的书法独树一帜，亦堪称道。

（九）宗唐宗晋的元代书法

元初经济文化发展缓慢，书法总的情况是崇尚复古，宗法晋、唐而少创新。元文宗天历初建奎章阁，专掌秘玩古物。元文宗常到奎章阁欣赏法书名画，书法一度再现兴盛局面。赵孟頫、鲜于枢等名家是这一时期书法的代表。他们主张书画同法，注重结字的体态。但元代书坛只是继承晋唐，没有自己的时代风格。

（十）由宋元上追晋唐的明代书法

明代近三个世纪中，诸皇帝都喜欢书法。明成祖定都北京以后即着手文治，诏求四方善书之士充实宫廷，缮写诏令文书等。明代帝王如仁宗、宣宗、神宗也极爱书法，故朝野士大夫重视帖学，皆喜欢姿态雅丽的楷书、行书，几乎完全继承了赵孟頫的格调。明代像宋代一样也是帖学大盛的一代，法帖传刻十分活跃。由于士大夫清玩风气和帖学的盛行，影响书法创作，因此整个明代书体以行楷居多，未能上溯秦汉北朝，篆、隶及魏体作品几乎绝迹，而楷书皆以纤巧秀丽为美。明代近三百年间虽然也出现了一些有造诣的大家，但纵观整朝并没有重大的突破和创新。其代表书法家有祝允明、文徵明、唐伯虎、董其昌等。

（十一）求变的清代书法

清代书法可分为两个时期。清初至清中期，仍是帖学大兴的时期，“清初四家”翁方纲、刘石庵、成亲王、铁保的书法集“帖学”之优，但功力不逮。清代中后期，随着考据学的兴起，书法艺术的薄弱环节——篆、隶二体被发现，于是碑学兴起，开创了一代新的古朴书风——“新篆隶”，书法艺术进入求变时期。

（十二）多元、多样的今人书法

中国近现代书法艺术向多元化、多样化发展，最显著的特点是书法不再像以前一样仅仅是文人雅士、达官贵人的专利，而是进一步“泛化”，深入社会的各个阶层，在政治界、军事界都有不少书法好手。书法活动也十分活跃，书法教育也由过去的师徒相授式渐渐向社会化教育转变。特别是新中国成立以后，书法这门古老的艺术迎来了又一个春天。

二、中国绘画

“国画”一词起源于汉代。汉朝人认为中国是居天地之中者，所以自称为中国，将中国的绘画称为“中国画”，简称“国画”，主要是指画在绢、宣纸、帛上并加以装裱的卷轴画。国画是中国传统的绘画形式，是用毛笔蘸水、墨、彩作画于绢或纸上。工具和材料主要有毛笔、墨、国画颜料、宣纸、绢等，题材可分人物、山水、花鸟等，技法可分具象和写意。中国画在内容和艺术创作上体现了古人对自然、社会及与之相关联的政治、哲学、宗教、道德、文艺等方面的认识。

（一）魏、晋、南北朝绘画

魏晋南北朝时期在艺术方面的变化更多体现在书法艺术方面。绘画艺术的变化虽然不像书法那么显著，但是社会风气的变化、崇佛思想的上扬，都让本来简略明晰的绘画进一步变得繁复起来。其中，曹不兴创立了佛画，他的弟子卫协在他的基础上又有所发展。作为绘画走向成熟的标志之一，南方出现了顾恺之、戴逵、陆探微、张僧繇等著名的画家，北方也出现了杨子华、曹仲达、田僧亮等诸多大家。画家这一身份逐渐地进入了历史书籍之中，开始在社会生活中扮演越来越重要的角色。

《女史箴图》

著名画家顾恺之的代表作《女史箴图》《洛神赋图》精确刻画了人物的精神状态，线条悠缓自然，富有动感、节奏感，画面生动，体现了诗赋原文的意境，是美术史上诗画结合的早期典范。

（二）隋唐绘画

隋唐两代在中国绘画历史上占有重要地位。隋代国祚仅 38 年，但绘画成就卓著。由于国家统一，南北地区的名家巨匠如杨子华、展子虔、董伯仁、郑法士、孙尚子、阎毗等人云集京洛，相互借鉴和交流。展子虔的传世作品《游春图》是中国山水画中独具风格的画体，亦是中国存世最古老的山水画。

《游春图》

唐代前期版图广阔、国力雄厚、经济繁荣，为文化繁荣提供了物质基础。丰富多彩的绘画正是在这样的社会条件下出现的。李思训以金碧山水闻名于世，开唐代山水画北宗之法门。王维开创泼墨山水画之先例。著名画家阎立本擅长人物画，其画作中的人物形象清俊隽秀，具有魏晋遗风，代表作有《历代帝王图》《步辇图》等。“画圣”吴道子擅长以浓墨勾线，略施淡彩，人物画达到“八面生意，窃眸欲语”的境地，代表作有《天王送子图》。

（三）五代绘画

五代时期，山水和花鸟绘画备受重视。西蜀和南唐宫廷中均有国画院，是中国历史上正式设立画院的开端。中原地区的荆浩、关仝等人以墨笔勾勒渲染的“全境”山水画与前代山水画的青绿勾填之法迥然不同。南唐董源、巨然的江南山水写意画用笔草草，不求形似，但求神韵。西蜀黄筌、黄居采父子创立了细笔勾描的花鸟画，为院体花鸟画的典范。南唐顾闳中善画人物，传世作品有著名的《韩熙载夜宴图》。

《韩熙载夜宴图》

（四）宋代绘画

宋代绘画注重色彩和水墨争辉，诗情与画意交融，艺术水准很高，山水画趋于成熟。宋初李成的画作以烟景明灭、寒林旷远的平远景致和灵动的丘岳而声名显赫，被《宣和画谱》誉为“古今第一”。范宽的画作用笔雄强坚挺、造境气度博大，在画史上与关仝、李成合称“三家山水”。米芾、米友仁父子的“米点山水”，开文人墨戏山水画的先河，其抽象而水墨迷离的情韵，对后世的绘画影响深远。

（五）元代绘画

元代绘画中，文人画占据画坛主流。元代水墨山水画特别兴盛，师法五代、北宋之风大行，而南宋时期一味刚劲外露的院体山水技法被摒弃，文人、士大夫表情达意的披麻皴山水得到大力拓展。花鸟画坛一变宋人设色浓丽精细的传统，多着以水墨或淡彩，画格工整但不精细，体貌清新雅意。著名画家赵孟頫的画作线条谨细深沉、设色浑穆文静、风格古朴稚拙，代表作有《红衣罗汉图》《浴马图》《鹊华秋色图》等。

（六）明代绘画

明代画风迭变，画派繁兴。在绘画的门类、题材方面，传统的人物画、山水画、花鸟画盛行，文人墨戏画的梅、兰、竹及杂画等也相当发达。在艺术流派方面，涌现出众多以地区为中心、以风格相区别的绘画派系。在师承方面，主要有师承南宋院体风格的宫廷绘画和浙派，以及发展文人画传统的吴门派、松江派、苏松派等派系。在画法方面，水墨山水和写意花鸟勃兴，成就显著，人物画也出现了变形人物、墨骨敷彩肖像等独特的新面貌。另外，民间绘画，尤其是版画，至明末呈现繁盛局面。

（七）清代绘画

清代人物画趋于衰落，而山水、花鸟画较为兴盛，或以地区，或以师承，或以风格等形成众多绘画流派。有风格寒荒萧疏、造境冷寂清旷的“新安画派”；有朱耷（八大山人）、弘仁、髡残、石涛组成的革故鼎新、时出新意的“四僧画家”；有以龚贤为代表的密笔短皴、注重渲染的“金陵八家”；亦有循规蹈矩、严守法度的“四王”，即王时敏、王鉴、王翚、王原祁，他们在风格上各具特点，竞争空前。乾隆时以金农、郑板桥等为代表的“扬州八怪”也很有名。

（八）近现代绘画

近、现代西方美术潮流引入，带动中国绘画的加速发展。国画艺术家如齐白石、徐悲鸿、张大千等，不但充分吸收前人的经验和技法，而且勇于突破传统模式，将中国的水墨写意与西洋画的现代造型艺术、抽象艺术等相结合，使国画成为中国艺术宝库中的一朵奇葩。

三、木版年画

年画是一种传统的民俗文化艺术。早在汉代时，在门上画门画已形成风俗，含有“御凶”的意思。特别是在农历新年时，人们都会在家门口贴上一对门神以祈求平安吉祥，同时也是为了装饰门板。最早门神画的是“神荼”和“郁垒”，这是两个最早出现在《山海经》中的人物。我们今天见到的最早雕版，是出土于北宋巨鹿城址的二片雕版。经考古专家鉴定，该雕版为北宋时的雕版原件，也是已发现的最早的年画雕版之一。木版年画发展到明代时已相当普及了，风格上继承了宋元版画的遗型，并且形成了这一形式的独特表现手法。清代康熙以后，中国民间雕版年画创作进入了极为繁荣的时期，并形成了各种流派。其中，最著名的有天津的杨柳青年画、苏州的桃花坞年画、山东潍坊的杨家埠年画。

天津杨柳青年画

苏州桃花坞年画

四、烙画

烙画又称烫画、火笔画，它是用火烧热烙铁在物体上熨出烙痕作画。烙画创作在把握火候、力度的同时，注重“意在笔先、落笔成形”。烙画不仅有中国画的勾、勒、点、染、擦、白描等手法，还可以烫出丰富的层次与色调，具有较强的立体感，酷似棕色素描和石版画。因此，烙画既能保持传统绘画的民族风格，又可达到西洋画严谨的写实效果，具有独特的艺术魅力，给人以古朴典雅、回味无穷的艺术享受。

烙画《梅花》

任务三　织造类工艺作品资源

学习目标

1. 掌握我国著名丝织品的名称、产地，了解其特点。
2. 了解我国四大名绣的名称、产地，掌握其特点。

学习内容

1. 丝织品。
2. 刺绣。

案例导入

2015 年 2 月 18 日晚八点，央视羊年春晚在央视演播大厅正式拉开帷幕。歌手李宇春演绎了歌曲《蜀绣》。该节目采用了大量的高科技手段，LED 屏幕上，李宇春随意变换分身和服装，将蜀绣的魅力演绎得淋漓尽致。《蜀绣》这首歌曲是特意为推广四川的蜀绣而作的。蜀绣作为成都历史上的城市品牌，也是国家级非物质文化遗产，在唐代曾发展到巅峰，绣制的牡丹图作为贡品上贡。蜀绣在汉末三国时就闻名天下了，民间常常以蜀绣作为定情信物。在 20 世纪 70 年代，川西农村几乎是家家女红、户户针工。从创意来讲，这首作品将“蜀绣”这种四川工艺瑰宝述之以文字、谱之以旋律，向人们充分展现了蜀绣的美。

（资料来源：http：//baike. baidu. com/subview/14978/4951190. htm. ）

一、丝织品

中国是世界上最早饲养家蚕和缫丝织绸的国家，使其在服饰上、经济上、艺术上及文化上均散发着灿烂光芒，进而使丝绸衣披天下。

（一）织锦

织锦是用染好颜色的彩色经纬线，经提花、织造工艺织出图案的织物。中国丝织提花技术起源久远。

1. 云锦

南京云锦因其绚丽多姿、灿若云霞而得名，位列中国四大名锦之首。如今仅有云锦保持着传统的特色和独特的技艺，保留着传统老式提花木机织造。目前这种靠人记忆编织的传统手工织造方法仍无法用现代化机器来替代。因此，云锦是公认的“东方瑰宝”“中华一绝”。

云锦木织机

南京云锦是最华贵、最精美的工艺美术品之一，它广泛用于制作元、明、清皇室御用龙袍、冕服，官吏士大夫阶层的贵妇衣装，以及民间宗室的喜庆、婚礼服饰等。现在，云锦多用于馈赠的礼品或个人收藏、装饰。

云锦《万紫千红》

2. 蜀锦

蜀锦又称蜀江锦，它起源于战国时期四川省成都地区所出产的锦类丝织品。蜀锦距今已有两千年的历史，大多以经线彩色起彩，彩条添花，经纬起花，先彩条后锦群，方形、条形、几何骨架添花，对称纹样，四方连续，色调鲜艳，对比性强，是一种具有民族特色和地方风格的多彩织锦。至今蜀锦仍沿袭传统的染色熟丝织造的方法，其质地柔软，色彩艳丽，品种多样，牢固耐用，主要用作被面、衣料及壁挂等。

蜀锦

3. 宋锦

宋锦产于江苏苏州，是一种历史悠久的高级丝织物。宋高宗南渡后，政治、经济、文化中心转移到江南，为适应当时艺术事业的特殊需要，在苏州织锦中出现了一种专供裱书画用的织锦，因其图案精美、色彩文雅、平整挺括，且具有宋代风格，故称“宋锦”，苏州由此成为宋锦的发源地。宋锦的实用性非常强，它质地柔软坚固、图案精美绝伦、耐磨且可以反复洗涤，适用范围非常广泛。目前，人们结合传统的制作工艺和现代的审美观念，将宋锦创新应用到了箱包、服装、家纺、工艺品等众多领域，使原本只能用作书画装裱的宋锦真正走入了寻常百姓家。

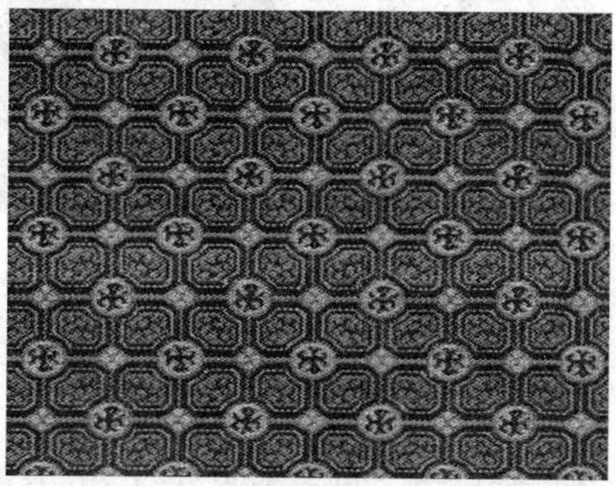

宋锦

4. 壮锦

壮锦是中国壮族传统手工织锦，约起源于宋代，它是在装有支撑系统、传动装置、分综装置和提花装置的手工织机上，以棉纱为经，以各种彩色丝绒为纬，采用通经断纬的方法巧妙交织而成的艺术品，用于制作衣裙、巾被、背包、台布等。壮锦的主要产地分布于广西靖西、忻城、宾阳等县。传统沿用的壮锦纹样主要有二龙戏珠、回纹、水纹、云纹、花卉、动物等 20 多种，近年来又出现了“桂林山水”“民族大团结”等 80 多种新图案，富有民族风格。

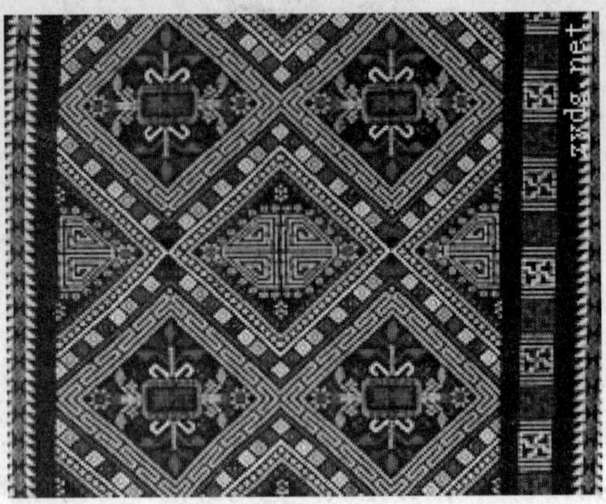

壮锦

（二）缂丝

缂丝又称“刻丝”，是我国传统丝绸艺术品中的精华，是一种挑经显纬、极具欣赏装饰性的丝织品。缂丝有其专用的织机——缂丝机，这是一种简便的平纹木机。宋元以来，缂丝一直是皇家御用织物之一。因其织造过程极其细致，摹缂常胜于原作，而存世精品又极为稀少，因而有“一寸缂丝一寸金”和“织中之圣”的说法。苏州缂丝画与杭州丝织画、永春纸织画、四川竹帘画并称中国的“四大家织”。

苏州缂丝

二、刺绣

刺绣古称“黹”“针黹”，又名“丝绣”，已经有 2 000 多年的历史。

（一）苏绣

苏绣发源于苏州。早在春秋时期，吴国已将刺绣用于服饰。到了明代，江南已成为丝织手工业中心。刺绣艺人结合绘画作品进行再制作，所绣佳作栩栩如生，笔墨韵味淋漓尽致，有“以针作画”“巧夺天工”之称。清代是苏绣的全盛时期。新中国成立后苏绣又有了很大的发展，真可谓流派众多，题材广泛。

苏绣《猫》

（二）湘绣

湘绣是湖南长沙一带刺绣产品的总称。湘绣起源于湖南民间，吸取了苏绣和粤绣的优点而发展起来。湘绣主要以纯丝、硬缎、软缎、透明纱和各种颜色的丝线、绒线绣制而成。其特点是构图严谨，色彩鲜明，针法富于表现力，通过丰富的色线和千变万化的针法，绣出的人物、动物、山水、花鸟等具有特殊的艺术效果。

湘绣《虎》

（三）粤绣

粤绣又称广绣，是流传于广州及其古属地南海、番禺、顺德等地的民间刺绣工艺，专指广州府地区的“广绣”。先前绣工大多是广州、潮州的男子，为世所罕见。

粤绣《百鸟朝凤》

（四）蜀绣

蜀绣集中于四川成都，在晋代被称为蜀中之宝。蜀绣以软缎和彩丝为主要原料，针法包括 12 大类，共 130 多种，讲究“针脚整齐，线片光亮，紧密柔和，车拧到家”，具有浓郁的地方特色。

蜀绣《熊猫》

任务四　陶瓷类工艺作品资源

学习目标

1. 了解陶瓷器的基本特点。
2. 掌握陶瓷器的区别。
3. 掌握我国著名陶瓷器的名称、产地并熟悉其特点。

学习内容

1. 中国陶瓷概述。
2. 我国著名陶瓷。

案例导入

小张是一名英语导游，这次带团参观景德镇。小张从“china”这个词说起，将中国陶瓷博大精深的悠久历史和令人称赞的绝妙工艺向外宾进行了生动介绍，博得外宾的一致好评。

中国是公认的“陶瓷”故乡，在本任务中，我们将系统地学习中国陶瓷的相关知识，为精彩的讲解储备丰富的知识。

一、中国陶瓷概述

（一）中国陶瓷发展概况

陶瓷的发明在人类社会发展史上具有划时代的意义，它是人类第一次通过物理、化学变化将一种物质改变成另外一种物质的创造性活动，是人类依靠自身力量改造大自然的开端。陶器和制陶术的发明，标志着人类蒙昧时代的结束和野蛮时代（指新石器时代至金属时代初期）的开始。英文中的“china”既有“中国”的意思，又有“陶瓷”的意思，清楚地表明了中国是“陶瓷的故乡”。早在欧洲人掌握瓷器制造技术一千多年前，中国就已经制造出了非常精美的陶瓷器。中国是世界上最早应用陶器的国家之一，而中国瓷器因其极高的实用性和艺术性而备受世人的推崇。

我国在新石器时代便发明了制陶术。公元 1 世纪的东汉时期，浙江地区率先烧制出真正意义上的瓷器。自从东汉以来，我国陶瓷业得到了持续的发展，在两千多年的发展历程中，出现了许多著名窑厂和不朽名瓷。中国瓷器发展从青瓷开始，魏晋南北朝是中国陶瓷发展的第一个高峰期。唐代是中国陶瓷的高度发展时期，南方以越窑青瓷为代表，北方以邢窑白瓷为代表，形成了“南青北白”的瓷业格局。宋代中国陶瓷业进入了全面蓬勃发展的新阶段，后人常用“五大名窑”和“六大瓷系”来表达宋代瓷业的繁荣。五大名窑是指南北官窑，南方的哥窑，北方的汝窑、定窑和钧窑；六大瓷系包括北方的定窑系、钧窑系、耀州窑系、磁州窑系和南方的龙泉青瓷窑系、景德镇青白瓷窑系。元明清三代是景德镇瓷器独领风骚的时代，为三个不同民族的统治者生产了大量精美绝伦的瓷器。元王朝在统一全国的前一年就在景德镇设立了专为宫廷和官府服务的浮梁瓷局，加上高岭土的应用、青花瓷器的烧造成功等技术成就，使景德镇迅速成为“工匠八方来，器成天下走”的全国制瓷中心。

（二）陶与瓷的区别

我们经常说的陶瓷，是指陶器和瓷器两个种类的合称。在创作领域，陶与瓷都是陶瓷艺术不可或缺的重要组成部分，但是陶与瓷却有着质的不同。

陶与瓷

陶器与瓷器的区别在于所用材料和烧成温度，二者缺一不可。陶器可以使用包括瓷土在内的各种矿物黏土制作，烧成温度较低，多在700℃～800℃，胎体基本烧结，不再遇水分解，但气孔率和吸水率较高。在显微镜下观察胎体，极少存在玻璃相莫来石结晶体，换句话说就是没有瓷化，敲击之声较沉闷。而瓷器使用的是氧化铝含量较高的瓷土即高岭土烧制。瓷器的烧成温度在1 200℃以上，胎质基本瓷化，显微观察有大量莫来石结晶体存在，气孔率和吸水率较低，敲击之声清脆。

陶器与瓷器的区别不在于有釉无釉。陶器也可以有釉，如汉代琉璃釉器（俗称汉绿釉）、唐代五彩琉璃器（俗称唐三彩）等。瓷器也可以无釉，如白瓷素胎器，由于质地洁白细腻，所以没有人会把它看成陶器。其实，商周至战国时期我国南方地区采用瓷石生产的硬质陶器，其胎质已经达到瓷化程度，敲击之声清脆悦耳，也应当属于原始瓷的范畴。

二、我国著名陶瓷

（一）景德镇瓷器

江西景德镇素有“瓷都”之称，这里千年窑火不断，其瓷器以“白如玉，明如镜，薄如纸，声如磬”的独特风格蜚声海内外。千余年来，景德镇制瓷业集历代名窑之大成，汇各地技艺之精华，形成了独树一帜的手工制瓷工艺生产体系，创造了中国陶瓷史上最辉煌灿烂的一段历史。其成就之高、影响之大、技艺之精湛、品种之齐全，是任何时代、任何窑场都难以企及的。景德镇瓷器造型优美、品种繁多、装饰丰富、风格独特。据不完全统计，景德镇出产的瓷器品种大概有250多个系列，2 000余种器型，5 000余种花面，以日用瓷、雕塑瓷、陈设瓷、仿古瓷为代表。其中青花瓷、青花玲珑瓷、粉彩瓷、颜色釉瓷合称景德镇四大传统名瓷。

青花瓷

青花瓷又称白地青花瓷，常简称青花，是中华陶瓷烧制工艺的珍品，也是景德镇瓷器的主流品种之一，属釉下彩瓷。青花瓷是用含氧化钴的钴矿为原料，在陶瓷坯体上描绘纹饰，再罩上一层透明釉，经高温还原焰一次烧成。钴料烧成后呈蓝色，具有着色力强、发色鲜艳、烧成率高、呈色稳定的特点。原始青花瓷于唐宋已见端倪，成熟的青花瓷则出现在元代景德镇的湖田窑。明代青花成为瓷器的主流，清康熙时发展到了顶峰。明清时期，还创烧了青花五彩、孔雀绿釉青花、豆青釉青花、青花红彩、黄地青花、哥釉青花等衍生品种。

景德镇青花玲珑瓷是制瓷工艺中的珍品，是明永乐年间在镂空工艺的基础上创造和发展起来的，距今已有500多年的历史。瓷工用刀片在坯胎上镂成米粒状，被人们称为“米通”，又称“玲珑眼”，再填入玲珑釉料，并配上青花装饰，入窑烧制而成。青花玲珑是把青花与玲珑在工艺制作和艺术处理上巧妙地加以融合，碧绿透明的玲珑和淡雅青翠的青花相互衬托，其釉面白里泛青，料色青翠欲滴，玲珑碧绿透明，釉中有釉，花里有花，结合得天衣无缝，充分显示了我国古代制瓷业高度的技术成就和艺术魅力。

青花玲珑瓷

景德镇陶瓷中的粉彩是清康熙末年出现的一种低温釉上彩，是五彩瓷进一步发展与升华的结果。通俗来讲，就是在彩色颜料中加铅粉，然后在瓷器上绘画，使图案更有立体感。

颜色釉瓷是江西景德镇陶瓷烧造的珍品，其釉色五彩缤纷，晶莹夺目，被誉为人造宝石。颜色釉瓷是指在釉中掺入不同金属氧化物和天然矿石为着色剂，施在瓷器的坯胎上，再将坯胎高温焙烧，烧成后呈现不同颜色的瓷器。由于窑变的不确定性，每件颜色釉瓷都是独一无二的孤品、绝品。

粉彩瓷

颜色釉瓷

（二）宜兴紫砂陶器

江苏宜兴素有“陶都”之称，这里的紫砂陶器是集陶瓷工艺和器皿造型、雕塑、绘画、书法、文学、金石艺术于一体的综合性艺术。它始于北宋，盛于明清，大致经历了以下几个发展阶段：自宋代至明正德年间（约10世纪—16世纪），为紫砂陶器的初创时期；明嘉靖至万历年间，是宜兴紫砂器的成熟时期；明末至清代，为紫砂陶器工艺的繁荣时期；近代和现代，宜兴紫砂陶器达到鼎盛时期。

宜兴紫砂壶

宜兴紫砂陶器是以宜兴当地特有的质地优良、细腻、含铁量高的特殊陶土制作而成的釉细陶器。其品类众多，有壶、杯、碟、瓶、盆、文具雅玩、人物雕塑等，以茶具为代表。宜兴紫砂壶不仅有极高的艺术价值，而且具有无可比拟的独特优点：因表里不施釉，具有良好的透气性能，所烹之茗醇芳隽永，泡茶不走味，贮茶不变色，越宿不易馊；泡茶沏以开水时，冬不易冷，夏不炙手，享有“世间茶具称为首”的赞誉。用紫砂花盆种花，成活率高，不易烂根，且“长势长，落叶迟”。用紫砂锅煨鸡、炖肉、炖鸭，肉嫩汤美，为上乘炊具。艺术性与实用性的兼具，文化内涵与艺术表达形式的提高，使宜兴紫砂陶器越出国境，享誉世界。早在1930年和1962年，宜兴紫砂陶器就分别在比利时和美国费城世界博览会获得银、金质奖。如今，宜兴紫砂陶器制作更是人才济济，名家辈出。

（三）洛阳唐三彩

唐三彩是唐代开始生产的一种低温釉陶器，釉彩有黄、绿、白、褐、蓝、黑等色，而以黄、绿、白三色为主，所以人们习惯上称之为“唐三彩”；因唐三彩最早、最多出土于洛阳，亦有“洛阳唐三彩”之称。其精湛的烧制技艺和不朽的艺术价值，是古代劳动人民智慧和艺术的结晶。

唐三彩

唐三彩的复制和仿制工艺在洛阳已有百年的历史。经过历代艺人们的研制，洛阳唐三彩的工艺技巧和艺术水平已达到了一定的高度。唐三彩的造型主要是马、骆驼、人物，造型丰满圆浑，生动传神，线条流畅，体魄健壮，古朴庄重。唐三彩的釉色通过熔融流动自然渗化，呈五光十色，炫丽晶莹，具有民族特色。

（四）龙泉窑青瓷

龙泉窑是我国著名的历史名窑，它始创于三国两晋时期。由于龙泉地区位于浙江南部的崇山峻岭中，故有着丰富的瓷土、森林和水力资源，构成了龙泉窑得天独厚的发展优势。龙泉青瓷是传统制瓷工艺的珍品，南朝时期，人们利用当地优越的自然条件，吸取越窑、婺窑、瓯窑的制瓷经验，开始烧制青瓷。在南宋时烧制出了晶莹如玉的粉青釉和梅子青釉，标志着龙泉青瓷达到了巅峰。

龙泉窑青瓷

（五）越窑青瓷

越窑是中国古代最著名的青瓷窑系。东汉时，中国最早的瓷器在越窑的龙窑里烧制成功，因此，越窑青瓷被称为“母亲瓷”。越窑持续烧制了1 000多年，于北宋末、南宋初停烧，是中国历史上持续时间最长、影响范围最广的窑系。唐代的陆龟蒙曾用“九秋风露越窑开，夺得千峰翠色来”赞美越窑青瓷。

越窑青瓷

任务五　其他类型工艺作品资源

学习目标

1. 掌握文房四宝著名产品的名称、产地和名称由来，了解其特点、原材料、工艺、品种等知识。
2. 了解我国著名玉雕、石雕、木雕、竹刻的名称、产地及特点。
3. 熟悉我国著名漆器的名称、产地及特点。
4. 熟悉景泰蓝的基本常识。
5. 了解珠宝玉石的概念，熟悉珠宝玉石的分类及主要珠宝玉石的相关知识。

学习内容

1. 文房四宝。
2. 玉雕、石雕、木雕、竹刻。
3. 漆器。
4. 景泰蓝。
5. 珠宝玉石。

案例导入

在故宫的地下室里收藏着慈禧生前最心爱的20件国宝翡翠玉雕。“一露甘甜”是慈禧太后最喜欢的一件作品，材质是冰种带彩翡翠。这是一张枯萎的荷叶，生于淤泥而一身清净无染，秋荷波动曲折，露珠晶莹滚滚。除此之外还有“岁月惊喜”三彩翡翠、“夫唱妇随”冰种黄翡、“海阔天空”老坑种翡翠、“富春兰聚”玻璃种翡翠、“喜迎仙客”玻璃种翡翠等。

（资料来源：http：//www.visitbeijing.com.cn/play/sight/n215090948_3.shtml.）

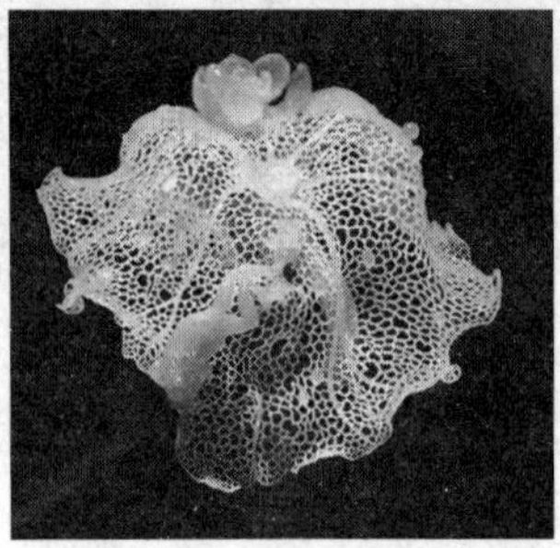

一露甘甜

一、文房四宝

文房四宝即笔、墨、纸、砚四种工具，是我国传统书法、绘画艺术的必备工具。其中，尤以湖笔、徽墨、宣纸、端砚最为著名，享有“文房四宝之首”的美誉。因文房四宝历史悠久，品种繁多，制作精良，具有独特的民族风格和文化内涵，其已突破了书写工具的实用范畴，成为制造精巧的工艺品、千金不换的收藏品。鉴赏、收藏文房四宝已成为中国旅游活动必不可少的内容，而文房四宝的生产地也成为旅游者的向往之地。

文房四宝

（一）笔

毛笔是传统绘画、书法的主要工具，以历史悠久、制作精良、品种丰富而驰名中外。古人有“笔写万物之珍，叙人与自然之情”之说。晋代张华《博物志》中载“蒙恬造笔”，说蒙恬在边关守卫，为便于书写，于是以柘木为管，以鹿毛为柱，以羊毛为被，谓之“苍毫”。考古发现秦墓中已出现朱杆毛笔，笔杆下端较粗，镂空成毛腔，笔毛放在腔内。毛笔的基本特征是笔杆硬，笔头软，笔头浑圆，笔杆对笔头的夹缠稳定。后世虽然对毛笔进行了改良，但基本构造却未变化。我国现有的毛笔品种，有宣笔、湖笔、茅龙笔、妙笔等，其中以湖笔最负盛名。

湖笔

湖笔产地在浙江湖州善琏镇，因古属湖州而得名，亦称湖颖，被誉为“笔中之冠”。湖笔具有圆、尖、齐、健四大特点，被誉为“毛硕之冠”。

（二）墨

墨是指中国古代书写和绘画用到的墨锭。自古以来墨就有黑色、朱色两大类，实际上墨是黑墨、朱墨、彩色墨的统称。东汉许慎的《说文解字》中已有墨的专门词条，即“墨者，黑也，松烟所成土也”。我国墨的产地很多，上海、安徽、北京、江苏、两广等地区至今仍是墨的产地，其中安徽徽州所产的墨为墨中上品。

徽墨

（三）纸

纸是世界公认的我国“四大发明”之一。在文房四宝中，纸是最晚出现的，但中国是全世界最早发明纸的。唐代经济、文化空前繁盛，当时益州、宣州、越州、杭州、歙州、江州、衡州、蒲州都出产上好的纸张，其中以宣州所产的宣纸最为著名。

宣纸

（四）砚

砚也称“砚台”，是调色研墨的工具。自汉代起，人们以笔蘸墨写字，笔、墨、砚三者密不可分。古人曾视砚为“文房四宝”之首。被称为四大名砚的是端砚、歙砚、洮河砚、澄泥砚，加上红丝砚，则为五大名砚。

端砚

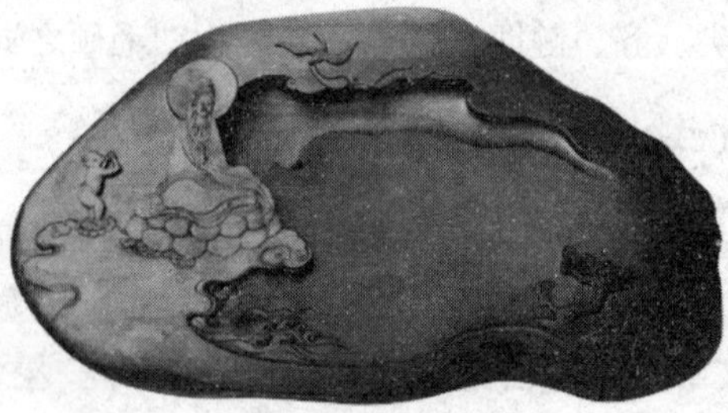

歙砚

洮河砚

澄泥砚

二、玉雕、石雕、木雕、竹刻

（一）玉雕

玉石经加工雕琢成为精美的工艺品，称为玉雕。工艺师在制作过程中，根据不同玉料的天然颜色和自然形状，经过精心设计、反复琢磨，才能把玉石雕制成精美的工艺品。玉雕是中国最古老的雕刻品种之一。

中国当代玉雕工艺，从大的流派来说，可分为南北两派。北派以北京为代表，涵盖辽宁、天津、河北、河南、新疆等北方各省市；南派则包括长江沿岸及以南地区，并分为几个支派，包括以上海穆宇静为代表的“上海工”，以苏州为代表的“苏州工”，以扬州为代表的“扬州工”，此外还有“广东工”和“福建工”。

1. 北京玉雕

北京玉雕技艺源远流长，深厚精湛，在制作上量料取材，因材施艺，遮瑕为瑜成为琢玉的重要法则。能工巧匠会利用玉石的自然形状、色泽、质地、纹理和透明度，创作出许多巧夺天工、妙趣天成的珍品。

2. 扬州玉雕

扬州本地并不产玉，但古代扬州便利的交通、繁荣的经济为玉雕的形成与发展创造了便利条件。扬州玉雕所用玉石质地坚硬致密，手工雕琢技术较为复杂，其工艺特点是琢磨。历代扬州玉雕分别保留了不同时期的艺术特征。如今，扬州玉雕《大禹治水》收藏于北京故宫博物院内，它是中国玉石雕刻技艺的代表。

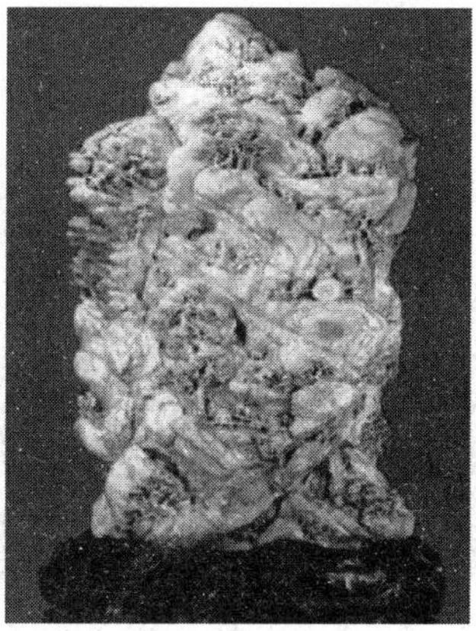

扬州玉雕《大禹治水》

3. 苏州玉雕

苏州是中国玉雕发源地之一。草鞋山、吴江梅堰古文化遗址的中上层都发现经过琢磨的玉璜、玉符等文物，这是我国迄今发现的最早玉器。苏州玉雕沿用传统技艺，选料考究，设计因材施艺，量料取材，造型别致，制品晶莹剔透。苏州玉雕的品种有炉瓶、花卉、人物、禽兽等。

（二）石雕

1. 寿山石雕

福州的寿山石雕与脱胎漆器、软木画合称“榕城三绝”。寿山石雕是传统的民间雕刻艺术，以产于福州北部山区北峰的寿山石为材料，通过特殊技艺制作出供人玩赏的小型雕刻件。其极品寿山田黄石与浙江昌化鸡血石、浙江青田冻石并称为我国的“三大佳石”，且有“一两田黄一两金”之说。

2. 青田石雕

青田石雕是指以青田石为材料雕制而成的传统工艺品。青田石产于浙江省青田县，这里历来被人们称为“中国石雕之乡”。青田石雕自成流派，奔放大气，细腻精巧，形神兼备。

寿山田黄石雕

青田石雕

3. 昌化鸡血石雕

昌化鸡血石是中国特有的珍贵宝石，具有鲜红艳丽、晶莹剔透、天生丽质的特点，历来同珠宝翡翠一样被人们珍视，被誉为中华“国宝”。它出产于浙江省临安市浙西大峡谷源头的玉岩山，这里旧属临安市原三县合一前的昌化县，故名昌化鸡血石。鸡血石硬度不高，色彩鲜艳华丽，光泽晶莹，内质温润，是制作印章等的上好材料，深受篆刻大师和收藏家的青睐，昌化石雕刻也以精湛的技艺享誉中外。

昌化鸡血石雕

（三）木雕

木雕是以各种木材及树根为材料进行雕刻，主要分布在浙江的东阳、乐清，福建，江苏，广东，湖北，山东等地。

东阳木雕因产于浙江东阳而得名，与青田石雕、黄杨木雕并称“浙江三雕”。东阳木雕是以平面浮雕为主的雕刻艺术，它通过多层次浮雕、散点透视构图、保留平面的装饰，形成了自己鲜明的特色。

东阳木雕

（四）竹刻

竹刻也称竹雕，是在竹制的器物上雕刻多种装饰图案和文字，或用竹根雕刻成各种陈设摆件，通常也指用竹根、竹材、竹器雕刻成的雕塑工艺品。竹刻主要流行于中国南方各地，明代时的江南竹刻艺术已达到全盛时期，发展为各具特色的两大流派：一派是以南京竹刻为代表的“金陵派”；另一派是以上海嘉定竹刻为代表的“嘉定派”。

南京竹刻

三、漆器

我国著名的漆器工艺有福建脱胎漆器、扬州镶嵌漆器、平遥推光漆器以及成都漆器等。

（一）福州脱胎漆器

福州脱胎漆器是具有独特民族风格和浓郁地方特色的艺术珍品，与北京的景泰蓝、江西的景德镇瓷器并称为中国传统工艺的“三宝”，享誉国内外，距今已有二百多年的历史。福州脱胎漆器的显著特征是“色彩瑰丽，光亮如镜”，人们对它的喜爱在一定程度上是因为其装饰上的丰富多彩。

福州脱胎漆器

（二）扬州镶嵌漆器

扬州镶嵌漆器以木、漆、灰、玉、石、贝、骨、箔等千余种材料，采用涂、绘、勾、刻、填、雕、镂、磨、镶、嵌、贴、作、洒等特殊工艺手法，沿用传统的坯胎制作、髹漆和各种装饰工艺制作而成。

扬州镶嵌漆器

四、景泰蓝

景泰蓝是北京著名的传统手工艺品，又称“铜胎掐丝珐琅”，俗名“珐蓝”或“嵌珐琅”，是一种在铜质的胎型上，用柔软的扁铜丝掐成各种花纹焊接上，然后把珐琅质的色釉填充在花纹内烧制而成的器物。因其在明朝景泰年间盛行，制作技艺比较成熟，使用的珐琅釉多以蓝色为主而得名景泰蓝。

景泰蓝

景泰蓝与雕漆、玉器、象牙被称为北京工艺品的“四大名旦”，是工艺美术世界里一颗璀璨的明珠。景泰蓝以其悠久的历史、典雅优美的造型、鲜艳夺目的色彩、华丽多姿的图案、繁多的品种造型与福州脱胎漆器、江西景德镇瓷器并称为“中国传统工艺三绝”。

五、珠宝玉石

（一）概念

珠宝玉石是指可以用来做装饰品、工艺品或纪念品的各种（含）岩石矿物材料，是对天然珠宝玉石（包括天然宝石、天然玉石和天然有机宝石）和人工宝石（包括合成宝石、人造宝石、拼合宝石和再造宝石）的统称，简称宝石。宝石具有美观、耐久、稀少等特点，且具有工艺价值。

（二）分类

据统计，目前自然界已发现 230 多种矿物、岩石可用作宝石。珠宝玉石按其成因类型分为天然珠宝玉石和人工宝石。

1. 天然珠宝玉石

天然珠宝玉石按成因和组成分为以下几种：

（1）天然宝石：钻石、红宝石、蓝宝石、祖母绿等。

（2）天然玉石：翡翠、软玉、岫玉等。

（3）天然有机宝石：珍珠、珊瑚、琥珀等，养殖珍珠也属此类。

2. 人工宝石

人工宝石是完全或部分由人工生产或制造用作首饰及装饰品的材料，主要有以下几种：

（1）合成宝石：合成祖母绿、合成红宝石。

（2）人造宝石：人造钇铝榴石、人造钛酸锶等，迄今为止自然界中还未发现此类矿物。

（3）拼合宝石：是由两块或两块以上材料经人工拼合而成，且给人以整体印象的珠宝玉石。

（4）再造宝石：通过人工手段将天然珠宝玉石的碎块或碎屑熔接或压结成具有整体外观的珠宝玉石，常见的有再造琥珀、再造绿松石。

3. 仿宝石

仿宝石是模仿天然珠宝玉石的颜色、外观和特殊光学效应而制成的人工宝石，例如仿钻石、仿祖母绿等。

（三）主要珠宝玉石鉴赏

自然界中已知的珠宝玉石约有230种，其中最主要的约有30种，这里仅对市场上最常见、最重要的几种进行简单介绍。

1. 钻石

钻石又称金刚钻，是指经过琢磨的金刚石。金刚石是一种天然矿物，是钻石的原石，是宝石中最贵重的一种。简单来说，钻石是在地球深部高压、高温条件下形成的一种由碳元素组成的单质晶体。如今，人们将其视为爱情和忠贞的象征。

钻石

世界各地均有钻石产出，已有30多个国家拥有钻石资源，年产量在一亿克拉左右。产量排在前五位的国家是澳大利亚、扎伊尔、博茨瓦纳、俄罗斯、南非。这五个国家的钻石产量占全世界钻石产量的90%左右。世界主要的钻石切磨中心有比利时安特卫普、以色列特拉维夫、美国纽约、印度孟买、泰国曼谷。安特卫普有“世界钻石之都”的美誉，全世界钻石交易的一半左右是在这里完成的，“安特卫普切工”便是完美切工的代名词。

2. 红宝石与蓝宝石

红宝石和蓝宝石的矿物名称为刚玉，红色的宝石级刚玉称红宝石，其余各色的宝石级刚玉称为蓝宝石、金色蓝宝石、紫色蓝宝石、绿色蓝宝石等。红宝石和蓝宝石以其晶莹剔透的美丽跻身于世界五大珍贵宝石之列，由于它们的价值、硬度仅次于钻石，又属同一种矿物，故与钻石有“姐妹宝石”之称。

世界上的红宝石主要产于缅甸、斯里兰卡、泰国、坦桑尼亚等地，其中以缅甸抹谷红宝石质量最优。

世界蓝宝石主要产于缅甸、斯里兰卡、印度、澳大利亚、中国。就颜色而论，以印度产的“矢车菊蓝”为最佳，其次为深蓝色、浅蓝色、绿色和黄色。

红宝石首饰

蓝宝石首饰

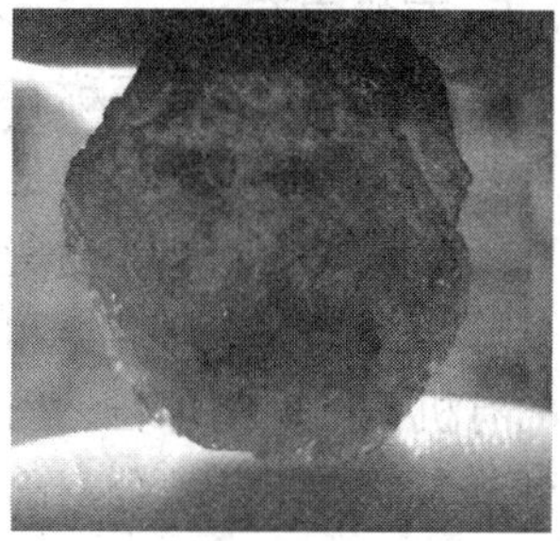
缅甸抹谷红宝石

3. 祖母绿与海蓝宝石

祖母绿与海蓝宝石都是宝石级绿柱石。翠绿色的绿柱石称祖母绿，它青翠悦目，是五大珍贵宝石之一，被称为“绿色宝石之王”。海蓝宝石因绿柱石中含 Fe^{2+} 而呈天蓝色、海蓝色而得名。

世界上最著名的海蓝宝石产地在巴西的米纳斯吉拉斯州，其次是俄罗斯、中国等。大部分海蓝宝石呈浅蓝微带绿色调，颜色如度假胜地的浅海，清新可人。

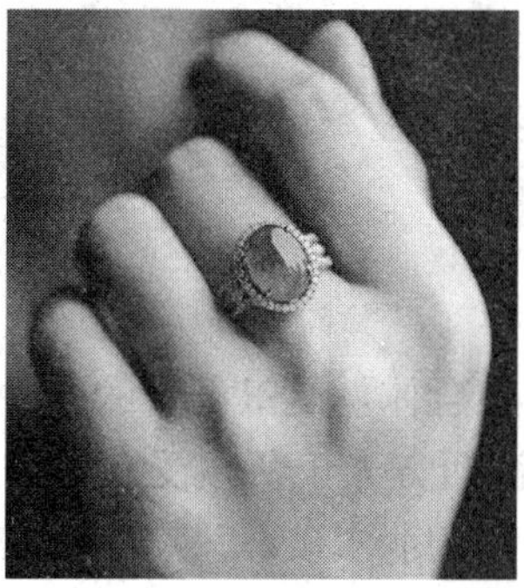
祖母绿首饰

海蓝宝石首饰

4. 金绿宝石

金绿宝石也称金绿玉。它具有四个变种，即猫眼、变石、变石猫眼和金绿宝石晶体。金绿宝石本身就是较稀少的矿物，如果能切割成大颗粒的且颜色、净度都比较好的宝石，则会令其身价倍增。在金绿宝石中，大众熟知的就是金绿猫眼，它以丝状光泽和锐利的眼线成为自然界中最美丽的宝石之一。

金绿宝石首饰

5. 有机宝石

与生物有关的宝石称有机宝石，包括珍珠、琥珀、珊瑚和象牙等。长期以来，我国既是重要的珍珠出口国，也是珍珠、琥珀、珊瑚、象牙的主要生产、加工国之一，出产的首饰、工艺品深受国内外消费者的欢迎。

珍珠是产于珍珠蚌类和珠母贝类等软体动物内，由于这些软体动物的内分泌作用而生成的有机质的矿物球粒。当外界的细小异物（沙子）侵入，接触到蚌的外套膜时，外套膜受到刺激便会不断地分泌出黏液（珍珠质），把异物一层一层包裹起来，经过很长时间便形成了珍珠。珍珠是唯一不需要加工就天然生成且带有神奇生命力的珍宝，因此弥足珍贵。

琥珀是距今 4 500 万年—6 500 万年前的松柏科植物的树脂滴落，掩埋在地下千万年，在压力和热力的作用下石化形成的，故又被称为“树脂化石”或“松脂化石”。

珍珠

琥珀

6. 翡翠

翡翠是一种以硬玉矿物为主的辉石类矿物集合体，是玉石中的一种，被称为“玉石之王”。翡翠是东方民族最喜爱的饰物，并逐渐被西方人士所接受。人们对翡翠的钟爱，是由于其颜色美丽，经久耐磨。由于全世界有价值的翡翠矿石只产于缅甸，高档翡翠的价格上涨甚剧，故翡翠被称为“五大珍贵宝石”之一。

翡翠首饰

7. 欧泊

欧泊是具有变彩效应的宝石蛋白石，英文名为 opal，源于拉丁文 opalus，意思是“集宝石之美于一身”。古罗马自然科学家普林尼曾说：“在一块欧泊石上，你可以看到红宝石的火焰，紫水晶般的色斑，祖母绿般的绿海，五彩缤纷，浑然一体，美不胜收。”

欧泊

学习评价表

标准等级	优秀	良好	及格	不及格
掌握一些旅游文学作品与风景名胜的联系，并能够背诵其中的名句				
了解各历史时期中国书法、绘画的特点，熟悉其代表人物及作品				
掌握我国著名丝织刺绣品的名称、产地，了解其特点				
掌握陶和瓷的区别，我国著名陶瓷器的名称、产地及特点				
了解其他类型工艺作品的产地及特点				
学习态度				
独立思考能力				
创新能力				
总体评价				
自我总结：				

知识拓展

选购瓷器的一般方法

选购瓷器最重要的是对瓷器的质量进行检验。在检查瓷器质量方面有“四字诀”，即“看、听、比、试”。“看”就是要将瓷器上下内外细细观察一遍。一看瓷釉面是否光洁润滑，有无擦伤、小孔、黑点和气泡；二看形状是否规整，有无变形；三看画面有无损缺；四看底部是否平整，须放置平稳，无毛刺。“听”就是听轻轻弹扣瓷器时发出的声音。如声音清脆、悦耳，则说明瓷胎细致密实，无裂损；若声音喑哑，可断定瓷胎有裂损，或者瓷化不完全，这类瓷器经冷热变化易开裂。“比”就是比较。对配套瓷器，要比较各配件，看其造型及画面装饰是否协调一致。“试”就是试盖、试装、试验。有的瓷器带盖子，有的瓷器由几个元件组合而成。在挑选瓷器时，应将盖子试盖一下，将元件试组装一下，看看是否合适。

案例分享

南京云锦华丽转身再度“惊艳”巴黎时装周

2015 年 1 月 27 日，春夏巴黎高级定制时装周在法国开幕，中国著名时装设计师劳伦斯·许再次携手南京吉祥云锦震撼亮相巴黎。这是吉祥云锦作为顶级面料供应商第二次登上法国巴黎高定舞台。吉祥云锦作为高级舞台无可争议的顶级面料供应商，将中国丝绸与时尚完美融合，致力于用手工传递皇室秘密，将蚕丝、金银、孔雀羽等珍贵材料与锦缎、丝绸、纱罗等工艺结合，打造定制化技术与皇室文化交融的现代吉祥云锦面料。劳伦斯·许以 30 套融合敦煌艺术元素的高级定制礼服，向世界展示了中国千年敦煌壮美、悠长、深邃、华丽的历史画卷。

本次发布会，吉祥云锦的面料都是云锦工艺的最高代表。其中藏青地小莲花妆花罗采用了独特的二经绞罗工艺，该项工艺曾一度失传，存世量极少。另外一款礼服采用了云锦“金色年华”面料，该面料有着独特的唐代复古风格，采用太阳菊作为主要图案，通过金、银、橙三种颜色来表现恬静平淡的田园生活，也是一款突破了传统的云锦创新之作。

（资料来源：http：//js. ifeng. com/humanity/cul/detail_2015_01/2913494809_0. shtml.）

案例分析：劳伦斯·许运用云锦为文化与时尚、传统与现代创造了一次天衣无缝的合体，这是新丝绸之路东西方文化交流的新典范，为传统民族文化的当代传承写下完美的注脚，为中国旅游添加了新的魅力元素。

课堂练习

一、单项选择题

1. 我国有史以来可查的第一副春联“新年纳余庆，佳节号长春”的作者是（　　）。

A. 王瑶　　B. 辛寅逊　　C. 孟昶　　D. 孟浩然

2. 楹联“日月光天德，山河壮帝居”的作者解缙是（　　）代人。

A. 唐　　B. 宋　　C. 元　　D. 明

3. 楹联“俯瞩桑干，滚滚波涛萦似带；遥临恒岳，苍苍岫嶂屹如屏”描写的是（　　）景致。

A. 雁门关　　B. 应县木塔　　C. 五台山　　D. 恒山

4. 诗句“分明看见青山顶，船在青山顶上行”赞美的是（　　）。

A. 路南石林　　B. 武夷山　　C. 九寨沟　　D. 漓江山水

5. 绣工多为男工，说的是（ ）。

A. 苏绣 B. 湘绣 C. 粤绣 D. 蜀绣

二、多项选择题

1. 对诗句“烟笼寒水月笼沙，夜泊秦淮近酒家。商女不知亡国恨，隔江犹唱《后庭花》”分析正确的是（ ）。

A. 作者李商隐

B. 作者生活于唐代

C. 秦淮即秦淮河

D. 诗句含蓄中蕴含着辛辣的讽刺

E. 今日的秦淮河畔是南京市的著名景点之一

2. 下列对云南滇池大观楼联“五百里滇池，奔来眼底”分析正确的是（ ）。

A. 作者是孙髯，也称孙髯翁

B. 该联被誉为“古今第一长联”“四海长联第一佳者”

C. 其中有句“伪凿习楼船，汉帝雄心驰域外”

D. 上联描写滇池风光，下联吟咏与滇池相关的古今历史

E. 大观楼位于云南昆明市西大观园公园内

3. 下列属于景德镇“四大传统名瓷”的有（ ）。

A. 青花瓷 B. 彩色釉瓷 C. 釉下彩瓷 D. 粉彩瓷 E. 青花玲珑瓷

4. 以下工艺品中，属于中国传统工艺“三绝”的是（ ）。

A. 江西景德镇瓷器 B. 福州脱胎漆器 C. 北京景泰蓝

D. 北京雕漆 E. 湖南长沙湘绣

5. 明代中期，苏州吴门画派的代表人物有（ ）。

A. 沈周 B. 石涛 C. 文徵明 D. 唐寅 E. 仇英

三、名词解释

1. 对联

2. 匾额

3. 烙画

4. 洛阳唐三彩

5. 文房四宝

四、简答题

1. 简述陶与瓷的区别。

2. 简述珠宝玉石的分类。

五、论述题

请结合具体的旅游目的地，谈谈对联对旅游文化的作用。

拓展实践

通过参观本地博物馆，了解历代工艺品旅游资源，并进行课堂汇报。

在线思考

收集整理一个景点或旅游目的地的诗词佳句，品味不同时代不同作者的心境，并思考如何将其运用到导游词的创作中。

项目六 休闲养生类旅游资源知识

项目简介

随着物质生活水平的提高，人们对健康、愉快、长寿越来越重视，单纯的养生已难以满足人们对高品质生活的追求，养生休闲旅游应运而生，并开始在我国以及国际范围内成为一种趋势。本项目介绍了中国烹饪文化及名菜名点，中国酒茶的分类及名品，中医中药的特点和在生活中的应用，健身武术、养生气功等休闲养生类旅游资源。

能力目标

1. 了解中国传统养生文化，丰富理论知识，进一步熟悉中国传统养生文化的内容。

2. 在了解中国传统养生文化的基础上，思考中国养生文化在生活和旅游中的实际应用问题。

3. 提高综合理论水平，增强民族自豪感，树立正确的人生观、价值观。

项目分解

任务一　烹饪营养类旅游资源
任务二　酒与茶类旅游资源
任务三　中医中药类旅游资源
任务四　武术气功类旅游资源

任务一 烹饪营养类旅游资源

学习目标

1. 理解中国烹饪的特点。
2. 掌握中国烹饪和面点的主要风味流派的特点及代表名菜。

学习内容

1. 中国烹饪概述。
2. 中国菜肴风味流派。
3. 中式面点。

案例导入

多种多样的“锅”

李明为了能够成为一名合格而称职的地陪导游员，每次上团前他都要对景点所涉及知识进行全面的梳理，这个良好的习惯也使他赢得了游客的赞赏。

有一次，李明带领一个夏令营的团队参观项王故里，当讲到“破釜沉舟”时，有个学生问：“什么是釜，长什么样啊?”李明很专业地告诉他：“釜，圆底、无足，安置在炉灶之上或是以其他物体支撑煮物，可视为锅的前身。”在参观楚国风俗展示区的时候，李明又详细地向游客介绍了甑、甗、鬲等几种古代炊具的使用方法。游客们无不佩服李明的知识渊博，更惊叹中国的饮食文化博大精深。

（资料来源：http：//jpk.hbtvc.com/ldyy2010/ku/307.htm.）

作为一名优秀的导游，不仅要将所参观景点的讲解词背得滚瓜烂熟，而且要对“景”背后的文化了如指掌。只有这样，才能随时回答游客的提问，满足游客的好奇心。

一、中国烹饪概述

“烹饪”一词最早见于《易传・彖传下・鼎》：“以木巽火，烹饪也。”随着历史发展和社会进步，烹饪已经成为人类膳食的艺术。对食品进行加工处理，色香味形俱佳，不但能让人在食用时感到满足，而且能让食物的营养更容易被人体吸收。

中国烹饪经过实践探索和发展，凝聚了中国几千年的文化精髓，体现了中华民族的饮食文化传统，与世界各国烹饪相比，有许多独特之处。

（一）风味多样

中国幅员辽阔，物种繁多，各地由于气候、物产、风俗习惯的差异，自古以来，在饮食上就形成了各不相同的风味。在饮食文化上我国以“南米北面”著称，在口味上有“南甜北咸，东辣西酸”之别。就地方风味而言，主要有巴蜀、齐鲁、淮扬、粤闽四大风味。

（二）四季有别

一年四季，按季节而调配饮食，是中国烹饪的主要特征。我国春夏秋冬四季分明，各种食物原料因时迭出。《周礼》载：“凡和，春多酸，夏多苦，秋多辛，冬多咸，调以滑甘”，就是说味道要应合季节时令。

（三）讲究美感

中国烹饪不仅讲究技术精湛，更讲究菜肴的美感。菜肴美感的表现是多层次的搭配协调，强调的是食物的色、香、味、形与器的协调一致。厨师们利用精湛技巧及自身独到的艺术修养，让普普通通的食物达到色、香、味、形美妙绝伦的艺术统一，给人以物质和精神高度统一的享受。

花色拼盘

（四）注重情趣

自古以来，我国烹饪就注重品味情趣，不仅对菜肴点心的质量、营养有严格的要求，而且对食物的色、香、味、形、器、质、名的协调搭配要求严格，其目的就是要给人以雅致的艺术享受。中国菜肴的名称具有千变万化、雅俗共赏的特点。除了根据主、辅、调料及烹调方法写实命名外，还有以历史典故、神话传说、名人食趣、菜肴形象着意渲染的菜名，诸如“全家福”“龙凤呈祥”“霸王别姬”等，立意新颖，意趣盎然。

霸王别姬

（五）食医结合

在我国，几千年前就有“医食同源”“药膳同功”之说，强调菜肴充分利用食物原料的药用价值，烹成各种美味的佳肴，达到对一些疾病的防与治的功效。这充分说明我国的烹饪技术和医疗养生有着密切的联系。

二、中国菜肴的风味流派

中国菜肴由于地区不同，表现出明显的地域差异性，它们各用各的原料，各有各的方法和口味特点，这种特色被称为风味。

一些原料选择、相互搭配、烹调方法、口味特点相同或相近的区域内的烹调师结合在一起，形成一股烹饪潮流，他们烹调菜肴的风味表现出鲜明的一致性。这种烹调个性相近、风格相近的集合体，被称为风味流派。

（一）地方风味菜

1. 山东风味菜

山东风味菜简称鲁菜，主要由济南风味、胶东风味和济宁风味构成。其主要特点是：

（1）用料广泛、刀工精细。

山东风味菜用料广泛，选料讲究，上至山珍海味，下至瓜果蔬菜、畜肉内脏等一般原料，都能制成美味佳肴。其刀工处理变化多端，能根据原料特色和烹调要领进行适当变化，烹制出不同的菜肴。

（2）精于制汤、注重用汤。

山东风味菜十分注重用汤调味，且精于制汤。色清鲜者为清汤，白醇者为奶汤。在制汤原料上十分讲究，常采用具有鲜味的动物肉、骨熬制，如老母鸡、鸭、海鲜、猪肘等。

（3）技法全面、讲究火候。

山东风味菜采用的烹调方法多种多样，其中主要的方法有30种以上，如爆、炒、烧、炸、蒸、扒等，形成了一系列具有地方特色的烹调方法。仅就爆的方法而言，又分为若干种，如油爆、汤爆、葱爆、芫爆、酱爆等。山东风味菜还特别注重火候的掌握与运用，不同的方法采用不同的火候。

九转大肠

（4）咸鲜为主、善用葱香。

山东风味菜调味讲究纯正，以咸鲜为主，其他味型为辅。葱为山东特产，用葱调味是其特长，无论是爆、炒，还是扒、烧，山东风味菜都借助葱香提味，形成了浓郁的地方特色。

（5）丰满实惠、雅俗皆宜。

山东风味菜与山东民风相适应，注重丰满实惠。如宴会上的菜品历来以大菜、热菜为主调，民间饮食尤其重视经济实惠。

山东风味菜的代表菜有“葱烧海参”“油爆双脆”“锅烧肘子”“清汤燕菜”“烩乌鱼蛋”“糖醋黄河鲤鱼”“九转大肠”“油爆海螺”“清蒸加吉鱼”“奶汤蒲菜”“油焖大虾”等。

2. 四川风味菜

四川风味菜简称川菜，主要由成都风味、重庆风味和自贡风味构成。其主要特点是：

（1）调味多样。

四川风味菜味型十分丰富，享有“百菜百味”之誉。川菜以麻辣为基调，融汇了多种味型，而且一种味型又有多种变化。四川风味菜的主要味型有麻辣、鱼香、红油、怪味、豆瓣、家常等。

（2）选料广泛。

四川号称“天府之国”，物产极为丰富，四川风味菜就是以此为基础形成和发展起来的。当地特产从动物到植物，从低档到高档，凡是能作为烹饪原料的，均为取材对象。特别是郫县豆瓣、新繁泡菜、潼川豆豉、简阳辣椒、汉源花椒等调料都很有特色。

（3）方法多样。

四川风味菜常用的烹调方法达数十种，其中以干煸、干烧、小煎、小炒最具地方特色。四川风味菜中的小炒讲究急火短炒，不过油、不换锅，一锅成菜，敏捷泼辣。

干煸牛肉丝

（4）博采众长。

四川风味菜善于融合其他风味菜的长处，如宫廷、官府、寺院、少数民族菜等。四川风味菜在吸收山东风味菜制汤调味的优点后，形成了注重用汤、色调自然的特点。

四川风味菜的代表菜有“樟茶鸭子”“宫保鸡丁”“鱼香肉丝”“麻婆豆腐”“水煮牛肉”“毛肚火锅”“干煸牛肉丝”“干烧岩鲤”“川府豆花”“家常海参”“回锅肉”等。

3. 广东风味菜

广东风味菜简称粤菜，由广州风味、潮州风味、东江风味和港式粤菜风味构成。其主要特点是：

（1）用料广博。

广东特殊的地理环境和风俗习惯，使得广东风味菜的原料广博多样、奇特杂异，生猛海鲜、飞禽走兽等无所不用。在调料方面，除了一些常用调料外，粤菜中的蚝油、鱼露、柱侯酱、沙茶酱、老抽、生抽等都别具一格。

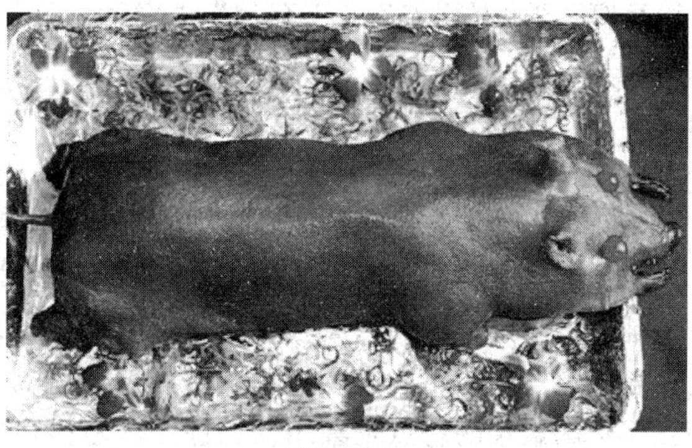
脆皮乳猪

（2）方法独特。

广东风味菜所用烹调方法不但多，而且善于变化。除常见的烹调方法外，还有自己独有的方法，如焗、煲等，从而形成了广东风味菜特有的风味。

（3）兼容并蓄。

在其形成发展过程中，广东风味菜既吸收国内其他风味菜之长，又借鉴国外一些比较科学的方法。这使广东风味菜适应了不同地域、不同层次的要求，为自己开拓了广阔的生存发展空间。

（4）口味清鲜。

广东风味菜调味以突出清鲜为主，讲究滑爽脆嫩，而且注重随时令的变化而变化。除此以外，广东风味菜还注重夏秋清爽以消暑清火，冬春浓郁以进补滋身。

广东风味菜的代表菜有“蚝油牛肉”“大良炒鲜奶”“白云猪手”“脆皮鸡”“脆皮乳猪”“东江盐焗鸡”“三蛇龙虎会”“红烧大裙翅”等。

4. 江苏风味菜

江苏风味菜简称苏菜，由淮扬风味、金陵风味、苏锡风味和徐海风味构成。其主要特点是：

（1）用料讲究、四季有别。

江苏风味菜选料严谨，制作精细，在讲究原料选择的同时，不拘一格、因材施艺、物尽其用，菜肴别具风味。同时，随四季变化，江苏风味菜清、腻、淡、浓的口味也有区别。

（2）刀工精细、刀法多变。

江苏风味菜讲究刀工成形，注重在加工原料过程中刀法的运用，能根据原材料质地的不同运用不同的刀法处理，形成刀法多样、富于变化、精妙细致的特色。

清炖蟹粉狮子头

（3）重视火候、讲究火功。

江苏风味菜在烹调方法上以炖、焖、蒸、烧、炒见长，同时重视煨、叉烧等。这些烹调方法都体现了火候的重要和火功的精妙，如“扬州三头”“苏州三鸡”“金陵三叉”等。

（4）口味清鲜、咸中稍甜。

江苏风味菜都突出其所用原料主体的本味，调味过程中注重其“清”，保持一物呈一味、浓而不腻、淡而不薄，从而形成了江苏风味菜的基本风味格调。

江苏风味菜的代表菜有“松鼠鳜鱼”“清炖蟹粉狮子头”“梁溪脆鳝”“大煮干丝”“镜箱豆腐”“水晶肴蹄”“三套鸭”“清蒸鲥鱼”“扒烧整猪头”“拆烩鲢鱼头”“金陵盐水鸭”等。

（二）其他特色菜

除了上述地方风味菜以外，中国的特色菜还有很多，在此仅举一例——中国素菜。

中国素菜起源于先秦时期，是以粮豆蔬果为主体的膳食传统。自汉魏时起，这一膳食传统逐步与佛、道的教义教规结合，由寺观向民间发展，最终形成素菜。素菜由清素的寺观素菜、宫廷素菜、民间素菜、市肆素菜构成。

中国素菜的特点是禁用动物性烹饪原料和辛香类菜蔬，刀工精细、善于仿形、技法全面，口味具有一定的地域倾向性，素净鲜香、清淡爽口，食疗功效明显，被视为养生佳品。

中国素菜的代表菜有“炒蟹粉”“素火腿”“罗汉斋”“鼎湖上素”“半月沉江”“金针黄花”“面筋腐竹”“魔芋豆腐”“香炒白果”等。

三、中国面点主要风味流派

面点是中国烹饪的重要组成部分。经过长期的发展，历代面点师在不断实践和广泛交流中，创制了口味淳美、工艺精湛的各种面点。这些面点不仅丰富了人们的生活，在国外亦享有很高的声誉。

我国幅员辽阔、资源丰富，加上受各地气候、特产、民俗习惯等诸方面因素的影响，面点制品不仅品种繁多，而且具有浓郁的风格和特色。从全国来看，大体形成了京式、苏式、广式三大风味流派。

（一）京式面点

京式面点泛指黄河流域及黄河以北的大部分地区所制作的面点，以北京为代表，故称京式面点。京式面点师特别擅长制作面食，并有独到之处。如被称为中国面食绝技的“四大面食”——抻面、刀削面、小刀面、拨鱼面，均以独特的风味享誉国内外。

京式面点中富有代表性的品种有龙须面、抻面、山西刀削面、银丝卷、三杖饼、一品烧饼、麻酱烧饼、北京都一处烧卖、天津狗不理包子、酥盒子、莲花酥、萨其马、豌豆黄、芸豆卷、艾窝窝、京八件等。

山西刀削面

北京都一处烧卖

（二）苏式面点

苏式面点泛指长江中下游江、浙、沪一带所制作的面点，以江苏为代表，故称苏式面点。

江浙一带是我国著名的鱼米之乡，物产丰富，为制作多种多样的面点提供了良好的物质条件。苏式面点包括宁、沪、苏州、淮扬、杭宁等风味流派。

苏式面点的代表性品种有扬州的三丁包子、翡翠烧卖、千层油糕；淮安的文楼汤包、黄桥烧饼；苏州的糕团、花式船点、苏式月饼；上海的南翔小笼包、生煎馒头；杭州的小笼包；宁波的汤圆及各式酥点等。

扬州三丁包子

苏州船点

（三）广式面点

广式面点泛指珠江流域及南部沿海地区所制作的面点，以广东为代表，故称广式面点。

广式面点中具有代表性的品种有笋尖鲜虾饺、蚝油叉烧包、娥姐粉果、鸡油马拉糕、生磨马蹄糕、伦教糕、糯米鸡、卷肠粉、佛山盲公饼、南乳鸡仔饼、老婆饼、莲蓉甘露酥、咸水角、蕉叶粑、蜂巢荔芋角、广式月饼、鲜奶鸡蛋挞等。

卷肠粉

蚝油叉烧包

咸水角

任务二　酒与茶类旅游资源

学习目标

1. 了解中国酒、茶的发展史。
2. 理解中国酒礼、酒令的相关知识。
3. 掌握中国酒的分类、特点及代表酒品的相关知识。
4. 掌握中国基本茶类的特点及代表名茶的相关知识。

学习内容

1. 中国酒文化。

2. 中国茶文化。

案例导入

来自“啤酒节”的提问

2018年8月18日，导游员小王带着一群年轻的游客在青岛崂山区世纪广场啤酒城参观，当时正值青岛啤酒节。“导游，为什么经常喝啤酒的人长‘啤酒肚’，而经常喝白酒的人不长‘白酒肚’呢?”“导游，为什么青岛每年都举行啤酒节，我们那里为什么不举行啊?”“导游，啤酒到底是不是酒?”……面对游客这些稀奇古怪的问题，小王很头疼，这都是些什么问题啊！和旅游有关吗？但是当他看到游客那或是期待或是得意的目光时，脸却越来越红……

（资料来源：http：//jpk. hbtvc. com/ldyy2010/ku/307. htm.）

在游客的心目中，导游员是无所不能的“万事通”，不仅要“上知天文，下知地理”，还要懂生活中的“鸡毛蒜皮”。所以，导游员要想成为游客心目中的“万事通”，不仅要了解生活中的常识，还要能够用理论知识进行科学的解释。

一、中国酒文化

酒是一种用粮食、水果等含淀粉或糖的原料，经过发酵制成的含乙醇的饮品。它具有使人精神振奋、刺激饮食、消除疲劳、加快血液循环、促进人体新陈代谢的作用。同时，在酒会、宴会、聚餐等场合，举杯祝酒更能活跃气氛，增进友谊。

（一）中国酒的发展

中国是世界上最早酿酒的国家之一。近年来，随着科学技术的进步，我国的酿酒工业又有了很大的发展，形成了相当规模的生产能力。

（二）中国酒的分类及名品

如今，酒的种类繁多，酿酒所用原材料和酒的酒精含量也有很大的差异，人们为了便于了解和记忆，于是用不同的方法将它们进行分类。

按制造工艺不同，酒可分为发酵酒、蒸馏酒和配制酒。

按酒精含量不同，酒可分为低度酒（38%以下）、中度酒（38%～50%）和高度酒（51%以上）。

按商品特性来分，酒可分为白酒、黄酒、果酒、啤酒、露酒、药酒等。这也是我们常用的分类方法。

1. 白酒

白酒是中国传统蒸馏酒，是以曲类、酒母为糖化发酵剂，利用淀粉质（糖质）原料，经蒸煮、糖化、发酵、蒸馏、陈酿和勾兑酿制而成的各类酒品。中国白酒历史悠久，种类繁多，在国家级评酒中，往往按酒的主体香气成分的特征对白酒进行归类，如酱香型、浓香型、清香型、米香型等。

2. **黄酒**

黄酒是我国特有的酿造酒，同时也是我国最古老的饮料酒，距今已有三千多年历史，是东方酿造酒的典型代表。它是以糯米、大米或黍米为主要原料，经蒸煮、糖化、发酵、压榨而成，因其酒液呈黄色而取名为黄酒。成品黄酒用陶坛盛装封口，酒液越陈越香，故又称老酒。黄酒为低度原汁酒，色泽金黄或褐红，含有糖、氨基酸、维生素及多种浸出物，营养价值高。

黄酒的分类方法较多，最为常见的是按酒的原料、酿制工艺和风味特点的不同，将黄酒分为江南糯米黄酒、福建红曲黄酒和山东黍米黄酒。

3. **啤酒**

啤酒是以大麦为主要原料，以啤酒花为香料，经发酵酿制而成的一种含有大量二氧化碳气体的低度酒。啤酒具有明显的麦芽和酒花清香，口味纯正爽口，内含丰富的营养成分，所以深受消费者喜爱。

依据分类标准不同，啤酒种类也不同，如根据麦芽汁浓度，啤酒分为低浓度型、中浓度型、高浓度型；根据啤酒色泽，啤酒分为黄啤酒和黑啤酒；根据灭菌情况，啤酒分为鲜啤酒和熟啤酒。

4. **果酒**

果酒是以各种果品和野生果实为原料，采用发酵酿制法酿成的各种低度饮料酒。果酒中以葡萄酒最为普遍。

葡萄酒因为酿制采用的葡萄品种和酿制工艺的不同，形成了很多品种。按酒的颜色可分为红葡萄酒、白葡萄酒、玫瑰葡萄酒；按酒的含糖量可分为干葡萄酒、半干葡萄酒、半甜葡萄酒、甜葡萄酒；按含气状态可分为静态葡萄酒、起泡葡萄酒。

（三）酒礼和酒令

所谓酒礼，就是饮酒的礼仪、礼节。我国自古就有“酒以成礼”之说。先秦时代，酒主要用于祭祀。下层民众平时不得随意饮酒，只有在祭祀等重大典礼时才可依一定规矩分饮，成为“礼”的演示的重要程序以及“礼”的一部分。随着社会的发展，关于酒的观念和风气也发生了很大变化，人们除了在祭祀中饮酒外，非祭祀的饮酒也大量存在。饮酒逐渐变成象征性的仪式，而后世的酒礼多偏重于宴会规矩，如发柬、恭迎、让座、斟酒、敬酒、祝酒、致谢、道别等，将礼仪规范融入觥筹交错之中，使宴会既欢娱又有节制，既洒脱又文雅。

酒令也称行令饮酒，是酒席上饮酒时助兴的一种劝饮游戏。一般做法是酒席上推一人为令者，余者听令，按一定的规则或猜拳，或猜枚，或巧编文句，或进行其他的游艺活动，负者、违令者、不能完成者，都要被罚饮酒。如果遇到同喜可庆的事项时，则饮酒共同庆贺，称为“劝饮”，有奖勉之意。相对而言，酒令是一种公平的劝酒手段。在酒令活动中，人们凭的是智慧和运气，并按一定的规矩行事，因此酒令也是酒礼的表现形式之一。

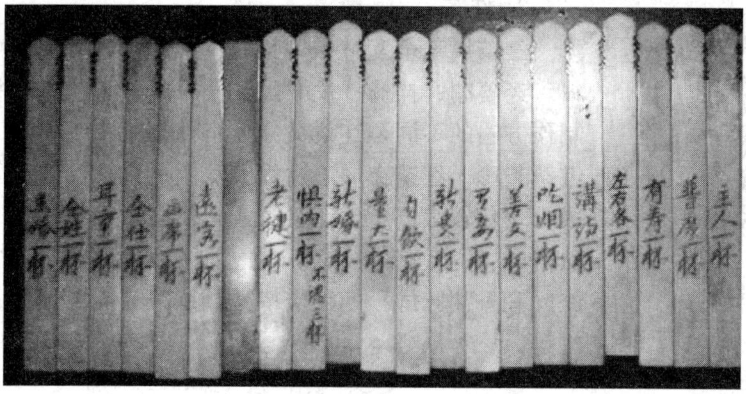

晚清象牙行酒令牌

二、中国茶文化

茶是一种由茶树的叶或芽制作的饮品，也泛指可用于泡茶的常绿灌木的叶子，以及用这些叶子泡制的饮料，后来引申为所有用植物的花、叶、种子、根泡制的草本茶。茶是人们日常生活中的饮品，具有较高的营养与医用价值，对维持人体健康有着积极的作用。

茶叶按制作工艺可分为不发酵茶、半发酵茶、全发酵茶；按商品特性可分为基本茶和再加工茶。

（一）基本茶

基本茶按加工工艺的不同，可具体分为以下六大类。

1. 绿茶

绿茶是我国历史最悠久的茶类，也是我国产区最广、产量最高、品质最佳的一种茶。绿茶属于不发酵茶，是以茶树新梢为原料，经杀青、揉捻、干燥等典型工艺过程制成的茶叶。绿茶按干燥和杀青方法的不同，一般分为炒青、烘青、晒青和蒸青四种。绿茶较多地保留了鲜叶内的天然物质，从而形成了绿茶“清汤绿叶，滋味收敛性强”的特点。中国绿茶名品最多，不但香高味长，而且造型独特，具有较高的艺术欣赏价值。绿茶的代表性品种有西湖龙井、洞庭碧螺春、黄山毛峰等。

西湖龙井（左）　洞庭碧螺春（中）　黄山毛峰（右）

祁门红茶

2. 红茶

红茶属于全发酵茶，以适宜制作本品的茶树新芽叶为原料，经萎凋、揉捻、发酵、干燥等典型工艺过程精制而成。按制作方法的不同，红茶又分为小种红茶、工夫红茶、红碎茶和红茶茶珍。红茶在加工过程中发生了化学反应，鲜叶中的化学成分变化较大，产生了茶黄素、茶红素等新的成分，香气物质从鲜叶中的50多种增至300多种，从而形成了“红茶、红汤、红叶和香甜味醇”的品质特征。红茶的代表性品种有祁红、滇红等。

3. 乌龙茶

乌龙茶亦称青茶，属于半发酵茶，是我国名茶中独具鲜明特色的茶叶品类。乌龙茶综合了绿茶和红茶的制法，其品质介于二者之间，既有红茶的浓鲜味，又有绿茶的清香，享有“绿叶红镶边”的美誉。乌龙茶又被人们称为“美容茶”或“健美茶”，其药理作用突出表现在分解脂肪、减肥健美等方面。乌龙茶的典型代表有安溪铁观音、武夷岩茶等。

安溪铁观音

武夷岩茶

4. 白茶

白茶属于轻微发酵茶，是我国茶类中的特殊品种。白茶的制作工艺一般分为萎凋和干燥两道工序，其关键在于萎凋。其精制工艺是在剔除梗、片、蜡叶、红张、暗张之后，以文火烘焙至足干，只宜用火香衬托茶香，待水分含量为4%～5%时，趁热装箱。白茶制法的特点是既不破坏酶的活性，又不促进氧化作用，且保持毫香显现，汤味鲜爽。白茶的代表性品种有白牡丹、白毫银针等。

5. 黄茶

黄茶属于轻微发酵茶，它的制作方法与绿茶有相似之处，不同点是多了一道闷堆工序。这个闷堆过程是黄茶制法的主要特点，也是它与绿茶的基本区别。黄茶按鲜叶的嫩度和芽叶大小分为黄芽茶、黄小茶和黄大茶三类。黄茶的代表性品种有君山银针、蒙顶黄芽等。

6. 黑茶

黑茶是利用菌发酵的方式制成的全发酵茶，是我国特有的茶类。其制作基本工艺流程是高温杀青、初揉、渥堆、复揉、干燥。由于黑茶的原料比较粗老，制作过程中往往要堆积发酵较长时间，所以叶片大多呈现暗褐色，故称黑茶。因产区和工艺上的差别，黑茶又有湖南黑茶、湖北老青茶、四川边茶和滇桂黑茶之分。其中，云南黑茶是用滇青毛茶经潮水沤堆发酵后干燥而成的，称普洱茶。普洱散茶是黑茶中独具浓醇陈香的品种。

白毫银针

君山银针

云南普洱散茶

（二）再加工茶

再加工茶是以各种毛茶或精制茶进行再加工而成的茶，包括花茶、紧压茶、药用保健茶等。

1. 花茶

花茶是根据茶叶容易吸附异味的特点，用茶叶和香花进行拼和窨制，使茶叶吸收花香而制成的香茶。窨制花茶的香花有茉莉花、玫瑰花、珠兰花等，花茶的茶坯主要用烘青绿茶。花茶香气的高低取决于所用鲜花的数量和窨制的次数，窨制的次数越多，香气越高。花茶的代表性品种有茉莉花茶、玫瑰花茶等。

2. 紧压茶

紧压茶是将各种散茶经渥堆、蒸、压等典型工艺过程加工而成的茶叶，俗称边销茶。现代的紧压茶以制成绿茶、红茶或黑茶的毛茶为原料，蒸压成砖、饼、筒、团等形状，其中以用黑茶制成的紧压茶为大宗。紧压茶的代表性品种有云南普洱茶饼、湖北老青砖、安化花卷茶等。

云南普洱茶饼

湖北老青砖

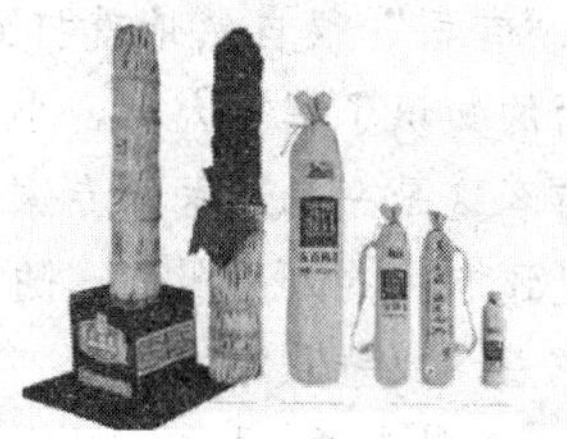

安化花卷茶

3. 药用保健茶

药用保健茶是在茶叶中添加食物或药物制作而成的具有一定疗效的液体饮料。药用保健茶的种类很多，如“午时茶”“减肥茶”等。广义的药茶还包括不含茶叶，由食物和药物经冲泡、煎煮、压榨及蒸馏等方法制作而成的代茶饮用品，如汤饮、鲜汁等，因其不含茶的成分，是“茶”概念的一种引申，故又被称作“非茶之茶”。

任务三 中医中药类旅游资源

学习目标

1. 了解中医的特点、中药的性能及临床应用。
2. 掌握中医的四诊法、疗法及中药的分类。
3. 熟悉常用食疗药材的主要功效。

学习内容

1. 中医学。
2. 中药学。

案例导入

没有结果的争论

小王干导游工作有十年时间，是名副其实的老导游了。每次在带团过程中，她都能和游客处得像朋友一样，因为她知识渊博，游客也经常向她请教各种问题。

一天，小王带着团队去参观故宫。当时，《如懿传》正在各电视台热播，参观到后宫的时候，团中的游客不由自主地兴奋起来。不等小王讲解结束，游客就七嘴八舌地聊开了。不一会儿，问题就来了，部分游客因为中医和西医到底哪个更科学的问题争得面红耳赤，“官司”很自然地就打到小王这里来了。小王只得硬着头皮给他们调解，因为对医学方面的知识了解得太少，小王也做不出科学的解释，无法说明中西医的不同，最后只能告诉游客这是一个连医学专家都在争论的问题。经过小王的劝说，大部分游客平静下来了，但是还有一些人不服气，随时要分出个胜负。在后面的旅途中，小王一直提心吊胆，时刻提防着“战争”爆发。

（资料来源：http：//jpk. hbtvc. com/ldyy2010/ku/307. htm.）

在导游工作过程中，游客常常会提出许多令人意想不到的问题，有些可能会是专业性非常强的问题。所以，新时期的导游员掌握一些中医中药方面的基本知识也是非常有必要的。

一、中医学

中医学，一般指以中国汉族劳动人民创造的传统医学为主的医学，因此也称汉医。它是通过长期医疗实践逐步发展并形成的医学理论体系。

（一）中医的基本特点

中医有很多特征，其中整体观念和辨证观念是最基本、最重要的特点。

1. 整体观念

所谓整体观念，是指关于人体自身的完整性及人与自然、社会环境统一性的认识，是整体思维方法在中医理论中的体现。

2. 辨证论治

辨证论治为辨证和论治的合称，既是中医认识疾病和治疗疾病的基本原则，又是诊断和防治疾病的基本方法，是中医学术特点的集中表现。

所谓辨证，就是将四诊（望、闻、问、切）所收集的资料、症状和体征，通过分析、综合，辨清疾病的原因、性质、部位，以及邪正之间的关系，概括、判断为某种性质的证候的过程。

所谓论治，又称施治，就是根据辨证的结果，确定相应的治疗方法，也是研究和实施治疗的过程。

总而言之，辨证论治是在中医学理论指导下，对四诊所获得的资料进行分析综合，概括判断出证候，并以证候为依据确立治疗原则和方法，付诸实施的过程。辨证是决定治疗的前提和依据，论治是治疗疾病的手段和方法。所以辨证论治的过程，实质就是中医学认识疾病和治疗疾病的过程。

（二）中医的诊断方法

诊断方法是医生运用相关手段对病情进行感性认识，收集疾病的症状、体征等相关资料的过程。战国时期，名医扁鹊根据民间流传的经验和自己多年的行医实践，总结出四种诊断疾病的基本方法，即望诊、闻诊、问诊和切诊，总称“四诊”。

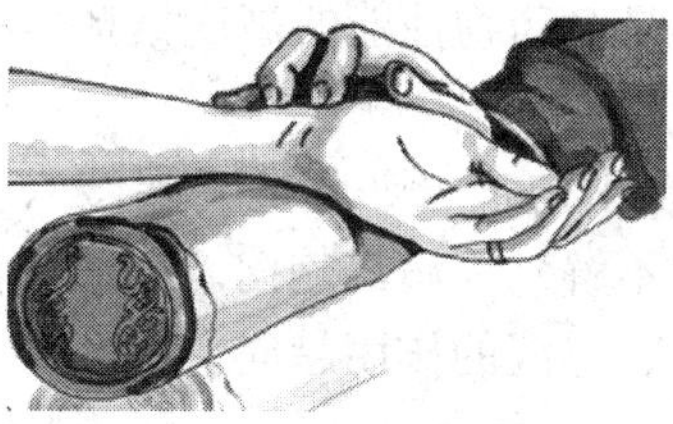

中医诊脉

脉枕

“四诊”彼此之间不是孤立的，而是相互联系的。中医历来强调“四诊合参”，就是将四诊收集到的病情进行综合分析，才能作出全面的科学判断。

（三）中医的治疗方法

中医学是用来治疗疾病、维护健康的一门实用技术，中医的临床治疗方法除中药方剂外，还有针灸和推拿等疗法。

1. 针灸疗法

针灸是中医特有的治疗疾病的手段，是一种“内病外治”的医术。它是运用针刺和艾灸等方法，通过作用于机体的经络腧穴系统，激发经气、调整脏腑，从而产生防治疾病、养生保健作用的一种治疗方法。针灸的适用范围很广，各科的疾患，大部分都能应用针灸来治疗。通过针灸，可以发挥机体的固有潜力，调整机体的内部功能，达到脏腑、气血、阴阳、经络等形安神和的状态。

针灸疗法作为东方医学的重要组成部分，具有鲜明的民族特征，是中华民族的宝贵遗产。

2. 推拿疗法

推拿疗法是以中医的脏腑、经络学说为理论基础，并结合西医的解剖和病理诊断，用手法作用于人体体表的特定部位，以调节机体生理、病理状况，达到理疗目的的方法，也称按摩疗法。从性质上来说，它是一种物理的治疗方法。

二、中药学

所谓“中药”，就是在中医药理论指导下所应用的药物，是我国传统药物的总称。中药主要有植物、动物和矿物，其中以植物药为主，使用也更普遍，所以又称“草药”“中草药”。

（一）中药的性能

中药之所以能够治疗疾病，是由于药物各自具有若干特性和作用，也称为药物的偏性，即以药物的偏性纠正疾病所表现的阴阳偏盛或偏衰。

1. 四气

四气又称四性，是指药物具有寒、热、温、凉四种不同的药性。药物的四性是从药物作用于机体所发生的反应概括出来的，与所治疾病的寒热性质（阴阳偏盛偏衰）相对应。

2. 五味

药性的五味，是指药物有酸、苦、甘、辛、咸五种不同的味道，因而具有不同的治疗作用。五味不仅是药物味道的反应，更重要的是对药物性能的高度概括。

3. 升降浮沉

由于各种疾病在机理和证候上，常常表现出向上（如呕吐、喘咳）、向下（如泄利、崩漏）、向外（如自汗、盗汗）、向内（如表证不解）等病势趋向。因此，能够改善或消除这些病证的药物，相对说来也就分别具有升降、浮沉的作用趋向。

4. 归经

所谓归经，就是指药物对于机体某部分的选择性作用，即主要对某经（脏腑或经络）或某几经发生明显的作用，而对其他经则作用较小，或没有作用。

5. 毒性

古代常常把毒药看作一切药物的总称，而把药物的毒性看作药物的偏性。现代则认为药物毒性一般是指药物对机体所产生的不良影响及损害性。

（二）中药的分类及临床应用

1. 中药的分类

中药分类的方法有很多，在生活中，我们更多的是按照加工工艺来对中药进行分类，可分为以下三类：

（1）中药材。药材须符合药品标准，一般指药材原植物、动物、矿物除去非药用部位的商品药材。

（2）中药饮片。饮片是指在中医药理论的指导下，根据辨证论治和调剂、制剂的需要，对中药材进行特殊加工炮制后的制成品。中药饮片既可根据中药处方直接调配煎汤服用，又可作为中成药生产的原料使用。

名称	中药材	中药饮片
附子		
厚朴		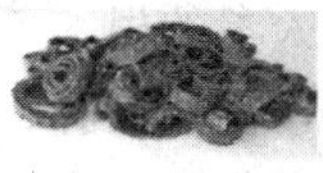
半夏		
黄芪	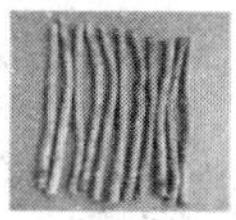	

中药材与中药饮片对比图

（3）中成药。中成药是以中草药为原料，经制剂加工制成的各种不同剂型的中药制品，包括丸、散、膏、丹各种剂型。“成药”是根据疗效确切、应用范围广泛的处方、验方或秘方，具备一定质量规格，批量生产供应的药物。它的优点是适应急需，携带方便，省去了制剂煎煮的过程，消除了中药煎剂服用时特有的异味和不良刺激等。缺点是药的成分组成、药量配比一成不变，无法做到传统中医要求的“一人一方”。

中成药、散剂

综上所述，中药材是中药饮片的原料，中药材和中药饮片是中成药的原料。中医临床上用来治病的药物是中药饮片和中成药，而这两者成药的前提是都必须有处方。

2. 中药的临床应用

中药大部分是天然药物，这些天然药物不仅能治疗疾病，同时还有调节人体内分泌系统等作用。与西药相比，中药有许多长处。不过“是药三分毒”，用得不好同样会对人体健康造成不必要的损伤。所以，医家在使用的过程中会开多味药共用形成方剂，以消除或降低毒副作用。

（三）中药食疗

食疗，又称食治，即饮食治疗，它是利用食物进行防病治病，或促进病体康复的治疗方法。古代医家认为食治与医治同样重要，而且推荐首选食疗。常用的食疗药材有以下几种。

1. 人参

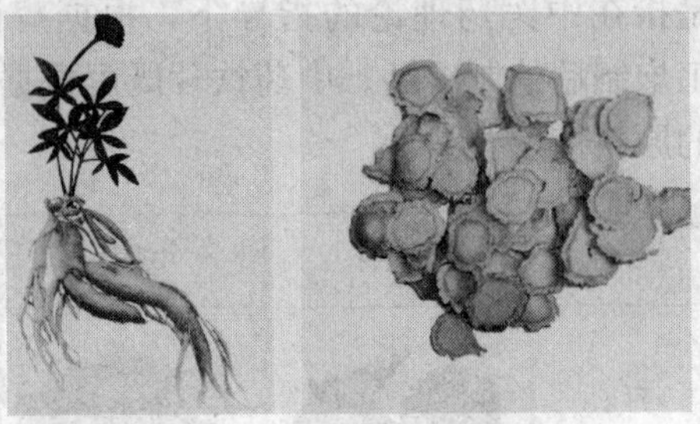

人参

【基原】为五加科植物人参的根。

【性味归经】甘、微苦，温。入脾、肺经。

【功效】大补元气，固脱生津，安神益智。

2. 黄芪

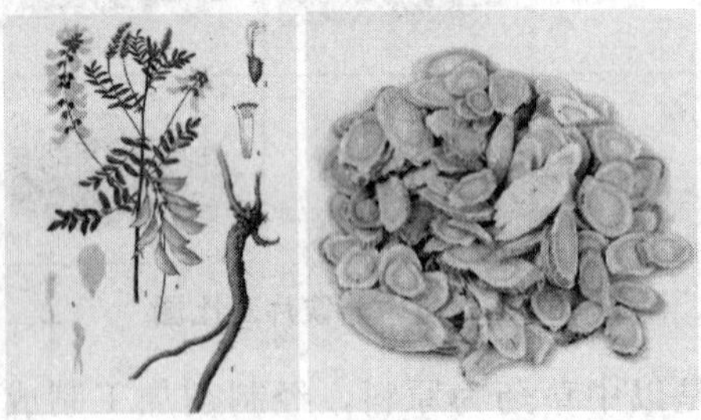

黄芪

【基原】为豆科植物蒙古黄芪和膜荚黄芪的根。

【性味归经】甘，微温。入脾、肺经。

【功效】补气升阳，益卫固表，托毒生肌，利水退肿。

3. 百合

百合

【基原】为百合科植物百合的鳞茎。

【性味归经】甘，微寒。入肺、心经。

【功效】清肺止咳，清心安神。

4. 川贝母

川贝母

【基原】为百合科植物暗紫贝母、卷叶贝母、梭砂贝母、甘肃贝母、康定贝母的鳞茎。
【性味归经】苦、甘，微寒。入肺、心经。
【功效】化痰止咳，清热散结。

5. 三七

三七

【基原】为五加科植物三七的根。
【性味归经】甘、微苦，温。入肝、胃经。
【功效】化瘀止血，活血定痛。

6. 枸杞子

枸杞子

【基原】为茄科植物枸杞的果实。
【性味归经】甘，平。入肝、肾、肺经。
【功效】滋补肝肾，明目，润肺。

7. 胖大海

胖大海

【基原】为梧桐科植物胖大海的种子。

【性味归经】甘，寒。入肺、大肠经。

【功效】清宣肺气，清肠通便。

8. 艾叶

艾草

干艾叶

艾条

【基原】为菊科植物艾的叶。

【性味归经】辛、苦，温。入脾、肝、肾经。

【功效】温经止血，散寒止痛，祛湿止痒。

9. 杜仲

杜仲

【基原】为杜仲科植物杜仲的树皮。

【性味归经】甘、微辛，温。入肝、肾经。

【功效】补肝肾，强筋骨，安胎。

10. 灵芝

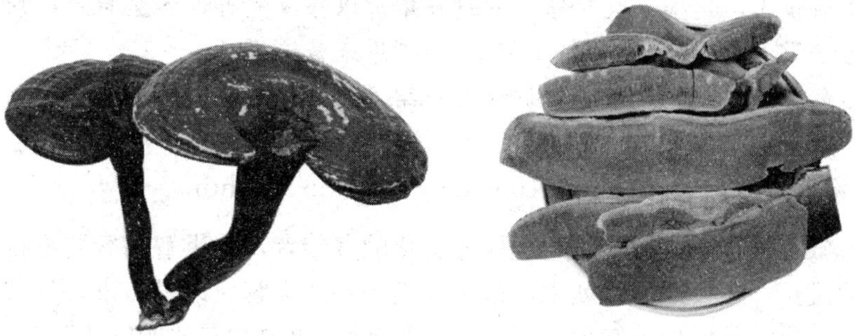

灵芝

【基原】为多孔菌科真菌灵芝、紫芝的子实体。
【性味归经】甘，平。入肺、心、脾经。
【功效】益气血，安心神，健脾胃。

任务四　武术气功类旅游资源

学习目标

1. 掌握武术、气功的概念。
2. 掌握武术的分类及三大流派。
3. 了解气功的起源和发展。
4. 理解气功的作用以及气功的分类。

学习内容

1. 中国武术。
2. 养生气功。

案例导入

尴尬的导游员

小王是××旅行社为这次湖北武当山生态之旅安排的全陪导游员。小王不仅人长得漂亮，而且能说会唱，一路上和游客们相处得非常愉快。

在快到目的地的时候，团中一位学过太极拳的游客问小王："太极拳是武当派的绝学吗？"小王说："当然是了，太极拳是武当派的祖师爷张三丰所创。"这位游客接着问："那为什么人们常说杨氏太极、陈氏太极，从没听说过张氏太极呢?”小王解释道：“因为张三丰创办后传了很多人，这些人又在修习的过程中加以修改完善，各呈特色，所以就以各自的姓氏命名区分了。”这位游客似信非信地说：“原来是这样。”

在武当山参观的时候，地陪导游员详细介绍了武当太极拳。这时小王才明白，此太极非彼太极。

（资料来源：http：//jpk. hbtvc. com/ldyy2010/ku/307. htm. ）

导游员在旅游过程中所扮演的角色就是文化的宣传者，其讲解内容要准确无误。中国传统文化源远流长，在长期的发展中，由于人们的一知半解、以讹传讹，许多事物已经混为一谈。所以，导游员对相关知识不仅要“知其然”，更要知其“所以然”。

一、中国武术

中国武术是中国劳动人民在长期的社会实践中不断积累和丰富起来的一项宝贵的文化遗产，具有浓厚的中华民族文化特性，是中华民族的优秀文化遗产。

（一）中国武术分类

武术根据形式的不同，可分为套路运动和搏斗运动。

套路运动就是将一连串含有技击和攻防意义的动作编制成套进行练习，有单练、对练和集体演练三种形式。

搏斗运动是两人在一定条件下，按照一定的规则进行斗智较力的对抗练习形式，包括散打、太极推手和短兵三项。目前在全国广为开展的有散打、太极推手。

（二）中国武术主要流派

中国武术文化底蕴丰富、门类众多。在中国武术发展史上，最为著名的武术流派有少林派、武当派和峨眉派。

1. 少林派

少林派是中国武术中范围最广、拳种最多的武术门派，因发源于中国河南省嵩山少林寺而得名，又因以禅入武，故有“武术禅”之称。少林功夫内容丰富、套路繁多，按技法又分为拳术、棍术、枪术、刀术、剑术、技击散打、器械和器械对练等一百多种。气功是少林功夫的一类，少林寺流传的气功有“易筋经”“小武功”“站桩功”等。

2. 武当派

武当派因发源于湖北均县境内的道教圣地武当山而得名。道家讲究清静无为、养生之道，所以武当拳的特点是技击与养生并重，融养生于技击之中。

武当拳的技击原则是后发制人，以静制动，乘势借力，斗智不斗力，尚意不尚力。在对敌时，要求化去对方的劲力，而不宜以硬对硬；步走弧形，进以侧门（从敌方身侧抢进）；动如蛇之行，柔似蚕作茧，心息相依，闪展巧取。武当拳手法多变，以翻钻为主，多用掌而少用拳，跳跃动作较少，步型低矮。

3. 峨眉派

峨眉派与少林派、武当派并称中土武功的三大宗，它发源于四川峨眉山，形成于明代。其功法介于少林阳刚与武当阴柔之间，亦柔亦刚，内外相重，长短并用，融汇了南拳、少林、武当等众家之长。

峨眉派武功有“动功十二桩”和“静功六大专修功”。剑法、簪法和针法为峨眉派“三大器械”，三十六式天罡指穴法、峨眉剑法和峨眉簪法是峨眉派的绝技。

二、养生气功

气功是中国所独有的，以中医理论内容为核心指导的“调神”实践活动。气功在古代是原始人类的医疗保健方法，其历史可以说与人类同龄。经过几千年的发展，气功已成为我国医学中五大医疗技术的一部分，是重要的中华传统文化。

（一）气功的起源和发展

所谓气功，就是通过特定的修炼方法使机体的组织、器官在功能上更加有序化、协同化的生理变化过程。早在远古时期，人们就在日常生活中发现，可以通过打呵欠、伸懒腰、深呼吸、身体保持静坐、站立或者活动四肢等方式来减少局部或者全身的疼痛。这种简单易行的方式和方法起到了良好的放松和减少疼痛的功效，因此也具有了医疗和保健的作用。

新中国成立后，刘贵珍将自己练功与多年临床的经验予以总结，著成《气功疗法实践》一书，并被译成外文，于是“气功疗法”在国内外传播开来。现在“气功”已成为关于人们身心健康的一门特殊学问的代名词。

总之，气功是人们早期与大自然恶劣条件和环境斗争的产物，史书中所记载的“吹”“嘘”之法、导引之术、吐故纳新等法都是气功的早期形式。

（二）气功的作用

气功是中华民族传统体育项目之一，其动作缓慢柔和，通过肢体的动作变化，配合均匀缓慢的腹式呼吸，从而达到内外兼修、天人合一的最高身心境界，它蕴含着中华民族尊重自然、提倡和谐的传统理念，符合当代人们的整体健康观。其作用归纳起来主要有壮体强身、安神益智、美容养颜、预防衰老、延年益寿、通络止痛等。

（三）气功的分类

气功是几千年来在复杂的中国历史文化环境中形成发展起来的，因而形成了各种流派与类别。

从练功的内容上分类：性功，“性”指心性、神意的活动；命功，“命”指肾精以及身躯有形之物；性命双修功，任何功法的高级阶段都是性命兼修的。

从练功的姿态上分类：总体上分为动静两大类。凡是具有形体运动的统称为动功，保持静态姿势的称为静功。

从气功流派的渊源上分类：道家气功；儒家气功；佛家气功；医家气功；武术气功。

学习评价表

标准等级	优秀	良好	及格	不及格
了解中国烹饪的特点				
掌握中国烹饪和面点的主要风味流派、特点及代表名菜				
了解中国酒、茶的发展史				
了解中国酒礼、酒令的相关知识				
掌握中国酒的分类、特点、代表酒品的相关知识				
掌握中国基本茶类的特点及代表名茶的相关知识				
理解中医的特点、中药的性能及临床应用				
掌握中医的四诊法、疗法及中药的分类				
熟悉常用食疗药材的主要功效				
掌握武术、气功的概念				
掌握武术的分类及三大流派				
了解气功的起源和发展				
理解气功的作用和分类				
学习态度				
独立思考能力				
创新能力				
总体评价				
自我总结：				

知识拓展

一、中国烹饪的起源与发展进程

在原始社会，我们的祖先长期过着“茹毛饮血”的生活。在认识火的作用之前，他们只能把捕到的飞禽走兽、蚌蛤鱼虫活剥生吞，把采到的根茎野菜、瓜果种子直接生吃。《礼记·礼运》篇说：“（先王）未有火化，食草木之食，鸟兽之肉，饮其血，茹其毛。”经过长期的生活实践，我们的祖先从使用天然发生的火，到保留火种，再到后来发明了取火的方法，渐渐地学会了利用火来烧煮食物。火的使用，使人类由生食进入了熟食的文明时代。

中国烹饪经历了几千年的发展历程，形成了独具特色的烹饪体系，成为中国乃至世界的宝贵文化遗产。

（一）萌芽时期

萌芽时期指的是秦朝以前的历史时期，包括新石器时期、夏商周、春秋战国三个阶段。在新石器时期，食物原料多系渔猎所获的水鲜和野味；炊具是陶制的器皿；烹调方法是火炙、石燔与水煮、汽蒸并重；调料主要是盐。夏商周三代，食品原料有所增加，出现了“五谷”“五菜”“五畜”“五果”“五味”；炊具更新，有了青铜器皿；出现了烘、烤、烧、煮、煨、蒸等烹调方法。春秋战国时期，食源进一步扩大，家畜、野味、蔬果、五谷广泛应用；炊具出现了铁质器皿；动物性油脂和调料日见增多。据《吕氏春秋·本味篇》记载，当时人们已经学会了运用火候与调和滋味的一般原则，提出了成品菜在质、色、味、形上的基本要求。

（二）形成时期

形成时期指汉魏六朝时期。在烹饪原料方面，国外的一些烹饪原料陆续传入我国，如胡瓜、胡豆、菠菜等蔬菜以及油料、调料等；在烹饪用具方面，铁器取代了铜器，已逐步向轻薄小巧的方向发展；在烹调方法上已广泛应用油煎法，这对后世的影响很大；在烹饪理论方面，《黄帝内经》《齐民要术》等都对食疗、原料、食品酿造等方法进行了论述。

（三）发展时期

发展时期指的是隋唐宋元时期。在烹饪原料方面，从西域、印度、南洋引进的品种更多，如丝瓜、莴苣等。同时国内食物资源也进一步开发，尤其是海产品用量激增；炊饮器皿向小巧、轻薄、实用方向发展；加工工艺开始变得精细，出现了剞刀技术和爆炒技术；菜点品种显著增多，宴席华贵丰盛，工艺菜勃兴，菜肴的外观美更为世人所重视；餐饮市场繁荣，风味菜点相继问世；在烹饪理论方面，出现了一批颇有价值的食谱，其中的《饮膳正要》堪称我国第一部营养卫生学专著。

（四）成熟时期

成熟时期是指明清时期。这时烹饪原料从水陆八珍到普通蔬菜已无所不用，国外烹饪原料不断传入我国，如马铃薯、花生等。烹调方法已达到100余种，菜点质量更上一层楼。我国现存的1 000多种历史名菜大都产生于明清两代。酒宴进入了大发展的黄金时代，满汉全席登峰造极。在烹饪理论方面，以《本草纲目》和《随意居饮食谱》为代表，饮食保健学得到全面的发展，更有被称为中国食经扛鼎之作的《随园食单》和《调鼎集》。

（五）繁荣时期

繁荣时期指的是中国近代、现代历史时期。这一时期，中国烹饪进入了一个创新开拓的繁荣时期。经过千百年的实践探索和理论总结，中国现代烹饪体系在这一时期得以构建，传统中国烹饪转变为现代中国烹饪，现代饮食文明得以确立并为社会所接受。

二、中国茶艺

“茶艺”是指选茶、制茶、烹茶、品茶等艺茶之术，其过程体现形式和精神的相互统一，是饮茶活动过程中形成的文化现象。

（一）选茶

茶叶没有绝对的好坏之分，所谓茶叶的好坏，除了品质优劣外，还要依个人喜好而定。选茶可从查看茶叶、嗅闻茶香、品尝茶味、分辨茶渣入手。

（二）配具

品茶不仅讲究茶叶的色、香、味、形，还要注重与茶具的配合。中国茶具一般分为陶土茶具、瓷器茶具、漆器茶具、玻璃茶具、金属茶具和竹木茶具等，人们常选用的是陶土茶具和瓷器茶具。

茶叶不同，所选择的茶具亦不相同。重香气的茶叶（嫩芽茶叶）要选择硬度较大的壶；重滋味的茶叶要选择硬度较低的壶。烧结温度越高，器皿硬度越大，一般瓷器比陶器硬度大，玻璃比瓷器硬度大。

（三）泡茶用水

泡茶用水的水质不好，就无法正确地反映茶叶的品质，对茶汤滋味的影响最大。对泡茶用水的基本要求有三条，即甘而洁、活而清鲜、贮水要得法。在众多的水中，泉水最好。茶学专家不仅重视泉水，也十分重视江水、井水、山水，还提倡“养水”，即对天然水进行保养。

（四）行茶

行茶是指正确的泡茶方法。要泡好、喝好一壶茶并非易事，必须掌握茶叶的用量、泡茶的水温以及浸泡的时间。

行茶的程序和礼仪是茶艺形式的重要表现。一般茶艺要经过清具、置茶、冲泡、奉茶、赏茶、续水等程序。

清具是指用热水冲烫茶具。其目的是提高茶具温度，使茶叶冲泡后温度相对稳定，不易冷却，这对较粗老茶叶的冲泡，尤为重要。

置茶是将茶叶放入茶壶（杯）中。如果是进行茶艺表演，要先请宾客赏干茶。

冲泡是按照茶与水的比例，将开水冲入壶（杯）中。冲泡过程中常将水壶下倾上提三次，称为“凤凰三点头”，一是表示主人向宾客点头致意，二是可使茶叶和茶水上下翻动，使茶汤浓度一致，若使用的是玻璃茶具，又增加了观赏性。

奉茶是主人将冲泡好的茶送给客人，最好用茶盘托着奉送。客人可用右手食指和中指轻轻敲打桌面，以示谢意。

赏茶是指在饮用之前应先观赏茶汤，然后端杯闻香，再啜汤尝味。尝味时，应让茶汤从舌尖两侧流到舌根，再回到舌头，如此反复两三次，以留下茶汤清香甘甜的回味。

续水是指当杯中只剩下 1/3 的茶汤时，就应续水入杯（壶）。一般续水不超过三次，继续饮用则需重新冲泡。

案例分享

养生旅游前景广阔

纵观国外所有的养生旅游开发，其所需要的条件大都是专业的养生团队的支持加上优美的自然环境再加上完善的硬件设施（度假村）。我国的养生旅游始于 2002 年海南省三亚保健康复旅游和南宁中药养生旅游，随后在四川、山东、安徽、黑龙江等省市发展迅速，于 2007 年发展成为全国时尚旅游热点。同时伴随着我国的休假制度改革，养生度假游具有了良好的发展前景。养生旅游既能满足人们对健康的追求，又能开发成适合度假的旅游项目，而且这种旅游的民族性、文化性很强，内涵丰富，国内国际旅游市场的开发潜力巨大。目前，我国的养生度假游类型主要有中医药保健养生游、饮食养生游、环境养生游、分时度假养生游、养生科普教育游、养生果蔬采摘游、养生主题节庆游等。

案例分析：养生旅游起源于 20 世纪 30 年代的美国、墨西哥。据《2014—2018 年中国养生旅游产品开发模式与区域投资机会研究咨询报告》显示，我国大城市居民，尤其是都市白领，超过半数处在亚健康状态，而且人数还在呈现上升趋势。人们在物质生活基本满足之后，更多地考虑生活的质量和身心的健康。在这种形势下，养生休闲必将成为热点和潮流。养生旅游也是对身心的休假式治疗。城市的废气、污染是人类生命的大敌，因此城市居民需要常常到森林中“洗肺”，到绿色中“洗眼”，到潮润中“洗肤”。

课堂练习

一、单项选择题

1. 江苏著名菜肴软兜鳝鱼、盐水鸭分别属于（　　）。

A. 徐海菜、南京菜　　B. 南京菜、淮扬菜

C. 无锡菜、徐海菜　　D. 淮扬菜、南京菜

2. “三十六式天罡指穴法”“站桩功”分别是（　　）的武功绝技。

A. 少林派、峨眉派　　B. 武当派、少林派

C. 峨眉派、少林派　　D. 少林派、武当派

3. 将酒分为发酵酒、蒸馏酒和配制酒，是按照（　　）来分的。

A. 工艺不同　　B. 酒精含量

C. 商品特性　　D. 所用原料

4. （　　）诊为四诊之首，是医生运用视觉观察病人身体有关部位及其分泌和排泄物等，用以了解病情的诊断方法。

A. 望　　B. 闻　　C. 问　　D. 切

5. 下列药材中，具有活血化瘀功效的是（　　）。

A. 胖大海　　B. 川贝母　　C. 百合　　D. 三七

二、多项选择题

1. 并称为中国四大小吃群的是（　　）。

A. 北京王府井小吃　　B. 南京夫子庙秦淮小吃

C. 上海城隍庙小吃　　D. 苏州玄妙观小吃

E. 湖南长沙火宫殿小吃

2. 江苏风味菜的代表菜有（　　）。

A. 松鼠鳜鱼　　B. 清炖蟹粉狮子头

C. 大煮干丝　　D. 水晶肴蹄

E. 清蒸鲥鱼

3. 山东风味菜简称鲁菜，其主要特点有（　　）。

A. 用料广泛、刀工精细　　B. 精于制汤、注重用汤

C. 技法全面、讲究火候　　D. 咸鲜为主、善用葱香

E. 丰满实惠、雅俗皆宜

4. 我国面点制品不仅种类繁多，而且具有浓郁的风格和特色。从全国看，大体形成了（　　）三大风味流派。

A. 京式　　B. 苏式　　C. 广式　　D. 徽式

E. 粤式

5. 中国绿茶名品最多，香高味长且造型独特，具有较高的艺术欣赏价值，其代表性品种有（　　）。

A. 西湖龙井　　B. 洞庭碧螺春　　C. 黄山毛峰　　D. 安溪铁观音

E. 武夷岩茶

三、名词解释

1. 苏式面点
2. 再加工茶
3. 辨证论治

四、简答题

1. 中国烹饪的特点有哪些？
2. 为什么中药又称为草药？

五、论述题

中国茶叶历史悠久，名茶众多，关于“十大名茶”的说法也各不相同。2012 年由全国“十大名茶”评比会评选出西湖龙井、洞庭碧螺春等茶叶品种，请选择其中的三种，结合其产地，向游客做简要介绍。

拓展实践

以华东线上的五市为例，结合各市特色美食，做专题讲解练习。

在线思考

近年来，有许多外国留学生赴中国留学研习中医。请思考中医文化对传播中华文化的意义和对导游的作用。

项目七 新兴业态类旅游资源知识

项目简介

越来越多的城市开始加强开发和拓展新兴业态类旅游资源，以培育旅游新增长点。本项目介绍了乡村旅游的概况和发展模式，工业旅游的概况和开发模式，主题公园类旅游资源的概况和项目类型，演艺类旅游资源的概况和主要项目类型，邮轮和房车类旅游知识等。

能力目标

1. 使学生全面了解一些新兴业态类旅游资源和知识。

2. 在了解新兴业态类旅游资源和知识的基础上，思考所在城市是否可以发展这些新兴业态类旅游资源。

3. 提高学生人文素质，拓宽学生的视野，培养学生关注旅游、热爱旅游的情怀。

项目分解

任务一　乡村旅游资源
任务二　工业旅游资源
任务三　主题公园类旅游资源
任务四　演艺类旅游资源
任务五　邮轮与房车类旅游知识

任务一 乡村旅游资源

学习目标

1. 了解乡村旅游的内涵。
2. 理解乡村旅游的产生与发展。
3. 熟悉乡村旅游的发展模式。

学习内容

1. 乡村旅游概况。
2. 乡村旅游发展模式。

案例导入

中国将扶持 6 000 个乡村发展旅游业 带动 1 200 万人脱贫

由中国妇女发展基金会、美中友好协会共同主办的“2015 女性旅游公益投资论坛”于当地时间 25 日在加勒比海圣马丁岛举行，以发展旅游业摆脱贫困成为与会者的共识。

中国妇女发展基金会副理事长兼秘书长秦国英表示，旅游产业是有效减少贫困的重要途径，全球仍有 10 亿人生活在极端贫困线以下。联合国世界旅游组织将旅游业作为消除贫困、实现可持续发展的一个关键因素，推出可持续旅游消除贫困计划。2011—2015 年，中国通过发展旅游带动了超过 1 000 万贫困人口脱贫。

（资料来源：http：//www.ce.cn/cysc/newmain/yc/jsxw/201509/27/t20150927_6590904.shtml.）

发展乡村旅游，无论是对城市居民来说，还是对农村居民来说，都具有重要意义。通过乡村旅游，城市文明与农村文明可以相互交流、碰撞与融合。

一、乡村旅游概况

（一）乡村旅游的内涵

1. 乡村旅游的定义

我国对于乡村旅游有以下不同的界定：

定义一：乡村旅游是以旅游度假为宗旨，以村庄野外为空间，以人文无干扰、生态无破坏、游居村野行为特色的村野旅游形式。

定义二：乡村旅游是以乡村地域及与农事相关的风土、风物、风俗、风景组合而成的乡村风情为吸引物，吸引旅游者前往休息、观光、体验及学习等的旅游活动。

定义三：乡村旅游是以农业为基础，以旅游为目的，以服务为手段，以城市居民为目标，第一产业和第三产业相结合的新型产业。

综上所述，乡村旅游是指以乡村地区为活动场所，利用乡村独特的自然环境、田园景观、生产经营形态、民俗文化风情、农耕文化、农舍村落等资源，为城市游客提供集观光、休闲、体验、健身、娱乐、购物、度假为一体的新型旅游经营活动。

乡村旅游的概念包含了两个方面：一是发生在乡村地区；二是以乡村性作为旅游吸引物，二者缺一不可。

乡村旅游

2. 乡村旅游的特征

（1）资源文化丰富性。乡村既有自然景观，又有人文景观；既有农业资源，又有文化资源。乡村旅游资源丰富多样，充满了浓郁的乡土文化气息。

（2）地域分布异同性。我国的乡村旅游资源形态各异，乡村旅游时间差的可变性、布局的分散性，可以满足游客多方面的需求。

（3）客群特定性。乡村旅游以“三农”为载体，为旅游者提供休闲、娱乐等旅游功能。它的客源市场重点定位于那些生长在城市，对农村及农村景观不太了解的城市居民。

（4）游客行为多样性。乡村旅游重在体验，游客能够体验乡村的民风民俗、农家生活和劳作形式，在劳动的欢愉之余，还可购得自己中意的农副产品和民间工艺品。

（5）风格乡土性。由于乡村旅游是基于乡村衍生品发展而来的，其乡土性是吸引众多都市游客的重要因素之一，所以乡土性是乡村旅游独一无二的特性之一。

（二）乡村旅游的产生与发展

1. 乡村旅游在古代

世界上最原始的乡村旅游源于古人求生存、谋发展，捕猎和驯养是其最初的形式。远古的先民们为了生存而进行的奔波、流浪之旅，饱含行路过程中胜利的喜悦、失败的懊恼和对明天的希望，是原始人从生存斗争中引发出的旅行或旅游的原始模式，揭开了乡村旅游的序幕。

夏商周时期的男女相约而游、春天“修禊之旅”、先秦游学、帝王巡游、宫廷婚旅、学子游学、谋士游说、王侯游猎等丰富多彩的旅游活动，都发生在广袤的乡村地区。自唐朝起，城郊游乐进一步发展，春节、元宵节、寒食节、清明节等时节人们广泛开展荡秋千、蹴鞠、打马球、拔河、斗鸡等形式多样的游乐活动。

2. 乡村旅游在国外

18世纪后半期，乡村旅游作为一种社会休闲活动而正式出现于欧洲，受“浪漫旅游者”的影响，尤其在斯科特的文学作品和特纳油画的感召下，大量的旅游者涌入苏格兰高地。1865年，意大利“农业与旅游全国协会”成立，拉开了国际乡村旅游的序幕。20世纪20年代，铁路的发展使更多的人能够去乡村，从而使乡村旅游迅速发展。在英国、德国、美国、加拿大、澳大利亚、新西兰、西班牙等发达国家，乡村旅游已逐渐成为大众化的社会活动。

3. 乡村旅游在我国

现代意义上的乡村旅游在我国出现较晚，以1978年台湾省苗栗县大湖葡萄园的偶然开辟为发端。现阶段的乡村旅游是中国旅游发展的新热点，是最具潜力与活力的旅游板块之一。截至2014年年底，我国共有农家乐200万家，乡村旅游重点村10.6万个，全年接待乡村旅游游客近12亿人次，乡村旅游每人次平均消费266元，旅游收入达3 200亿元。

二、乡村旅游发展模式

关于乡村旅游发展，国外有许多成功模式，如欧美的“度假农庄”模式、新加坡的“复合农业园区”模式、日本的“绿色旅游”模式等，这些对我国开展乡村旅游都有一定的借鉴意义，但是我国具有明显不同的旅游消费特色，因此我国必须选择适合自身国情的乡村旅游发展模式。根据不同类型景区的发展特点，我国乡村旅游发展可分为以下七大模式。

（一）城市依托型乡村旅游发展模式

依托中心城市发展乡村旅游是国内外最为常见的一种模式。在中心城市周边开发乡村旅游有很大的潜力。从客源规模上看，城市居民市场是一个庞大的市场；从旅游动机上看，大多数城市居民有回归自然、怀旧的心理，向往“住农家屋，吃农家饭，干农家活，享农家乐”的意境体验；从旅游活动实现的客观条件上看，城市居民有一定的可支配收入和闲暇时间（周末和节假日），可以让其实现短程观光和短暂度假活动。

环城市乡村独特的区位为乡村旅游发展创造了一般乡村不具备的发展旅游业的良好条件，加之原本单一的农业经济已经无法抵御快速的城市扩张，而且很多乡村并不具备发展工业的区位、资源、资本与人才优势，从而促使环城市乡村旅游的发展模式诞生，如北京蟹岛。

（二）景区依托型乡村旅游发展模式

景区依托型乡村旅游发展，其客源主要来自所依托的著名景区，有明显的“搭便车”现象，因而这类乡村旅游产品与其所依托景区的距离以近为佳。另外，景区依托型乡村旅游产品的开发应特别强调地方性和民族性，要在优美生态和田园风光的基础上突出本土文化，这类产品的灵魂是民俗风情、民族特色和居民生活的文化提升及景观化。同时，这类产品应与其依托景区的产品类型形成互补性，要突出本身特色。如果其依托的景区为观光景区，则乡村旅游景点可重点开发集度假、休闲、品尝、民俗于一体的景观；如果所依托景区侧重于度假休闲，则乡村旅游景点应着重开发参与、观赏、购买、娱乐、品尝、风俗文化等类型的产品。这类景点的规模不宜太大，因为客源通常只是其依托景区客源的一部分，关键是要突出特色，做出精品。这一发展模式的代表是北京十渡。

（三）产业依托型乡村旅游发展模式

产业依托型乡村旅游发展模式主要是以产业化程度极高的优势农业产业为依托，通过拓展农业观光、休闲、度假和体验等功能，开发“农业＋旅游”产品组合，带动农副产品加工、餐饮服务等相关产业发展，促使农业向第二、第三产业延伸，实现农业与旅游业的协同发展。

庄园是欧洲中世纪中叶出现的一种以家庭为单位生产经营农业的组织形式。它和传统农业的区别是专业性强、集约化生产、大规模作业，后来逐渐发展成为一种家庭式的产业，并多与休闲旅游度假相结合。我国改革开放之后，特别是在国家鼓励农业开发的法律法规出台和一部分人先富起来之后，庄园模式在我国才开始有了生存的条件。庄园模式是一种集约化经营管理，并且能够在短时间内聚集大量闲散资金用于农业开发的组织形式。特色庄园模式适用于农业产业规模效益显著的地区，以特色农业的大地景观、加工工艺和产品体验作为旅游吸引资源，开发观光、休闲、体验等旅游产品，带动餐饮、住宿、购物、娱乐等产业延伸，产生强大的产业经济协同效益。

（四）历史文化依托型乡村旅游发展模式

古村古镇旅游是当前国内旅游开发的一个热点，也是乡村旅游体系中比较独特的存在，它以深厚的文化底蕴、淳朴的民风和古香古色的建筑遗迹等受到游客的喜爱。我国古村古镇的保护和开发始于20世纪80年代，这个时期主要以江苏昆山周庄和安徽黟县西递村为主。20世纪90年代，在长江三角洲、皖南地区、江西吉安地区初步形成了我国古村古镇的保护和开发群。2000年，联合国教科文组织第二十四届世界遗产委员会将西递、宏村两处古民居列入世界文化遗产，开启了我国古村古镇保护和开发的热潮。2003年，建设部和国家文物局共同启动的中国历史文化名镇名村评选活动，进一步推高了这种热潮。

目前，我国的古村古镇群主要分为太湖流域的水乡古镇群、皖南古村落群、川黔渝交界古村镇群、晋中南古村镇群、粤中古村镇群等，类型涵盖了乡土民俗型、传统文化型、革命历史型、民族特色型、商贸交通型等，基本上反映了不同地域历史文化村镇的传统风貌。随着人们生活水平的提高，“寻找失去的家园”成为一种旅游时尚。我国现存古村古镇的巨大价值通过市场得以继续体现，成为推动经济发展的重要旅游资源。其中较为成功的当属乌镇，其旅游发展模式被誉为“乌镇模式”。

（五）民俗依托型乡村旅游发展模式

民俗旅游是一种高层次的文化旅游，主要包括物质风俗、社会组织风俗、节庆风俗、人生仪礼和精神文化民俗五部分。由于它满足了游客们“求新、求异、求知”的心理需求，已经成为旅游行为和旅游开发的重要内容。乡村民俗文化旅游是以乡村民俗、乡村民族风情以及传统民族文化为主题，将乡村旅游与文化旅游紧密结合的旅游类型。它有助于深度挖掘乡村旅游产品的文化内涵，满足游客文化旅游需求，提升产品档次。如匈牙利乡村文化旅游产品使游人在田园风光中感受乡村野店、山歌牧笛、乡间野味所带来的民俗风情，欣赏充满情趣的文化艺术，体验几千年历史淀积下来的民族文化。现阶段，我国民俗乡村旅游发展较好的主要代表是云南丽江民俗旅游。

（六）创意主导型乡村旅游发展模式

乡村文化创意旅游在乡村旅游发展中逐渐被重视，民间艺术是乡村文化创意旅游的一个重要方面。民间艺术是大众生活的体现和特征，主要包括微雕、陶艺、布艺、木艺、果核雕刻、刺绣、泥塑、蜡艺、书画、铜艺等，代表了一个民族和地方的文化特征，具有区域的独特性。

将传统民间艺术与旅游相结合，通常会发展成为旅游工艺品和工艺旅游。旅游工艺品是指具有纪念性、艺术性、地方性的旅游商品或旅游纪念品，发展工艺品旅游有利于当地文化艺术的复兴与弘扬，同时也能够将社会经济与文化有机地结合起来，有利于提高旅游业的地位。工艺旅游是指向游客展示工艺流程，如酿酒、木版年画制作、织布、磨豆腐等，可供游客参观，甚至参与工艺生产、制作过程，并将此融入旅游产业。

（七）科技依托型乡村旅游发展模式

当代科技在生活生产中具有越来越重要的作用。荷兰、新加坡、日本等国以科技引导现代农业建设和乡村旅游发展，为我国的乡村旅游指出了新的方向。近年来，我国启动的国家科技园区建设，促进了一批科技园区的发展，加速了我国现代农业的发展。展现农业风貌，形成集教育、体验、观光、展示为一体的现代乡村旅游业，成为我国乡村旅游未来发展的重要方向。

现代生物技术、现代仿生仿真技术是两种高科技农业的体现。将现代生物技术、现代仿生仿真技术应用于观光农业中，不仅可以创造千姿百态的农业观光产品、营造各式各样的农业自然景观、丰富乡村旅游的观赏内容，而且可以对农业科技的普及起到推动作用。

任务二　工业旅游资源

学习目标

1. 了解工业旅游概况。
2. 熟悉我国工业旅游的产生和发展。
3. 掌握现阶段几种工业旅游。

学习内容

1. 工业旅游概况。
2. 工业旅游类型。

案例导入

农夫山泉峨眉山工业旅游示范基地被评为国家AAA级旅游景区

2015年，农夫山泉峨眉山工业旅游示范基地达到国家AAA级旅游景区标准要求，正式被批准为国家AAA级旅游景区。

农夫山泉峨眉山生产基地位于峨眉后山，占地424亩。工厂三面环山，绿树成荫，与峨眉之巅遥遥相望。车间内设有参观走廊，游客可以在参观走廊上了解到整个天然水工艺生产环节，亲历产品从吹瓶、灌装到包装的所有过程。

由工厂出发，游客可沿着约2.5千米的山间小道到达水源地参观。此外，景区还有微信打印机打印、趣味问答、礼品赠送等环节，让游客有更好的游玩体验。

（资料来源：http：//news. gmw. cn/newspaper/2015－09/06/content _ 109015337. htm.）

工业旅游是伴随着人们对旅游资源理解的拓展而产生的一种旅游新形式。工业旅游在发达国家由来已久，一些大企业会利用自己的品牌效应吸引游客，同时也使自己的产品家喻户晓。在我国，越来越多的现代化企业开始注重工业旅游。

一、工业旅游概况

（一）工业旅游的内涵

1. 工业旅游的概念

工业旅游是旅游发展到一定阶段产生的一种新型旅游方式，它以工业企业的厂区、生产线、生产工具、劳动对象和产品等为主要吸引物，活动范围一般仅限于工业企业之内。这是旅游行业的一个新领域，是对旅游资源深层次的开发。

2. 工业旅游的特点

在我国经济迅猛发展、社会加速步入新型工业化和城市化的背景下，工业旅游已经呈现出加速发展的趋势，且有着独特的魅力和其他旅游形式无法复制的特点，具有很大的发展潜力和光明的发展前景。

（1）专业的知识性。工业旅游的游览项目是工业企业的厂区、生产线、产品等，先进的设备是科学技术的结晶，独特的工艺蕴藏着丰富的科学知识。

（2）效益的多重性。工业旅游的开展使工业企业、旅游者、政府和社区居民等多方受益，具有多效益性。发展工业旅游可以改善环境，企业在发展工业旅游时，会把优美的环境作为一个重要方面来展示。

（3）较强的依附性。工业资源的不可转移性决定了工业旅游的目的地只能是工业企业及其周边环境，工业旅游更需要依托工业企业及其周边环境作为旅游吸引物。

（二）我国工业旅游的产生与发展

1. 萌芽阶段

工业旅游的萌芽阶段主要是在20世纪90年代以前，当时中国工业企业的参观者大多是官方和业界人士，主要是政府性质的接待参观和同行业间的相互学习参观。被参观的企业多数是政府大力宣传的知名度较高的企业，这种参观是一种被动形式的接待参观。从严格意义上来讲，这种形式的参观接待并不是真正的工业旅游，但却已经具备了工业旅游的雏形。

2. 发展阶段

我国真正的工业旅游出现于20世纪90年代中期，最初是一些知名企业自主开发，或基于营销推出的一些参观项目。经过不断改进和充实提高，现在一些企业已经开发出中国一流的，完全与世界先进水平接轨的工业旅游项目。如海尔集团在1999年初推出的“海尔工业游”项目。

3. 政府规范管理阶段

在2001年以后，工业旅游进入政府规范化管理阶段。2001年，国家旅游局发布了《关于加快发展工业旅游和农业观光旅游的通知》，把推进工业旅游和农业旅游作为2001年旅游工作的要点，正式启动工农业旅游项目。通过政府的规范管理，可以促进工业旅游健康有序地开展，避免造成资源浪费。

二、工业旅游类型

（一）工业遗产旅游

工业遗产旅游起源于英国，是从工业化到逆工业化的历史进程中出现的一种从工业考古、工业遗产的保护中发展起来的新的旅游形式。工业遗产旅游的开发主要有三种模式，即创业产业园模式、主题博物馆模式和休闲娱乐公园模式。

1. 创业产业园模式

创业产业园模式是将工业遗产通过产业重组和业态调整，改造为创意产业园、现代艺术区，用以展示现代艺术、大型雕塑、装置艺术等。例如，北京 798 从军工厂转型为国际当代艺术中心就是典型的代表。

2. 主题博物馆模式

建立主题博物馆模式的工业遗产旅游的开发，是以现代博物馆理念为指导，以博物馆的形式展示一些工艺生产过程，让游客从中体验工业区的历史感和真实感，同时激发游客的社会参与感和认同感，开发出具有观光、休闲和科普教育功能的旅游产品。上海的江南造船博览馆就是这类博物馆的典型代表。

江南造船博览馆

3. 休闲娱乐公园模式

利用废弃的工厂、矿区的空间、设施和环境，将其开发成社区景观公园或经营性的主题公园等，让工业旧址成为人们休闲和娱乐的场所，这是一种非常有效的工业遗产开发模式。广东中山岐江公园堪称国内工业遗产保护和再利用的一个成功范例。

广东中山岐江公园

（二）工业科普旅游

工业科普旅游是以工业企业或产业园区为依托，以某种特定工业领域的科学技术为主题开展的科普、教育旅游产品。

工业科普旅游的开发模式一般有三种，即博物馆模式、主题公园模式、现场观摩模式。

1. 博物馆模式

博物馆模式工业科普旅游是以博物馆作为主体，集中展示特定工业领域或企业自身科技知识的旅游开发形式。如招远黄金博物馆、青岛啤酒博物馆。

招远黄金博物馆

2. 主题公园模式

主题公园模式工业科普旅游是以企业在某一领域领先的科学技术为主题，利用企业自身的科技优势，以该领域标志性的设施、设备等为载体，建设具有知识性、参与性和娱乐性的集参观、参与、娱乐、科普于一体的主题公园（博览园、展览园、科普教育基地等）。这种模式寓教于乐，是一种非常具有吸引力的工业旅游产品，也是一种非常有效的科普教育手段。如沈阳沈飞航空博览园就是全国首家系统介绍中国歼击机发展历程和航空科普知识的大型展馆。

沈飞航空博览园

3. 现场观摩模式

现场观摩模式工业科普旅游是以企业或科研机构的生产或研发现场为资源主体开展科普旅游的一种模式。例如西昌卫星发射基地。

（三）工业园区旅游

工业园区旅游是以整个企业或工业园区为主体资源，结合周边环境和其他旅游资源，将企业或工业园区开发成具有观光、休闲、科普等功能的综合性旅游区的一种工业旅游类型。

工业园区旅游开发模式以生产场景主导型开发模式为主，即以具有先进意义的科学技术和质量可靠的产品生产工艺作为主导性资源，将工厂的生产现场、现代化的流水线等作为产品的核心内容进行开发。比如青岛啤酒、青岛海尔等企业开发的工业园区旅游项目。

青岛啤酒博物馆 1

青岛啤酒博物馆 2

（四）企业文化旅游

企业文化旅游是以特定的企业文化为主题，将企业独特或高超的生产技术、生产工艺和产品作为资源或载体，以市场需求为导向，综合展示企业的文化、技术和产品，形成具有观光、休闲、科普等功能的旅游产品。企业文化包含物质文化和精神文化两种，对于企业旅游的开发也是从这两个方面进行的。

1. 企业物质文化旅游开发

企业的物质文化就是企业的生产力，主要表现为企业环境、厂房设备、技术成果、产品和人员、生产过程等有形的物质要素，如丰田汽车博物馆。

丰田汽车博物馆

2. 企业精神文化旅游开发

企业精神文化旅游是一种精神层面的工业旅游形式，是以有形的物质文化为载体，对企业精神文化进行挖掘、提炼、升华，并将抽象的意识形态具象到物质实体上，最终目的是实现物质文化和精神文化的高度契合，有形中渗透着无形，无形蕴含于有形之中。比如烟台张裕葡萄酒、青岛海尔等旅游项目。

张裕酒文化博物馆

任务三　主题公园类旅游资源

学习目标

1. 了解主题公园的内涵及特点。

2. 理解我国主题公园的分类。
3. 掌握现阶段比较重要的主题公园项目。

学习内容

1. 主题公园类旅游资源概况。
2. 主题公园项目。

案例导入

深圳锦绣中华主题公园

深圳锦绣中华主题公园是中国最早的文化主题公园，它坐落在风光绮丽的深圳湾畔，是目前世界上面积最大、内容最丰富的实景微缩景区。“一步迈进历史，一天游遍中华”是该景区的口号，景区中的82个景点均按照中国版图位置分布，大都按1∶15复制。其中有5万多个栩栩如生的陶艺小人和动物点缀在各景点，生动地再现了我国的历史文化及民俗风情。

（资料来源：https：//baike. baidu. com/item/锦绣中华/478205.）

随着中国休闲旅游的发展，中国主题公园的市场越来越被看好。2013年约有10.8亿中国人进入主题公园游玩，预计2025年进入主题公园的人数会超过美国，达到32亿人次。到2030年，将有超过40亿人次进入主题公园游玩。

一、主题公园类旅游资源概况

（一）主题公园的内涵

主题公园是一种人造旅游资源，它通过对特定主题的整体设计，围绕着一个或几个主题，创造一系列有特定环境和气氛的项目吸引旅游者，融合了现代科学技术、文化内涵和多层次空间活动的设置方式，集诸多娱乐活动、休闲要素和服务接待设施于一体，创造出特色鲜明的体验空间，进而使游人获得游览经历。主题公园是现代旅游业在旅游资源的开发过程中所孕育产生的新型旅游吸引物。

主题公园赋予游乐以某种主题，围绕既定主题来营造游乐的内容与形式。园内所有建筑的色彩、造型、植被等都为主题服务，共同构成游客容易辨认的特质和游园的线索。

（二）主题公园在国内的发展

世界上第一个主题公园诞生于荷兰。1955年，美国诞生了迪士尼乐园，在现代公园的发展史上，迪士尼乐园的出现无疑是一个里程碑。

我国主题公园开发起步于20世纪80年代后期，是市场催生的产物。深圳锦绣中华主题公园是我国第一个真正意义上的大型主题公园。进入20世纪90年代以后，很多投巨资兴建的各类主题公园在创造了短暂辉煌之后风光不再，超过500家主题公园迅速发展又迅速倒闭。

进入21世纪，主题公园又如雨后春笋般出现，大型主题公园不断开创新局面，以欢乐谷为典型的第三代主题公园诞生。我国主题公园基本呈三级阶梯结构，即东部沿海分布较多且规模较大，中部分布次多且规模不大，西部分布较少且规模较小。

（三）主题公园的分类

1. 按旅游体验类型分类

根据旅游体验，主题公园可分为以下五类：

（1）游乐型主题公园。游乐型主题公园亦称游乐园，提供刺激的游乐设施和机动游戏，如迪士尼乐园、蒂沃利公园等。

（2）情景模拟型主题公园。情景模拟型主题公园主要指各种影视城，如三国城、水浒城、浙江横店影视基地等。

（3）观光型主题公园。观光型主题公园主要是著名景观或特色景观的浓缩，让游客在短暂的时间内欣赏到最具有特色的景观，如锦绣中华、世界之窗等。

（4）主题型主题公园。主题型主题公园主要是各式各样的水族馆和野生动物公园，如老虎滩极地海洋公园、香港海洋公园等。

（5）风情体验型主题公园。风情体验型主题公园主要是将不同的民族风俗和民族色彩展现在游客眼前，如中国民俗文化村。

2. 按功能和用途分类

依据功能和用途的不同，主题公园可分为以下五类：

（1）微缩景观类主题公园。这类主题公园主要是选择世界各地或全国各地具有代表意义的景观进行微缩，如深圳锦绣中华、北京世界公园等。

（2）影视主题公园。如好莱坞环球影城，无锡三国城、唐城、水浒城等。

（3）活动参与类主题公园。这类主题公园以丰富的互动性、竞技性和娱乐性吸引世界各地的游客，如AC米兰主题公园、苏州乐园、深圳华侨城、欢乐谷等。

（4）民俗景观和仿古建筑类主题公园。如中华民俗文化村、北京民族园等。

（5）科幻探险类主题公园。如江苏常州的中华恐龙园等。

3. 按主题内容分类

依据主题内容进行分类，主题公园可划分为以下类型：以花卉园艺为主题的花卉园艺型主题公园；以保存文化、历史为主题的文化历史型主题公园；以异国地理环境、动植物特征为主题的名胜微缩型主题公园；以民俗风情为主题的民俗风情型主题公园；以童话幻想、科学、宇宙为主题的科技娱乐型主题公园等。

二、主题公园项目类型

（一）文化历史型主题公园

文化历史型主题公园一般又分为两种类型，即以模拟某个特定历史时代场景或是以文学名著为主题的主题公园。如杭州宋城、西安大唐芙蓉园、河南开封的清明上河园、常州春秋淹城遗址公园等。

清明上河园

（二）影视娱乐型主题公园

影视娱乐型主题公园即不以影视拍摄功能为主，而是以影视拍摄场景、场地、道具、服饰、片段等为资源，以影视文化为主题的娱乐公园。影视城作为主题公园的一种形式，来源于美国的环球影城，游客通过游览电影拍摄的场景获得乐趣。典型的影视娱乐型主题公园有浙江横店影视基地、无锡三国城等。

横店影视基地明清宫苑

（三）科技娱乐型主题公园

科技娱乐型主题公园利用声、光、电、气等现代科学技术来表现未来、科幻、太空、海洋等主题，是青少年的乐园。它提供了刺激的游乐设施和机动游戏，让寻求刺激感觉的游客乐此不疲，典型的科技娱乐型主题公园如深圳的欢乐谷。

深圳欢乐谷

（四）名胜微缩型主题公园

微缩景观是主题公园最早、最常见的造园手法。这类主题公园将异国、异地的著名建筑、景观按照一定的比例缩小建设，或将各国各地或某一区域最具代表性的名胜景观微缩荟萃于一园，以“标本形式”整体展示不同的地域、不同民族的风俗、文化景观，使参观者可以“日行千里”，领略各地不同的文化。如荷兰的马多洛丹、深圳的锦绣中华、北京的世界公园、深圳的世界之窗等。

深圳锦绣中华

（五）民俗风情型主题公园

民俗风情型主题公园是以特定历史时期或特定地域的民俗文化为主题，对民俗文化的优秀元素进行艺术的提炼和加工，集中地向游人展示某一历史时期或某一地域的民俗风情及生活情境，给游人带来娱乐性和体验性的模拟景观。如中国民俗文化村、杭州的宋城等，它们已成为中国民俗风情主题公园的旗帜和榜样，取得了令人瞩目的成绩。

中国民俗文化村

（六）综合旅游主题型主题公园

综合旅游主题型主题公园是主题公园发展到后期，整合若干发展比较成熟的不同类型的主题公园，以一个整体品牌展现在游人面前，并通过旅游整合，将旅游主题与其他产业完美结合，形成旅游产业的新亮点。如现在的深圳华侨城将四大主题公园联合经营，并将旅游主题公园与酒店、演艺、地产等相结合。

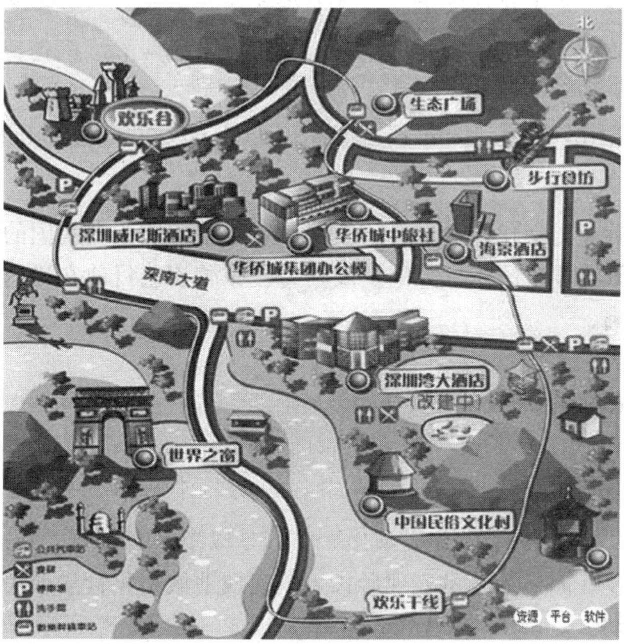

深圳华侨城导游图

任务四 演艺类旅游资源

学习目标

1. 了解旅游演艺产生和发展的历程以及重要的项目。
2. 熟悉旅游演艺的分类。
3. 掌握一些有代表性的现代旅游演艺项目。

学习内容

1. 演艺类旅游资源概况。
2. 旅游演艺项目介绍。

案例导入

陕旅集团携大型实景演出《马可·波罗》挺进意大利

2015年中国西安丝绸之路国际旅游博览会旅游演艺高峰论坛暨威尼斯《马可·波罗》大型实景演艺研讨会作为本届丝路国际旅博会的重要组成部分，旨在通过旅游演艺高峰论坛的举办，汇聚相关政府部门领导及行业嘉宾共话“一带一路”新背景下中国旅游实景演艺产业未来趋势和市场发展前景。

（资料来源：http：//sn. ifeng. com/shanxidifangzixun/xian/detail _ 2015 _ 09/09/4328867 _ 0. shtml.）

旅游演艺是旅游业与文化产业融合的新兴业态，旅游演艺在我国的迅速发展成为旅游市场的新活力，为旅游业增添了巨大的发展动力。旅游演艺目前在国内如火如荼，也逐渐形成一定的国际影响。

一、演艺类旅游资源概况

（一）旅游演艺的内涵

旅游演艺又称“旅游表演”“旅游演出”等，是以游客为主要受众群体，依托旅游区，综合运用歌舞、杂技、曲艺等艺术表现形式，以表现地域文化背景或民俗风情为主要内容的主题商业演艺活动。

旅游演艺与传统演艺的根本区别在于它的受众群体，旅游演艺的受众是游客，是以异地观众为主要观赏者的演艺活动，传统演艺的受众是当地居民。

（二）旅游演艺的产生和发展

旅游演艺在我国源远流长，古已有之，并非新生事物，只是在演出功能和观赏者上与今日的旅游演艺有所差异。中国近现代的旅游演艺形式最早出现于20世纪80年代。

紧跟着改革开放的步伐，中国旅游业也迎来了新的发展时期。随着旅游业的复苏，旅游演艺也逐渐显现。始于1980年的上海和平饭店老年爵士乐，就是专为外来旅游者，尤其是外国旅游者演出的项目，规模不大但名气不小。

随着华侨城旗下的中国民俗文化村于1995年7月推出的《中华百艺盛会》、世界之窗于1995年12月推出的《欧洲之夜》以及宋城景区于1997年3月推出的《宋城千古情》等旅游文化演艺节目陆续开始公演，我国旅游文化演艺行业逐渐步入了繁荣发展的时期。

《宋城千古情》

进入21世纪以来，中国的旅游演艺得到了迅速发展。2004年，由著名导演张艺谋执导的大型山水实景演出《印象·刘三姐》在桂林阳朔推出，成为国内文化产业成功运作的典范，此后各类演艺节目层出不穷。比较著名的节目有云南丽江《丽水金沙》《纳西古乐》，昆明《云南映象》，大理《蝴蝶之梦》，广西桂林《梦幻漓江》等。

（三）旅游演艺分类

旅游演艺形式多种多样，可以根据演出场所、依托元素、演出内容和场所进行具体分类。

1. 按演出场所分类

按演出场所，旅游演艺可分为室内剧场演艺、室外实景演艺、巡游演艺。

室内剧场演艺有固定的室内演出场所，采用人工造景与布景。

室外实景演艺有固定的室外演出场所，将自然山水与人工布景相结合。

巡游演艺无固定演出场所，根据演出场所不同，布景造景相应变化。

2. 按依托元素分类

根据依托元素，旅游演艺可分为景区依托式、主题公园依托式、城市依托式。具体如下表所示。

旅游演艺按依托因素的分类

分类	特点	案例
景区依托式	位于景区内部或附近，依托景区客流，演出主题较自由	《长恨歌》
主题公园依托式	多位于主题公园内部，演艺主题、内容、氛围与主题公园保持一致	《大宋·东京梦华》
城市依托式	位于著名旅游城市或规模较大城市，依赖城市旅游客源，代言城市文化与形象	《ERA 时空之旅》

《大宋·东京梦华》是由实景演出策划人梅帅元创意、知名实景演出导演张仁胜执导，中国最大的宋文化主题公园——开封清明上河园出品的大型实景水上演出。其豪华的场景、经典的宋词、高科技的舞美，带给了广大游客强烈的视听震撼，生动、真实地再现了北宋京都汴梁的盛世繁荣。

《大宋·东京梦华》

超级多媒体梦幻剧《ERA 时空之旅》运用高科技手段打造令人惊奇和充满魔幻的效果，采用特殊装置以及声、光、电、水幕、烟雾、特效等现代化手段，深入挖掘和利用江南特有的民族艺术元素，综合杂技、音乐、现场乐队、舞蹈、武术等，以时空交错为表现手法，艺术地展现昨天、今天、明天，展示中华民族的悠久历史和灿烂文明。

《ERA 时空之旅》

3. 按演出内容和场所分类

按演出内容和场所进行分类虽然不是很严谨，但却是最常用的分类方式。具体如下表所示。

旅游演艺按演出内容和场所的分类

类型	依托	特点	典型案例
实景演出	自然山水景区	优美的自然山水与独特的地域文化紧密结合；规模较大	"印象"系列
主题公园旅游演出	主题公园	与主题公园游乐互补，共同打造复合型旅游产品；主题性尤其明显	"千古情"系列
剧场表演旅游演出	旅游城市为主	与传统演艺易混淆，多为城市的文化名片性的产品；多为政府投资；会采用巡演方式	《云南映像》

二、旅游演艺项目类型

（一）实景演出

实景演出是以旅游地山水实景为依托，以真山真水为演出舞台，以当地文化和民俗为主要内容，以演艺界与商业界大师为创作团队的独特的文化模式，是中国人的独创，也是中国旅游业向人文旅游、文化旅游转型背景下的特殊产物。山水实景演出的创始人是梅帅元，其创造了山水实景演出形式并邀请著名导演张艺谋执导，在中国桂林制作并推出了中国第一部山水实景演出《印象·刘三姐》。

《印象·刘三姐》

（二）主题公园旅游演出

主题公园旅游演出主要是在主题公园内打造演出剧目，依托的主要场地是主题公园。该类型演出能够吸引游客、树立形象、丰富产品形态等，已成为主题公园必不可少的旅游产品。

迪士尼巡演

《金面王朝》

（三）剧场表演旅游演出

剧场演出主要是在封闭的空间内表演。一定程度上，这种类型更接近于传统的文艺表演，只是剧场大多建设在旅游目的地，并且依托旅游目的地而存在。除了演出场地不同之外，它与实景演出并没有本质上的区别。

任务五　邮轮与房车类旅游知识

学习目标

1. 了解邮轮旅游和房车旅游的概况。

2. 熟悉邮轮旅游公司。
3. 掌握邮轮的基本设施及服务。
4. 熟悉房车营地。

学习内容

1. 邮轮旅游概况。
2. 邮轮公司。
3. 邮轮设施及服务。
4. 房车旅游概况。
5. 房车营地。

案例导入

房车赚足眼球　华博会传递旅游新脉动

被称为“车轮上的家”的房车在第七届华中旅游博览会上大展风采，参展房车价格从13.8万元到200万元不等。“大家排队，一个一个参观！”一台供参观的房车前，参观者们争先恐后地等着“看稀奇”。“车里面还有洗澡设备和厕所！”一位婆婆兴奋地说。“13万元左右就可以买一辆房车，价格有优势。”参观者马先生颇为心动。“没想到参观者的热情这么高。”武汉市房车越野户外联盟俱乐部的唐汉明说。此次房车参展主要是倡导一种生活方式，事实上，在国内使用房车还面临配套设施的问题。比如，为房车提供充电、充水和驻扎的地方较少，但在欧美发达国家，这些设施都相当成熟。配套设施不完善，制约了国内房车市场的发展。

（资料来源：http：//news.eastday.com/eastday/13news/auto/news/china/u7ai1549165_k4.html.）

在旅游内容不断丰富的同时，旅途中交通工具的变化也催生了旅游新方式的出现。搭乘交通工具本身也成为旅途体验的重要内容，自驾游和邮轮游便是时尚旅游方式的代表。但也有人会产生很多疑问：在邮轮上旅游会不会觉得无聊？安装在“车轮上的家”到底是什么样的？

一、邮轮旅游知识

（一）邮轮旅游概况

《海上钢琴师》和《泰坦尼克号》这两部电影让中国人逐渐了解了西方人热衷的“邮轮度假”。邮轮旅行最早可以追溯到郑和下西洋，钱钟书在《围城》里也描写了方鸿渐那一个月的海上之旅的惬意。

《海上钢琴师》海报

《泰坦尼克号》海报

1. 邮轮的含义

1850年以后，英国皇家邮政允许私营船务公司以合约形式，帮助他们运载信件和包裹。这个转变，使一些原本只是载客的船务公司旗下的载客远洋轮船，摇身一变成为悬挂信号旗的载客远洋邮务轮船。“远洋邮轮”一词便因此诞生。“邮”字本身具有交通的含义，且过去跨洋邮件总是由这种大型快速客轮运载，故得名。

现在所说的邮轮，实际上是指在海洋中航行的旅游客轮，是一种能够在海上移动并且为游客提供食、住、行、游、购、娱等服务的综合型的旅游客轮。它既是一种“漂浮的酒店”，也是漂浮在海面上的“超五星级宾馆”，被称为“海上流动度假村”。

2. 邮轮的分类

邮轮按照不同的衡量标准，可以有数十种分类方式，其中最典型的是按航行水域不同、船型大小不同、舒适度不同进行的分类。

（1）按航行水域的不同分类。

按照航行水域的不同，邮轮可分为远洋型的邮轮、近岸型的邮轮、河湖型的观光游船。

远洋邮轮多用于跨越大洋的洲际或环球航行，一般吨位较大，性能优越，内部设施豪华，造价也较高。现代远洋邮轮是从早期的邮轮发展而来的。19 世纪 30 年代末，蒸汽机船在大西洋上首次用于客运，从此远洋客轮也成为海上运送邮件的唯一工具，因而又被称为邮轮。

远洋邮轮“自由之船”设计效果图

近岸型的邮轮多航行于局部区域，如加勒比海、巴哈马、墨西哥、百慕大、阿拉斯加、夏威夷、地中海、北欧等美丽的海域。航程一般是从某个港口出发，到达一个或几个美丽的旅游港口，再回到出发港口，重新开始下一个航程。比如挪威天空号从美国迈阿密出发，到巴哈马拿骚，旅客在拿骚游玩后再回到船上，邮轮重新回到迈阿密。

河湖型的观光游船以观光作为主体功能，属于短程旅游产品，单体规模比较小，对应大众化市场。

观光游船

(2) 按船型大小不同分类。

邮轮一般定期或不定期沿一定的水上旅游线路航行，在一个或数个观光地停泊，以便让游人参观游览。按照邮轮船型大小，可以将邮轮划分为大型邮轮、中型邮轮和小型邮轮。

邮轮按船型大小的分类

船型	小型邮轮	中型邮轮	大型邮轮
船体长度	210～240 米	240～300 米	超过 300 米
船体宽度	不超过 30 米	40 米左右	超过 40 米
船体高度	不超过 30 米	超过 40 米	超过 60 米
吃水深度	低于 5 米	5～7 米	超过 8 米
排水量	2 万吨以下	2 万～7 万吨	超过 8 万吨
床位数	100～500 张	500～1 500 张	超过 1 500 张
载客量	1 000 人以下	1 000～2 000 人	超过 2 000 人

(3) 按舒适度不同分类。

邮轮同样分为三六九等，配置越豪华的邮轮越舒适，各种配套设施也更齐全，选择邮轮之前可以事先查询。

邮轮按舒适度的分类

舒适度	经济型邮轮	标准型邮轮	豪华型邮轮
内部装饰材料	一般性材料	复合材料	天然与复合材料
设施、设备和用品	实用性产品	优质产品	高科技和高品质产品
壁画和艺术品	观赏性较高的艺术品	仿制文物或工艺品	具有收藏价值的文物和艺术品
人均拥有空间比例	低于 20%	20%～35%	超过 35%
餐厅、酒吧数量	5 个以下	10 个左右	超过 20 个
娱乐设施	5 个以下	10 个左右	超过 20 个
每天的娱乐活动	5 项以下	7 项左右	超过 10 项
船员和游客的比例	1∶3	1∶2	1∶1.5

(4) 按其他方式分类。

按吨位划分：5 万吨以下是小型邮轮，5 万～7 万吨是中型邮轮，7 万吨以上是大型邮轮。一般认为，中型邮轮最适合出行，它的各方面配比和稳定性较为完美。

按航行区域划分：国际邮轮和区域邮轮。

按航行天数划分：远程、中程和短程邮轮。

(二) 邮轮公司

目前，世界邮轮产业竞争依然处在寡头竞争阶段。最著名的三大邮轮公司为嘉年华(Carnival)邮轮公司、皇家加勒比(Royal Caribbean)游轮公司以及丽星(Star Cruises)邮轮集团。在全球航行的各种型号的邮轮有 300 多艘，分属于在国际邮轮协会登记的 56 家邮轮公司，其中有 19 家归属于嘉年华、皇家加勒比和丽星三大邮轮公司。

1. 嘉年华邮轮公司

嘉年华邮轮是指美国上市公司嘉年华邮轮集团。该集团总部位于美国佛罗里达州的迈阿密市，现在已发展成为全球第一的超级豪华邮轮公司，被业界誉为“邮轮之王”。

嘉年华邮轮公司创立于 1972 年（起初并不叫嘉年华，采用嘉年华这一名称始于 1993 年），此后通过收购合并等手段，进入邮轮产业的各个细分市场。嘉年华邮轮公司下属有公主邮轮（Princess Cruises）、荷美邮轮（Holland America）、歌诗达邮轮（Costa Cruise Line）、冠达邮轮（Cunard Cruise Line，其前身白星邮轮拥有泰坦尼克号）、世朋邮轮以及风之颂邮轮等。嘉年华邮轮集团现有 24 艘规模在 8 万～12 万吨的大型豪华邮轮，这也是迄今为止最为庞大的豪华邮轮船队。

歌诗达邮轮

2. 皇家加勒比邮轮

皇家加勒比邮轮有限公司是全球领先的邮轮度假集团，总部位于美国迈阿密。在全球范围内经营邮轮度假产品，旗下拥有皇家加勒比国际邮轮（Royal Caribbean International）、精致邮轮（Celebrity Cruises）、普尔曼邮轮（Pullmantur）、精钻会邮轮（Azamara Club Cruises）、CDF（Croisières de France）及与途易集团（TUI AG）合资的 TUI Cruises 等邮轮品牌。公司旗下的皇家加勒比国际邮轮是全球第一大邮轮品牌，共有绿洲、自由、航行者、灿烂、梦幻、君主 6 个船系的 22 艘大型现代邮轮，每年提供 200 多条精彩纷呈的度假航线。

海洋绿洲号

海洋魅力号

3. 丽星邮轮

丽星邮轮创立于1993年，被称为“亚太地区的领导船队”，是世界三大联盟邮轮公司之一。它以“最适合初次搭乘”为品牌诉求，并以亚太海域为主要营运市场，以推动亚太地区的国际邮轮旅游发展为目标，隶属于马来西亚云顶娱乐集团旗下，共计有丽星邮轮、挪威邮轮、东方邮轮及邮轮客运四个品牌，旗下拥有22艘邮轮及超过26 000个船位，航行区域遍布亚太地区、北美、南美、欧洲以及南极。

处女星号

（三）邮轮设施及服务

邮轮上的设施主要分为客用设施和员工设施，这里主要介绍客用设施。

1. 餐饮设施

邮轮上的餐饮设施非常多，一般大型邮轮都会有20个以上的餐厅、酒吧、快餐店等，开放时间各不相同，一般用餐时间都开放。邮轮每天的饮食都有时间表，一般从清晨六点半便会开始，一直到半夜吃夜宵。

海洋航行者号的主餐厅

2. 住宿设施

大型邮轮上的住宿客房一般有 1 000 多间，而且根据舱位的不同划分为海景房、阳台房和内舱房，舱位不一样，价格自然也不同，所获得的享受也不一样。通常舱位楼层越高，价格越贵；中间的舱位会比前后的舱位平稳，后面的舱位还会受机器噪声的影响。

海景房

内舱房

套房

阳台房

3. 购物设施

邮轮上都会有购物设施，而且商品种类繁多，各种免税商品店和精品店鳞次栉比。例如在“海洋航行者号”上的皇家大道免税店中购买任何品牌的化妆品都能够享受 9 折优惠；皇家大道上的名品手表专卖之夜有恒宝、ZENITH、万国、欧米茄等国际品牌售卖，并且还有专业的手表讲解师为客人做介绍。

皇家大道

在邮轮上购物刷信用卡最方便，有些公司，如“皇家加勒比”在上船时会把游客的船卡和信用卡绑定，消费可以直接刷船卡。船上通用哪种货币一般取决于邮轮公司的国家，一般用美元或者欧元，且船上有外币兑换处，另有 ATM 机可以取船上通用货币，还可以在船上买纪念品。

4. 娱乐设施

新一代的大型邮轮上，各种娱乐健身设施非常完善。从盛大的演出、电影院、舞厅、图书室、麻将馆到慢跑径、网球场、迷你高尔夫练习场、泳池，甚至冲浪、攀岩等场所都免费提供，但如果是瑜伽、健身操、烹饪等教程就可能要收费了。一些船上还有迷你高尔夫球赛和高尔夫模拟赛。

迷你高尔夫球场

攀岩

泳池

健身

豪华邮轮晚会

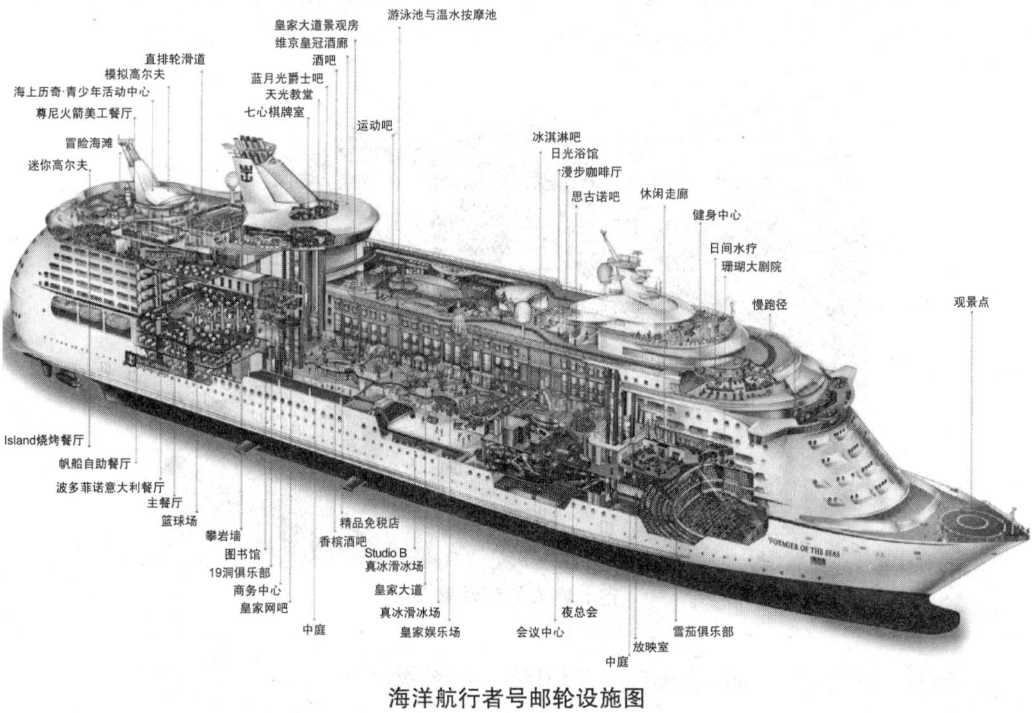

海洋航行者号邮轮设施图

二、房车旅游知识

（一）房车旅游概况

1. 房车与房车旅游的含义

（1）房车。

房车被形象地称作“车轮上的家”，是由国外引进的时尚车种，也称旅居车，英文全称 recreational vehicle，也翻译为 motorhome 或 trailer，简称 RV。房车兼具“房”与“车”两大功能，但其属性还是车，集餐饮、住宿、运输、娱乐于一体，是一种可移动，且具有居家必备的基本设施的车种，是人类社会发展到特定时期的产物。

（2）房车旅游。

房车旅游是一种以房车为载体的新型旅游方式。“车子外面是世界，车子里面是自家”“车外是景，车内是家；家不变，景常变。”这是房车旅游的真实写照，将旅游和生活完全结合起来，行在路上，乐在其中。

在美国和欧洲，房车早已是人们休闲旅游，甚至是生活的一部分，将家安在轮子上体现的是一种个性化的生活方式。

2. 房车的产生与发展

房车旅游作为一种旅游形式，出现的历史并不长，它受制于社会生产力发展的水平，特别是社会经济发展水平与汽车工业的大众化水平。从 20 世纪房车旅游出现以来，它经历了萌芽、发展、成熟三个阶段，正在向大众化阶段演化。[①]

（1）萌芽时期。

房车的雏形是吉卜赛人的大篷车，1885 年，威廉博士根据吉卜赛篷车制作出了世界上第一辆房车。在欧洲，旅居房车被称作 caravan，中文是“大篷车”的意思。

吉卜赛人的移动篷车

---

① 陈建斌，徐印州．房车旅游特点及其旅游开发对策．经济师，2004（9）.

具有现代意义的房车最早出现于第一次世界大战末的美国，时尚的美国人为了长途旅行生活的便利，把简易的床、厨房、帐篷等用具搬到家用轿车上，这便是房车的萌芽。1920 年，许多房车制造先驱开始制造车轮上的家，他们在自家的后院里用木头制作简单的房屋，然后再把房屋固定到汽车的底盘上，并在房车上创制家居环境，使之有了“移动之家”的内涵，这是旅游房车的雏形。福特 T 型车作为当时产量最大、最便宜的汽车，也被改装成可以睡觉的车型。

福特汽车改装的房车

到了 20 世纪 20 年代，随着相关技术的发展和造车成本的降低，新的房车变得更大，可以容纳一个家庭。同一时代，基于最早的公交车的房车也出现了。

容纳家庭的房车

基于最早的公交车的房车

与此同时，一些房车爱好者考虑到房车旅游途中需要的修理、保养、补给等问题，开始策划在路途中平整土地，整修一些房屋，储备汽车维修工具与日常生活用品，这就是早期的房车宿营地。萌芽阶段的房车旅游具有规模小、设备简陋、影响范围小等特点。

(2) 发展时期。

到了 20 世纪 30 年代，房车开始采用飞机式的构造，开始配备床、餐桌椅，而且具备供电供水的功能，舒适性大大提高，居家生活功能更加完善。

20 世纪 30 年代，拖挂式房车的设计也开始变得更加呈流线型。这种比较小的、尾部收尖的拖挂型房车被称为 teardrop trailer（水滴形拖车），空间只能容纳两个人睡觉和储藏一些旅行用品。到了 20 世纪 30 年代后期，出现了更大的流线型的拖挂型房车。

小型流线型拖挂式房车

大型流线型拖挂式房车

第二次世界大战后，随着汽车的普及，更多的美国人开始寻求移动的生活，房车业也随之繁荣起来。到了 1950 年，拖挂型房车已经由原来自制的小型罐装房发展到 9 米多长的移动房屋。同时，随着房车使用者队伍的壮大，宿营地也得到了较快的发展，出现了专门的宿营地经营商。

装有移动房屋的拖挂式房车

（3）成熟时期。

第二次世界大战后，在和平的环境下，欧美发达国家经济稳定发展，旅游业也随之兴旺发达，而房车旅游作为旅游业中一个引人注目的细分市场，其发展规模日益壮大。以下四个原因促成了房车旅游的发展：一是欧美等国良好的公路交通系统促进了房车的可达性；二是第二次世界大战后，房车旅游在美国成为一种时尚；三是房车爱好者组织的出现与壮大；四是航空技术进一步发展并应用到房车上，使房车的舒适性、便利性、安全性等大大提高。这四个因素共同促进并互相影响，使“在旅行中生活，在生活中旅行”的旅游方式不断发展。

同时，一些国家开始建立房车协会，专门负责房车的设计、制造、销售以及房车旅游活动的组织，如美国的房车工业协会、澳大利亚的房车和露营行业协会等。

3. 房车在中国

驾驶房车出游是一种集自由、灵活、方便、舒适为一体的出游方式。在国外，房车旅游已不仅仅是一种出游方式，它更多地象征着一种生活态度。

中国房车起步较晚，目前大家普遍以 1999 年贺岁片《不见不散》作为中国房车出现的标志。2001 年中国首辆自主知识产权的自行式房车上线，此后中国房车行业在摸索中不断前进，2007 年我国房车拥有数量为1 550辆，2010 年达到4 000多辆。目前中国房车行业形成了一定规模，房车销售以企业自主营销为主，形成了生产—销售—运营—露营地—俱乐部—会员为一体的完整产业链。

4. 房车的分类

目前房车主要有自行式与拖挂式两种类型。自行式房车与平常开的汽车没有区别，游客可以自行驾驶，可分为自行式 A 型、B 型、C 型；拖挂式房车需要车辆牵引，可分为拖挂式 A 型、B 型、C 型、D 型、移动别墅。

（1）自行式A型房车。

自行式A型房车是房车家族中具有自身驱动能力的庞然大物，一定程度上我们可以认为这类房车是所有房车种类中最豪华、舒适的一种，在所有旅居车中空间是最宽敞的。这类房车的外表与豪华的大型公交车毫无区别，但车内则要比公交车舒适、豪华很多，配备了各种家具、车载家用电器、储存柜、桌椅沙发等，这些设施可供人们长期独立自主旅行，并在旅途中随时随地享受家的温馨舒适。此类房车车内宽敞而豪华，面积一般可达40平方米，即使不依靠露营地，也能在车上生活一段时间。

自行式A型房车

（2）自行式B型房车

自行式B型房车的外表更像小型面包车，它是具有自身驱动能力的小巧房车。车内设施精简，大都是生活所必需的，可供使用者烹饪、睡眠、洗浴。该类型房车最大的特点是小巧灵活，外表不张扬，可供城市日常使用，也可作为短途旅行、生活工具。如果要进行长期旅行但觉得车内设施过于简陋，人们还可在车后牵引一辆拖挂式房车，到达目的地后可将拖挂房车卸下。

自行式B型房车

（3）自行式C型房车。

自行式C型房车是目前国内房车市场上数量最多、最受人们欢迎的房车类型。该类房车是舒适豪华的自行式 A 型房车与小巧灵活的自行式 B 型房车的完美结合，具备所有日常生活、休闲娱乐所需设施。

与自行式 A 型房车相比，自行式 C 型房车空间稍显不足，但又比自行式 B 型房车空间宽敞、设备齐全，是空间紧凑、设备齐全的房车类型。

自行式 C 型房车

（4）拖挂式 A 型房车。

拖挂式 A 型房车在美国被称为传统拖挂房车，是拖挂式房车的典型代表。该类房车外形大都规则、对称，形状为长方体或近似长方体、泪滴状或椭圆状，车内设有起居室、厨房、卧室、盥洗室等区域，其内部活动空间较大，设备更加完善，可以满足人们长期户外生活的需要。

拖挂式 A 型房车

（5）拖挂式 B 型房车。

拖挂式 B 型房车在美国被称为五轮拖挂式房车，其外形庞大，具有自己的车轮，侧面形状类似于长方形少了一个下角，而缺角通过放在牵引车（多为皮卡车）车厢里的拖挂连接装置搭在牵引车车厢上。这一外形特点使其具有了其他拖挂式房车所缺少的错层生活空间。

此类型的房车有 2/3 都至少装有一侧扩展装置，只要轻按按钮，拓展厢体即可向外滑动多达一米的距离以加大用餐、休息以及烹饪等活动空间。该类房车具备在家一样的生活设备，适合家庭周末度假或常年旅行。

拖挂式 B 型房车

（6）拖挂式 C 型房车。

拖挂式 C 型房车在美国被称为双端可拓展旅游拖挂房车，又被称为帐篷房车，这种房车大多用于露营体验，更偏向于露营车。拖挂式 C 型房车的特点是重量轻、牵引方便、型号众多。对于许多初次购买房车或有小孩的家庭来说，拖挂式 C 型房车绝对是一个很好的选择。

拖挂式 C 型房车

（7）拖挂式 D 型房车。

拖挂式 D 型房车也被称为驮挂房车，是一种驮在皮卡车厢或是经过改装的车槽上的车型。与其他房车相比，这款房车最显著的特点是没有单独的车轮，全部依靠“牵引车”前进。这类房车专门设有在冬天旅行使用的热力暖炉、暖风设施，车壁有加厚的绝缘层和双层玻璃窗等。

拖挂式 D 型房车

（8）移动别墅型房车。

移动别墅型房车适合有长时间度假旅行习惯的爱好者使用。移动别墅需要用特殊或重型的平板拖车运输到营地，也可进行短距离牵引行进。它具有宽大的生活空间，内部设施配置得如同家里一样方便自由。该类房车更多是进行有计划的季节性使用。

移动别墅型房车

（二）房车营地

1. 房车营地概述

房车营地是指具有一定自然风光，可供房车补给和人们露营的娱乐休闲小型社区。房车露营地的特色是休闲、文化及露营。在一定程度上可以说是专门为房车使用者而修建的，也可以说是为房车爱好者和自驾车者而建的。房车露营地除了可以为房车使用者和自驾车者提供餐饮娱乐、休息住宿外，还为房车提供全套的供给补给服务，如供水服务、供电服务、污水处理服务等。除此之外，还配有帐篷、房车、可租借的木屋、运动游乐设备等露营设施，适合外出旅行或长时间居住。

2. 房车营地的基础设施

房车营地是集景区、娱乐、生活、服务为一体的综合性旅游度假场所，通常包括停车区、生活区、娱乐区、商务区、运动休闲区等部分。营地内各种设施齐全，有较为完善的安保系统、独立的饮水和污水处理系统，配备生活用电；生活区域内有现代化的卫生设备，淋浴、卫生间，并提供洗衣、熨衣、煤气等服务设施。营地内还设有超市、邮局、诊所、酒吧、餐馆、健身房等，完全可以满足游客日常生活的需要。在娱乐和运动区域内，开辟有健身、球类、游泳、儿童游乐园等多种运动场地和多功能厅，供游人使用。

3. 北京怀北国际汽车营地[①]

北京怀北国际汽车营地位于怀柔区怀北镇九谷口自然风景区（国家 AAA 景区）内，是北京首家开门迎客的自驾车主题度假营地，营地内集露营、房车、户外、休闲、食宿为一体，规划总面积为 120 000 平方米。其中，帐篷露营地规划20 000平方米，可容纳2 000顶帐篷露营；房车、汽车露营地规划40 000平方米，可容纳 400 辆汽车进入景区露营。山景徒步游览线路共 6 条，全长 28 千米，水景休闲区12 000平方米，是目前北京地区最大的汽车露营地。

在营地内为游客划分了野炊区域，搭建了野炊灶台，并能为游客提供灶具、调料、食材等。

营地餐厅

① 旅居时代汽车露营网.

营地的四大主题营区动静相合、错落有致，为不同年龄、不同爱好的露营者提供了丰富的娱乐项目。

（1）边关营地。该营地是孩子们最喜爱的露营场所，小朋友们可以在这里放风筝、学野炊、做游戏。

（2）运动营地。该营地设有足球、山地自行车、ATV 越野摩托等娱乐项目，该区域最适合爱运动的年轻人露营休闲。在景区内高负氧离子环境下，适量运动将有助于松弛神经、增加血液的含氧量。

（3）长城营地。该营地设有长城徒步穿越、军事模拟对战（真人 CS）等项目，从该区域出发徒步穿越景区的路线多达 4 条，非常适合户外徒步登山爱好者，线路缓急适中、落差平均，登山的同时还可欣赏长城美景。

（4）水岸营地。该营地设有垂钓、烧烤、吊床等休闲设施，以静为主，非常适合喜欢安静度假的朋友。

学习评价表

标准等级	优秀	良好	及格	不及格
了解乡村旅游的内涵、发生和发展				
熟悉乡村旅游的发展模式				
了解工业旅游的基本概况				
掌握工业旅游的类型				
了解主题公园类旅游资源的概况				
掌握主题公园类旅游资源的类型				
了解演艺类旅游资源概况				
掌握主要的演艺旅游项目				
了解邮轮和房车类旅游资源概况				
掌握邮轮旅游公司及邮轮的主要服务设施				
熟悉房车营地				
学习态度				
独立思考能力				
创新能力				
总体评价				
自我总结：				

知识拓展

新兴业态类旅游资源相关词汇

1. 岸上活动

游客离开邮轮，在岸上所进行的活动都可以称为岸上活动。在每个港口，游客可以根据个人喜好自行出游或是跟随团队出游。

2. 海上一天

海上一天是指在两港口间，需要花费一整天时间航行。大部分邮轮都会有一天或一天以上在海上航行。

案例分享

历史文化依托型乡村旅游发展模式——乌镇

乌镇位于浙江省桐乡市北端，距桐乡市区 13 千米，距嘉兴、湖州、吴江三市分别为 27 千米、45 千米和 60 千米，距杭州、苏州均为 80 千米，距上海 140 千米。乌镇是一个有着1 300 多年镇史的古镇，拥有保存完好的古建筑和历史文化名人的故居，也有“以水为街，以岸为市”的迷人水乡风光。整个古镇街道被河网分割成东南西北四个栅(四条街)，景点分布连成一片，便于旅游开发。1999 年乌镇开始实施古镇保护和旅游开发工程，现今乌镇已经成为国家 5A 级景区，是江南六大古镇之一。

案例分析：

乌镇旅游文化传承的途径主要通过以下几点体现：

(1) 对古建筑的保护，采用修旧如旧、保持旧貌的原则。

(2) 在旅游线路设计上保留了水乡风情。

(3) 通过各种大型庆典活动和小型的民俗体验活动，全面展示当地的传统风情。

(4) 各种古工艺传承、各种传统工艺表演、各种民风体验性的活动在乌镇应有尽有。

(5) 导入主题式的商业购物理念，设立了女红街，引入创意性的以女红工艺为主的商业。

(6) 乌镇采取分区开发的模式，东栅依然保留着原住居民，西栅供游客体验度假和观光休闲。

课堂练习

一、单项选择题

1. 乌镇开发属于（　　）。

A. 城市依托型　　B. 景区依托型　　C. 产业依托型　　D. 历史文化依托型

2. 世界上第一个主题公园诞生于（　　）。

A. 中国　　B. 美国　　C. 荷兰　　D. 英国

3. （　　）是我国第一个真正意义上的大型主题公园。

A. 杭州未来世界　　B. 锦绣中华　　C. 中华民族园　　D. 大唐芙蓉园

4. 深圳欢乐谷是（　　）的主题公园。

A. 文化历史型　　B. 影视娱乐型　　C. 科技娱乐型　　D. 名胜微缩型

5. 下列属于中国第一部山水实景演出的是（　　）。

A.《宋城千古情》　　B.《印象·刘三姐》

C.《大宋·东京梦华》　　　　D.《金面王朝》

二、多项选择题

1. 乡村旅游的形式有（　　）。

A. 垂钓　B. 采摘　C. 划船　D. 捕捞　E. 喂养

2. 工业旅游的特点有（　　）。

A. 专业的知识性　B. 效益的多重性　C. 重游率相对较低

D. 较强的依附性　E. 较高的创新性

3. 主题公园的特点有（　　）。

A. 多适性　B. 可变性　C. 综合性　D. 开放性　E. 游乐性

4. 下列属于名胜微缩型主题公园的有（　　）。

A. 荷兰马多洛丹　B. 深圳锦绣中华

C. 太原三晋揽胜微缩景区　D. 北京世界公园

E. 深圳世界之窗

三、名词解释

1. 工业旅游
2. 主题公园
3. 邮轮旅游
4. 房车

四、简答题

1. 简述主题公园的基本分类。
2. 简述乡村旅游的基本发展模式。

五、论述题

列举你所在城市的新兴业态类旅游资源的种类，并对其发展情况做简要的评述。

拓展实践

1. 任选一种你所在城市的新兴业态类旅游资源，进行景点导游词设计。

2. 通过网上调查、社会考察、采访等方式，收集相关资料、图片，以了解你所在城市的新兴业态类旅游资源，并进行课堂汇报。

在线思考

通过本项目的学习，思考新兴业态类旅游资源对旅游业未来发展的影响。

参考文献

1. 曹明红．全国导游基础知识．天津：天津大学出版社，2012.
2. 李兴荣．导游基础知识．四川：西南财经大学出版社，2012.
3. 国家旅游局人事劳动教育司．导游基础知识．北京：旅游教育出版社，2013.
4. 全国导游人员资格考试教材编写组．导游基础知识．北京：旅游教育出版社，2010.
5. 本书编写组．导游基础知识．北京：中国旅游出版社，2013.
6. 国家旅游局人事司．导游知识专题．北京：中国旅游出版社，2014.
7. 李伟．旅游基础知识．北京：清华大学出版社，2012.
8. 湖北省旅游局人事教育处．导游基础知识．武汉：湖北教育出版社，2014.
9. 陈玉林，郭其．休闲农业与乡村旅游知识读本．银川：阳光出版社，2014.
10. 孙晓东．邮轮产业与邮轮经济．上海：上海交通大学出版社，2014.
11. 汪泓．中国邮轮产业发展报告（2014）．北京：社会科学文献出版社，2014.
12. 上海市旅游局．房车旅游理论与实务．上海：上海科学技术文献出版社，2015.

部分图片来源：

http：//image. baidu. com.
http：//www. jpeg. org. cn.
http：//travel. dahangzhou. com.
http：//www. 52photoshop. cn.
http：//www. nanhutravel. com.
http：//www. 51shuguang. com.
http：//photo. lvren. cn.
http：//www. mhjq. cn.
http：//www. nmghotel. com.

图书在版编目（CIP）数据

导游基础知识/卢凤萍，臧其猛主编．—北京：中国人民大学出版社，2019.2
教育部职业教育专业技能课立项教材
ISBN 978-7-300-26626-8

Ⅰ.①导… Ⅱ.①卢… ②臧… Ⅲ.①导游-中等专业学校-教材 Ⅳ.①F590.63

中国版本图书馆 CIP 数据核字（2019）第 001940 号

教育部职业教育专业技能课立项教材
导游基础知识
主　编　卢凤萍　臧其猛
副主编　张　骏　葛益娟　刘文慧
　　　　张佩芹　张萍萍　张继峰
Daoyou Jichu Zhishi

出版发行　中国人民大学出版社
社　　址　北京中关村大街 31 号　　**邮政编码**　100080
电　　话　010－62511242（总编室）　010－62511770（质管部）
　　　　　010－82501766（邮购部）　010－62514148（门市部）
　　　　　010－62515195（发行公司）　010－62515275（盗版举报）
网　　址　http：//www. crup. com. cn
　　　　　http：//www. ttrnet. com（人大教研网）
经　　销　新华书店
印　　刷　山东百润本色印刷有限公司
规　　格　185 mm×260 mm　16 开本　　**版　　次**　2019 年 2 月第 1 版
印　　张　15.25　　**印　　次**　2019 年 2 月第 1 次印刷
字　　数　365 000　　**定　　价**　35.00 元
